企业岗位分析和评价

实操一本通

王晓均 / 编著

中国铁道出版社有限公司
CHINA RAILWAY PUBLISHING HOUSE CO., LTD.

内 容 简 介

　　这是一本专门介绍企业人力资源从业者如何做好岗位分析与评价工作的书籍。全书共 11 章，分为三部分。第一部分介绍什么是岗位分析，岗位分析的方法和步骤以及职位说明书相关内容；第二部分详细讲解岗位评价的相关工作，包括岗位评价概述、岗位评价的方法等；第三部分则重点介绍岗位分析与评价工作和企业其他管理工作的关联。

　　全书语言简练，在行文过程中大量采用了图示和表格的方式进行内容呈现和结构梳理，同时书中包含了大量的表格模板，可供读者参考和使用。无论你是想要从事人力资源管理的人员，还是有一定经验的人力资源工作者，都可通过对本书的学习，提高岗位分析与评价的相关知识和技能。

图书在版编目（CIP）数据

企业岗位分析和评价实操一本通 / 王晓均编著 . —北京：

中国铁道出版社有限公司，2021.8

ISBN 978-7-113-27622-5

Ⅰ . ①企… Ⅱ . ①王… Ⅲ . ①人力资源管理 Ⅳ . ① F243

中国版本图书馆 CIP 数据核字（2020）第 273226 号

书　　名：	企业岗位分析和评价实操一本通 QIYE GANGWEI FENXI HE PINGJIA SHICAO YIBENTONG
作　　者：	王晓均

责任编辑：王　佩　　编辑部电话：(010) 51873022　　邮箱：505733396@qq.com

封面制作：宿　萌

责任校对：孙　玫

责任印制：赵星辰

出版发行：中国铁道出版社有限公司（100054，北京市西城区右安门西街 8 号）

印　　刷：三河市兴达印务有限公司

版　　次：2021 年 8 月第 1 版　　2021 年 8 月第 1 次印刷

开　　本：700 mm×1 000 mm　1/16　印张：18.5　字数：264 千

书　　号：ISBN 978-7-113-27622-5

定　　价：69.80 元

　　岗位分析与评价是人力资源管理的基础性工作，其分析结果有利于优化企业管理结构，提升企业管理水平。人力资源工作者和管理者掌握了岗位分析和评价的相关方法、技能，不仅有利于提升工作效率，还能提升企业整体的管理状态和面貌。

　　而在实际工作中，有些企业对岗位分析与评价工作并不重视，企业管理也是随意而为，导致企业内部出现管理松散、人岗不匹配以及薪酬不规范等情况。有的企业即使进行了岗位分析与评价，也可能因为分析与评价过程不规范，分析过程流于形式，导致没有效果。

　　企业要想优化内部人力资源结构，建立良好的薪酬体系，做好人力资源配置，优化组织结构，加强企业的任职资格管理，就需要做好岗位分析与评价工作。然后基于岗位分析与评价开展其他管理工作，这样才能使企业人力资源管理更加完善，有据可依。本书具体介绍了岗位分析与评价工作相关内容，并对其进行了延伸，对人力资源工作者将有很大的助益。

全书共 11 章，分为 3 个部分，各部分的内容如下。

◎ 第一部分：第 1 ~ 4 章

该部分主要介绍了岗位分析的主要内容和职位说明书编制流程，包括岗位分析的基本内容、具体方法、工作流程以及职位说明书的编制规范，旨在帮助读者全面了解岗位分析工作。

◎ 第二部分：第 5 ~ 6 章

该部分介绍了岗位评价的主要内容，包括岗位评价的基本概述、岗位评价方法以及岗位评价的具体流程。该部分内容能帮助读者全面解读岗位评价的相关知识。

◎ 第三部分：第 7 ~ 11 章

该部分主要讲解了基于岗位分析与评价而进行的其他人力资源管理工作，包括岗位分析与职位说明书的应用、薪酬体系、人力资源配置、组织结构优化以及任职资格管理，帮助读者了解通过岗位分析与评价能够进行的相关工作。

本书结构清晰，将岗位分析与岗位评价内容进行拆解，再分别讲解，然后对其相关知识进行拓展和提升。行文过程中穿插了范例解析，帮助读者对相关内容进一步掌握。此外，书中包含大量的图示和表格，可降低读者的枯燥感。

本书适合各类企业的人力资源总监、人力资源经理、人力资源专员以及对岗位分析与评价感兴趣的用户。

由于编者能力有限，对于本书内容不完善的地方希望获得读者的指正。

编　者

目录

第一章　快速掌握岗位分析的基本内容

　　岗位分析是企业进行人力资源管理的基础性工作，做好岗位分析，可以帮助人力资源管理者了解岗位的状况，更利于企业发展。要做好岗位分析，首先需要了解并熟知岗位分析的基础知识。

第二章　全面解读实用岗位分析方法

　　要确保岗位分析能够成功，并对企业起到一定积极作用，就需要选择合适的岗位分析方法。岗位分析的方法较多，了解实用的岗位分析方法可以帮助人力资源工作者更好地开展工作。

第三章　聚焦岗位分析工作全流程

　　岗位分析是一项较为复杂的工作，在分析之前要做好充足的准备，确定分析方法，再进行信息收集与分析，最终实施并得出结论。了解岗位分析流程，能帮助相关人员更加高效地展开分析工作。

第四章　规范职位说明书的编制

职位说明书是企业开展岗位分析的具体成果体现，然而有些企业进行岗位分析却不知道如何正确编制职位说明书，需要遵循何种流程，以及编制过程中需要注意些什么。本章将进行具体介绍。

第五章　全面掌握岗位评价概述及方法

岗位评价主要用于评测每一岗位在企业内部所占位置。在了解了什么是岗位评价后，还需要掌握进行岗位评价的相关方法，方便从中挑选适合的方法。

第六章　精细化分解岗位评价流程

岗位评价与岗位分析相似，都需要按照一定的流程来进行。按照正确的流程进行岗位评价后，还需要对评价结果进行反馈，以便让评价结果作用于企业实际事务。

第七章　岗位分析与职位说明书的应用

通过岗位分析可以制作职位说明书，岗位分析和职位说明书又可以在企业的各项工作中进行实际应用，例如可用作员工招聘、员工培训以及绩效考核。

第八章　设计岗位评价与薪酬体系

通过岗位评价能够确定各个岗位的价值，对岗位进行排序，这样有利于与企业薪酬产生联系，有助于确定各岗位在薪酬体系中的等级。因此，岗位评价是建立合理薪酬体系的基础。

第九章　岗位分析和评价与人力资源配置

企业要想快速发展，实现战略目标，就离不开人力资源，其原因是人力资源是企业人力发展战略的实际执行者。因此，做好企业人力资源配置，能促进企业发展。

第十章　岗位分析和评价与组织结构

　　岗位分析和评价为组织结构设计提供了相关信息和重要依据，而组织规划对企业的战略目标和发展壮大起到了至关重要的作用。因此，了解岗位分析和评价与组织设计是很有必要的。

第十一章　岗位分析和评价与任职资格管理

　　前面章节介绍了岗位分析与评价对企业的员工招聘、培训、考核以及薪酬体系等有所帮助。然而，要想形成一定的体系，就需要建立任职资格管理体系，这样更有利于建立人力资源管理体系。

第一章

快速掌握岗位分析的基本内容

岗位分析是企业进行人力资源管理的基础性工作。做好岗位分析，可以帮助人力资源管理者了解岗位的状况，更利于企业发展。要做好岗位分析，首先需要了解并熟知岗位分析的基础知识。

1.1
岗位分析基础掌握

岗位分析并不只是进行分析，还要通过分析结果制定相关岗位规范和工作说明书，并将分析结果应用与实践，这样岗位分析才是有意义的。流于表面的岗位分析，只会造成企业内耗。

1.1.1 为什么要做岗位分析

在进行岗位分析之前，首先要明白，为什么需要做岗位分析？是为了提高企业岗位合理性，为了更好地发展，还是为了应付领导要求。想清楚为什么要做岗位分析是很重要的，这有利于岗位分析的实行。

（1）什么是岗位分析

岗位分析是对企业各类岗位的性质、任务、职责、劳动条件和环境，以及员工承担本岗位任务应具备的资格条件所进行的系统分析与研究，并根据研究结果制订岗位规范、工作说明书等人力资源管理文件的过程。其中，岗位规范、岗位说明书都是企业进行规范化管理的基础性文件。在企业中，每一个劳动岗位都有其岗位名称、工作地点、劳动对象和劳动资料等。

需要注意的是，岗位分析是一个过程，需要一定的时间，并不是相关负责人在几天时间内就能解决的。

（2）为什么要进行岗位分析

岗位分析是人力资源管理工作的基础，其分析质量对其他人力资源管理模块具有举足轻重的影响。岗位分析通过系统全面的情报收集手段，提供相关工作岗位的全面信息，以便组织改善管理效率。

在企业中，每一个劳动岗位都有它的名称、工作地点、劳动对象和劳动资料等。因此，岗位分析可以对各个岗位的具体情况进行说明，从而让各岗位职责更明确。

进行岗位分析的原因和具体介绍如表 1-1 所示。

表 1-1　进行岗位分析的具体原因

原因	具体介绍
人事管理科学化	企业的人事管理是否合理会影响到企业的正常运营，岗位分析是整个人事管理科学化的基础，要想企业正常化发展，就需要做好岗位分析
提高生产力	要想企业内部各部门、各岗位能够有条不紊地运行，各岗位员工的权责明确，从而提高生产力，就需要做好岗位分析，岗位分析是提高社会生产力的需要
促进现代化发展	企业不能一直保留以前的经营观念，要与时俱进，接受时下的现代化理念，让企业永远保持活力。因此需要做好岗位分析，让所有岗位的员工都能与现代化接轨，实现企业的现代化管理
促进量化管理	岗位分析有助于实现量化管理，是因为一份好的岗位分析，会对各个岗位的职责、工作内容以及考核方式等进行细致地考察和分析，有了考核标准就能让工作考评有所参照，有助于量化管理
促进科学管理	岗位分析有助于工作评价、人员测评与定员管理以及人力规划与职业发展的科学化、规范化与标准化

1.1.2　岗位分析的常用术语有哪些

岗位分析的成果往往会对企业管理和发展产生积极影响，同时也有利于企业制度和管理体系的建立。因此，要进行企业岗位分析，就需要了解岗位分析相关的专业术语。

在进行岗位分析时，常常会用到一些术语，但这些术语的含义经常被人们混淆。因此，理解并掌握其含义对科学、有效地进行工作分析十分必要。

与岗位分析相关的术语较多，这里介绍其中常用的 8 个，分别是工作要素、工作任务、工作职责、职位、职务、职业、工作权限以及业绩考核。
图 1-1 所示为各术语之间的关系。

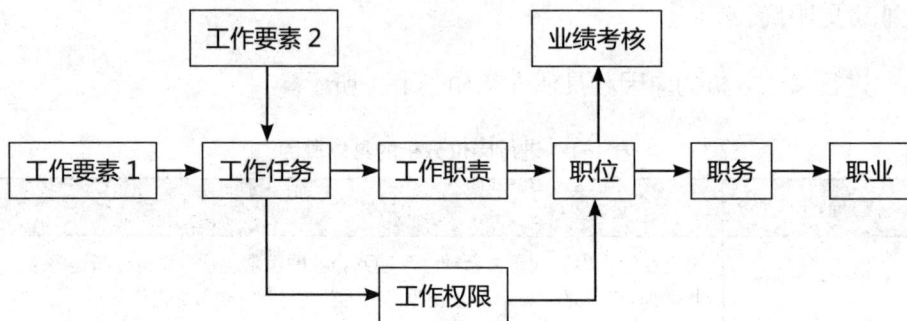

图 1-1

下面对岗位分析常用术语进行具体介绍。

工作要素。工作要素是指工作中不能再继续分解的最小动作单位。例如，
企业要求制作一份企业宣传册，只做宣传册这项工作可以简单地分为 5 个工
作要素，分别是收集企业相关信息、拍摄企业照片、确定宣传册版式、排版
文字和图片以及制作最终成品。

工作任务。工作任务是指工作中为了达到某种目的而进行的一系列活动，
可以由一个或多个工作要素组成。例如，搬运工将生产材料搬运到车上，就
只包含一个工作要素；搬运工将生产材料搬运到车上并关上车门，就包含两
个工作要素。

工作职责。工作职责是指任职者为实现一定的组织职能或完成工作使命
而进行的一个或一系列工作。例如，生产部经理要完成新产品的生产，就需
要完成一系列的工作，包括制定生产计划、组织部门员工进行培训、安排合
适的员工进行生产以及把控产品质量。

职位。职位也叫岗位，担负一项或多项责任的一位任职者所对应的位置
就是一个职位。一般来说，有多少个岗位就有多少个任职者。例如，总经理、

行政主管、财务、人事主管、营销总监等。需要注意的是，职位是以"事"为中心确定的，强调的是人所担任的岗位，而不是担任这个岗位的人。

职务。职务是由组织上主要责任相似的一组职位组成，也称工作。在组织规模大小不同的企业中，根据不同的工作性质，一种职务可以有一个职位，也可以有多个职位。例如生产部门的员工可能负责生产不同的产品，但他们的主要工作责任都是生产产品，因此可以归于同样的职务中。

职业。职业是一个更为广泛的概念，它是指在不同的组织中从事相似活动的一系列职务。职业的概念有着较大的时间跨度，处在不同时期，从事相似工作活动的人都可以被认为是同样的职业。例如营销人员、心理咨询师、行政管理员以及美容师等都属于职业。

工作权限。又叫职权，指依法赋予的完成特定任务所需要的权力，职责与职权紧密相关。特定的职责要赋予特定的职权，甚至特定的职责等同于特定的职权。比如，设备管理员对县区设备进行管理既是设备管理员的职责，又是他的职权。

业绩考核。业绩考核是指完成岗位职责对应的工作所需要达到的客观要求和标准，这些考核指标在设定时也要遵循一定的标准和原则，并且具有一定的期限。

在进行岗位分析时可能会涉及上面介绍的几种专业术语，因此需要有所了解，不能只是了解其具体含义，还要知道各个专业术语之间的关系。

1.1.3　岗位分析的起源

要了解岗位分析的起源，就不得不了解企业管理和人力资源管理。人力资源是企业管理中的核心要素之一，而人力资源管理的一个核心任务就是采用各种方法和手段最大限度地激发出人的潜能，这就涉及了岗位分析。岗位分析最早可以追溯到"科学管理之父"弗雷德里克·温斯洛·泰勒提出的科学管理理论。

1881 年，泰勒在米德维尔钢铁厂开始了对劳动时间和工作方法的研究，他了解工人们普遍怠工的原因之后，感到缺乏有效的管理手段是提高生产效率的严重障碍。为此，泰勒开始了探索科学的管理方法和理论之路。

1898 年，加入伯利恒钢铁公司的泰勒又进行了著名的"搬运生铁块试验"和"铁锹试验"，通过改进操作方法、训练工人和改造生产工具等措施，泰勒重新规划了生产作业顺序并制定了劳动时间标准，对工作方法和工作程序进行了标准化设计，并将劳动定额和工人工资联系在一起。

通过长期的工厂试验和系统性的分析研究，1911 年，泰勒出版了《科学管理原理》一书。科学管理理论的主要内容可以概括为以下 8 个方面。

①为了提高生产效率，要制定有科学依据的"合理的日工作量"作为工作定额标准。

②为了提高生产效率，必须科学地挑选"第一流的工人"，对他们进行培训、教育，使之成长。

③让工人在标准化的工作环境下，使用标准化的工具、设备和材料，采用标准化的操作方法进行生产劳动。

④实行"差别工资制"和计件工资制度，使报酬更具刺激性。

⑤雇主和工人都必须清楚地知道提高生产效率对劳资双方都有利，双方应该就此达成一致并展开密切地配合。

⑥计划职能和执行职能分离，将经验管理转变为科学管理，明确管理者和被管理者之间的关系。

⑦实行"工长制"，将管理工作细分，一个工长只负责一方面的职能管理工作，从而细化生产过程管理，提高生产效率。

⑧在管理中实行例外原则，是指企业的高级管理人员把一般的日常事务授权给下级管理人员负责处理，而自己只保留对例外事项、重要事项的决策权和监督权，如重大的企业战略问题和重要的人员更替问题等。

在此之后，吉尔布雷斯夫妇（弗兰克·吉尔布雷斯和莉莲·吉尔布雷斯）于 1912 年开始进一步对科学管理理论进行验证。在泰勒的研究基础上，吉尔布雷斯夫妇提出了"动素"的概念，他们将完成工作所需要的动作分解为各个要素之和。

吉尔布雷斯夫妇致力于通过有效的训练，采用合理的工作方法，改善环境和工具，使工人的潜力得到充分发挥，并保持健全的心理状态。其研究成果主要表现为以下 4 个方面。

①要规定明确的高标准的作业量。

②要有标准的作业条件。

③完成任务则付给高工资。

④完不成任务则要承担损失。

泰勒和吉尔布雷斯夫妇所做的研究都是从"动作"出发，从而发现最为经济合理的工作程序和操作方法。其主要目的在于充分发挥劳动者的潜能，提高生产效率。对劳动过程中的动作进行分解不但被列为传统的岗位分析方法之一，而且其研究成果对岗位评价也产生了积极而深远的影响。

1.1.4　岗位分析在人力资源管理中的价值

前面介绍了岗位分析有助于进行人力资源管理，激发人的潜能。那么岗位分析在人力资源管理中起到什么作用呢？岗位分析具备怎样的价值呢？

岗位分析在人力资源管理中的作用如图 1-2 所示。

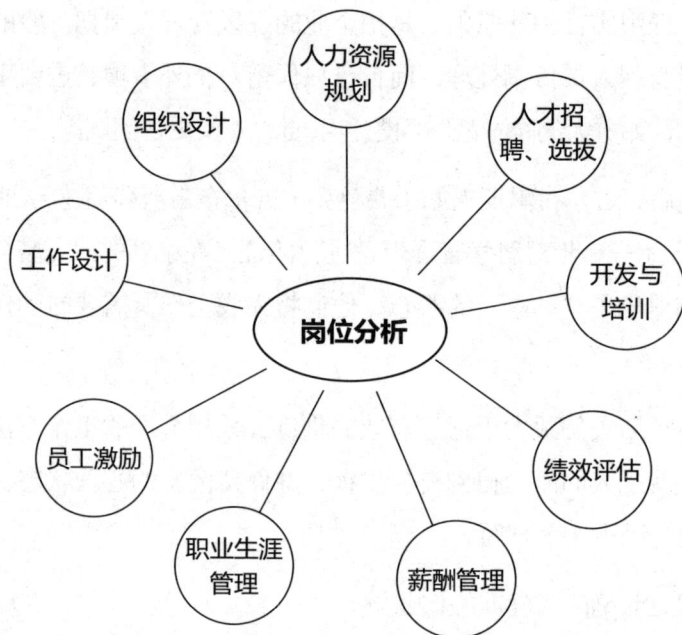

图 1-2

岗位分析在人力资源管理中的价值具体如表 1-2 所示。

表 1-2　岗位分析在人力资源管理中的价值

价值	具体介绍
制定企业人力资源规划	人力资源规划也可称为人力资源计划，是根据企业的发展规划及内外环境的变化，预测企业未来的人力资源需求和供给状况，并通过相应的计划制定和实施使求关系协调平衡的过程。岗位分析的结果可以为有效的人事预测和计划提供可靠的依据
招聘、甄选和配置合格的人员	岗位分析的结果是工作所需的经历、能力、技能、学历等条件被一一确定，这就为人员的选择提供了依据，从而避免了选人用人的盲目性。企业只有招聘到所需的人员，拥有合理的员工队伍，才能保证企业的稳定以及长期的发展
制定绩效考核标准	绩效考核是人力资源管理中较重要的一环，考核指标和标准是否客观和公正是绩效考核能否达到预期的关键。要做到客观和公正需要进行岗位分析，明确岗位信息

续上表

价值	具体介绍
设计合理的薪酬制度	依据岗位分析所收集的资料信息，对岗位的相对价值进行分等排序。通过岗位分析和岗位评价为实现公平报酬打下了基础，也使薪酬管理工作更客观、公正
明确工作职责，提高工作绩效	通过岗位分析，能够明确工作职责和工作任务，建立规范化、合理化的工作程序和结构。同时，由于工作的关键技术和关键要领都已明确，所以员工能更合理地运用技能和经验，合理地安排工作、完成任务，少走远路弯路，提高工作绩效
为员工培训和发展提供依据	企业可以根据岗位分析制定培训和开发工作，使新员工能很快适应新的工作岗位，使老员工能够通过培训更加胜任工作。通过岗位分析，员工的培训和发展能够有理有据，企业的效率也能提高
为员工提供职业生涯设计	通过岗位分析，能够让员工的任务一目了然，系统的性质和位置已确定，根据这些结构，企业可以为员工准确定位，对他们的职业生涯进行规划，从而帮助他们确立发展方向
实现优化的岗位配置	通过岗位分析，企业能够获得岗位工作的全面信息，发现岗位配置中的不当之处，找出工作中各种不合理的因素。建立在岗位分析基础上的岗位配置能使企业流程更合理，人力资源得到最优化地配置

1.1.5　岗位分析的原则和要点

岗位分析不是根据个人或组织意愿进行随意分析，而是需要遵循一定的原则，否则岗位分析可能出现错误，导致分析结果没有实际参考意义。

（1）岗位分析的原则

岗位分析需要遵循如下所示的 6 点原则，才能让分析结果更加合理，具有参考价值。

◆ **系统性原则**：在对某一工作进行分析时，要注意该工作与其他工作的关系以及该工作在整个组织中所处的位置，从总体上把握该工作的特征及对人员的要求。

◆ **动态性原则**：工作分析是一项常规性的工作，人力资源工作者要根据战略意图、环境的变化以及业务的调整，经常性地对工作分析的结果进行调整，使其适合当前情况。

◆ **目的性原则**：工作分析是为了明确工作职责，分析重点包括工作范围、工作职能以及工作任务的划分。如果工作分析的目的是员工培训，那么工作重点在于培训内容和培训方式的选定；如果目的是确定工作职责，那么分析重点是工作内容、工作形式、工作量以及工作难度的界定等。

◆ **经济性原则**：工作分析是一项费时、费力且花费较大的事情，因为其涉及企业组织的各个方面。人力资源工作者应根据工作分析的目的，采用合理经济的方法。

◆ **职位性原则**：工作分析是从职位出发，分析职位的内容、性质、关系、环境以及人员胜任特征，即完成这个职位工作的从业人员需具备什么样的资格与条件。主要是针对岗位，而不是针对岗位工作人员。

◆ **应用性原则**：应用原则是指工作分析的结果，即职位描述与工作规范，应用于公司管理的相关方面。

（2）岗位分析的要点

岗位分析虽然需要遵循多重原则，但其实并没有想象中的复杂，岗位分析主要是为了解决以下 6 个重要问题。

①工作的内容是什么（What）？

②由谁来完成（Who）？

③什么时候完成工作（When）？

④在哪里完成（Where）？

⑤怎样完成此项工作（How）？

⑥为什么要完成此项工作（Why）？

1.1.6　岗位分析的目标

岗位分析是人力资源管理中最基本的工作，岗位分析的目标可能是单一的，也可能包含多个目标。分析目标不同，则表明需要收集的信息不同，最终形成的成果也不同，岗位分析的目标与成果如表1-3所示。

表1-3　岗位分析目标及工作成果

应用范围	工作目标	信息收集和分析重点	工作成果
人力资源管理项目型工作	组织结构设计	岗位工作任务 岗位职责与权限 组织结构与管理关系 业务模式和工作流程	组织结构图 部门与岗位设置 层级结构设计 职权结构设计
	工作流程化	岗位工作任务 岗位职责与权限 岗位工作角色	业务流程再造 管理流程优化
	人员招聘与配置	岗位工作任务 岗位任职条件	招聘需求 人员甄选标准
	培训管理	岗位工作任务 岗位必备知识和技能 岗位知识和技能等级要求	培训需求 学习地图 培训效果评估模式
	绩效管理	岗位工作任务 关键工作事件 业绩考核指标	绩效考核周期设置 绩效考核指标体系设计
	薪酬管理	岗位贡献 岗位相对价值	薪酬职等职级序列 岗位晋、降标准及流程
人力资源管理制度建设	各项制度的建立与完善	岗位概述 岗位工作任务 岗位职责和权限 组织结构和管理关系 岗位任职条件	岗位说明书 招聘管理制度 薪酬管理制度 培训管理制度 绩效管理制度 企业文化建设制度

续上表

应用范围	工作目标	信息收集和分析重点	工作成果
人力资源管理体系建设	各项管理制度之间的有机联系与衔接	岗位任职者基本素质 任职资格标准 任职资格认证标准 任职资格认证流程	员工素质模型 任职资格管理系统

1.2
岗位分析的程序

了解了岗位分析的基本知识后，还需要了解岗位分析的相关知识，包括岗位分析的时机、岗位分析流程以及岗位分析设计的相关工具等。这是岗位分析前需要注意的内容，相当于岗位分析前的知识储备。

1.2.1 岗位分析要注意时机的选择

岗位分析并不是任何时候进行都可以，需要把握合适的时机，这样才能收获较好的效果，获得更多的支持。那么在什么情况下进行岗位分析是比较合理的呢？

（1）根据工作情况确定时机

缺乏明确、完善的书面岗位说明。如果企业内部缺乏明确的、完善的书面岗位说明，导致员工出现无所事事的情况，且员工对职位的职责和要求不清楚，此时可以开始进行岗位分析，明确工作职责。

实际情况与规定不相符。虽然有书面的职位说明，但工作说明书所描述的具体工作内容以及完成该工作所需具备的各项知识、技能和能力与实际情况不符，很难遵照它去执行。

工作职责不明确。因为工作职责不明确，或是职责说明书存在问题，经常出现推诿扯皮、职责不清或决策困难的现象，此时应当进行岗位分析，明确各岗位的职责。

难以确定用人标准。当企业需要招聘某个职位上的新员工时，发现缺乏用人的标准，难以招聘到符合要求的员工，此时就可以通过岗位分析，弄清各个岗位的具体职责以及任职要求等。

培训内容难以确定。当企业新员工入职需要进行培训时，发现某些岗位很难确定岗位工作培训项目和培训需求，此时就需要进行岗位分析。

需要建立薪酬体系。薪酬体系的建立是一项非常重要的工作，如果在建立薪酬体系的过程中无法确定各岗位的薪酬状况，无法对各个职位的价值进行评估，就需要进行岗位分析，明确各岗位的价值。

绩效考核难以进行。当需要对员工的绩效进行考核时，发现没有根据职位确定考核的标准，这就说明之前的绩效考核标准存在漏洞，需要对其进行更新，使其更符合实际，此时就需要进行岗位分析。

新技术的出现。如果公司引进了新设备或者新技术，可能导致之前的工作流程有变动和调整，因此如果当前的岗位职责和工作内容会出现变化，这时就需要进行岗位分析，重新确定各岗位的岗位职责。

因此，负责进行岗位分析的人力资源工作者要善于把握时机，在合理的时间进行岗位分析，针对具体的情况，不仅能够让工作有针对性，还能减小工作量。

（2）根据企业经营情况确定时间

进行岗位分析除了要考虑当前的工作情况外，还要考虑企业的经营状况。因为企业的经营状况往往决定了岗位分析能够受到的支持有多少、岗位分析的具体目的和涉及员工。企业经营状况与岗位分析之间的关系如表1-4所示。

表1-4　企业经营状况与岗位分析之间的关系

企业经营状况	支持力度	目的	涉及员工
良好	大	多目标	全体员工
平稳	一般	局域目标	所涉及员工
较差	小	单一目标	所涉及员工

下面分别对企业不同经营状况的岗位分析进行介绍。

企业经营状况良好。企业经营状况较好时，企业内部通常氛围良好，岗位分析的各项工作都能够得到支持，包括人力、物力以及财力等。此时是进行岗位分析的好时机，这时进行岗位分析通常分有多个目标，不仅要解决企业当前存在的问题，还应该对企业的人力资源管理体系进行完善，使企业获得更好的发展。

企业经营状况平稳。企业经营状况平稳与经营状况良好时的岗位分析有所区别，经营平稳的企业在进行岗位分析时，重点在于解决企业当前存在的问题或是员工普遍关注的问题，从而提升人力资源效率。此阶段的目标选择要与当前现状相适应，不宜过多，避免得不偿失。

企业经营状况较差。企业经营状况较差的时候进行岗位分析要慎重，同时要控制岗位分析的规模，不能大范围地开展，因为此时能够获得的支持是有限的。此阶段的主要目的在于解决当前企业内部的突出问题，其他的问题应当在其他时间择机解决。

1.2.2　岗位分析流程介绍

了解了岗位分析的进行时机后，还需要知道岗位分析的一般流程，遵循流程才能使岗位分析更易成功。

（1）岗位分析的一般流程

岗位分析的一般流程主要分为 5 个阶段，各阶段的介绍如图 1-3 所示。

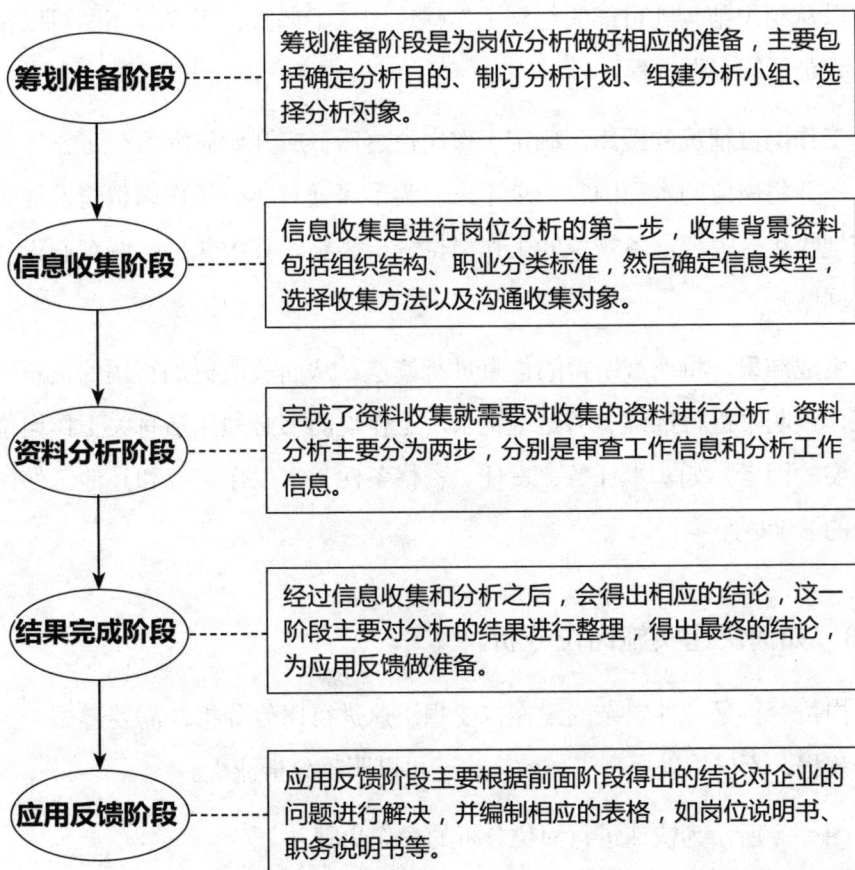

```
┌─────────┐      ┌──────────────────────────────────────┐
│筹划准备阶段│------│筹划准备阶段是为岗位分析做好相应的准备，主要包│
└─────────┘      │括确定分析目的、制订分析计划、组建分析小组、选│
     │           │择分析对象。                          │
     ▼           └──────────────────────────────────────┘
┌─────────┐      ┌──────────────────────────────────────┐
│信息收集阶段│------│信息收集是进行岗位分析的第一步，收集背景资料│
└─────────┘      │包括组织结构、职业分类标准，然后确定信息类型，│
     │           │选择收集方法以及沟通收集对象。              │
     ▼           └──────────────────────────────────────┘
┌─────────┐      ┌──────────────────────────────────────┐
│资料分析阶段│------│完成了资料收集就需要对收集的资料进行分析，资料│
└─────────┘      │分析主要分为两步，分别是审查工作信息和分析工作│
     │           │信息。                                │
     ▼           └──────────────────────────────────────┘
┌─────────┐      ┌──────────────────────────────────────┐
│结果完成阶段│------│经过信息收集和分析之后，会得出相应的结论，这一│
└─────────┘      │阶段主要对分析的结果进行整理，得出最终的结论，│
     │           │为应用反馈做准备。                        │
     ▼           └──────────────────────────────────────┘
┌─────────┐      ┌──────────────────────────────────────┐
│应用反馈阶段│------│应用反馈阶段主要根据前面阶段得出的结论对企业的│
└─────────┘      │问题进行解决，并编制相应的表格，如岗位说明书、│
                 │职务说明书等。                          │
                 └──────────────────────────────────────┘
```

图 1-3

根据企业希望通过岗位分析解决的问题不同，岗位分析的流程也可能不同，人力资源工作者需要根据企业实际情况和面对的问题进行合理调整。

（2）简化岗位分析流程

岗位分析涉及对岗位内容进行系统地审查，以明确任务的性质、工作条件、必要的责任和所需要的技能。针对具体工作岗位进行岗位分析，可以进行简化，分为3个步骤。

确定工作岗位。岗位分析首先要收集和研究有关工作机构的一般情况，确定每一个工作岗位在其组织机构中的位置。要想成功定位该岗位，分析人员可以从组织结构或可能的组织工作程序图入手调查，工作程序图可以帮助分析人员了解工作过程。

工作岗位情况的搜集。确定工作岗位之后，应开始研究每个工作岗位的情况，并将岗位的本质内容记录下来。为了保证对所有工作岗位情况能进行系统地收集，需要准备规范的工作岗位分析表格，其中包括一些精心设计的有关问题。

生成结果。将调查所得的信息进行筛选，从而获取更加有用的信息，再以工作说明书进行准确、清楚地记录。工作说明书必须包括有关工作岗位全部重要的因素，如基本任务、责任、资格条件、本工作岗位和其他工作岗位之间的职能联系等。

1.2.3 如何快速实施岗位分析

岗位分析是一件复杂的工作，要想快速进行岗位分析，需要遵循一定的操作流程，不仅可以提高工作效率，还可以明确分析流程。

图1-4所示为快速进行岗位分析的操作步骤。

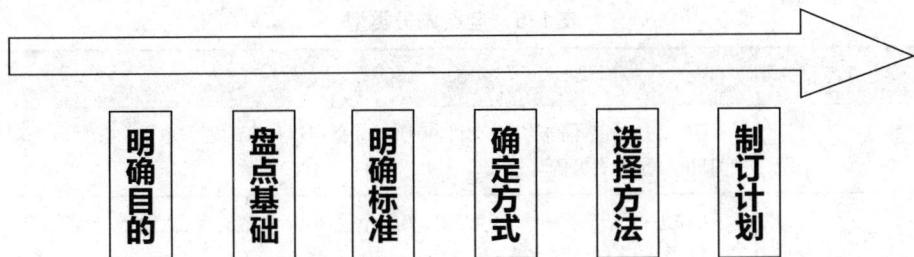

明确目的	盘点基础	明确标准	确定方式	选择方法	制订计划

图 1-4

下面对各个步骤进行具体介绍。

◆　明确目的

要想高效进行岗位分析，首先就需要明确目标，做岗位分析的目的是什么？是为了一份工作报告，还是明确公司各岗位需求？岗位分析的目的总结下来包含 4 点。

形式工作。仅仅需要做一份体现数据的报告，通常流于形式，结果难以受到重视，但是可以快速分析。

岗位分析。为了了解岗位需求，基于工作分析了解岗位需要什么专业知识、专业技能、专业素质来支撑。

绩效统计。对现有人员的效率进行盘点，根据工作分析的数量对比，评估是否需要进行人员优化。

人岗匹配。通过工作分析表对岗位进行评估，评估岗位的操作难度、为公司创造的价值。根据现有人员进行评估，评估他们与岗位是否相匹配。

◆　盘点基础

通过明确工作分析的目的后，接着盘点现有的人员基础，下面主要对三类人进行盘点，如表 1-5 所示。

表 1-5　盘点人员类型

人员类型	具体介绍
执行者	①盘点执行者不同的擅长点和特质；②盘点执行者的能力水平；③盘点公司的基础，是否有经验
配合者	①在进行工作分析时，了解配合者的个性特点；②盘点配合者的配合意愿度；③盘点配合者的认知水平
决策者	①盘点领导的个性特点；②盘点领导的重视程度；③盘点领导的能力水平，很多时候做工作分析是为了展示给领导

◆　明确标准

当现状和基础盘点完后，基于不同的基础和目的，岗位分析的 7 个要素分别详细到什么程度、完善到什么程度，岗位分析输出的内容和标准也不同。

岗位分析的 7 个要素分别是目的、流程、方式、专业、权责、工具和时间。确定分析标准对应这 7 个要素要详细到什么程度，可以参考表 1-6 所示表格。

表 1-6　岗位分析的标准

项目	目的	流程	方式	专业	权责	工具	时间
形式工作							
工作分析							
绩效统计							
人岗匹配							

◆　确定方式

标准明确后，就需要确定岗位分析的具体操作方式。

单点式。 在做工作分析时可以进行单点突破。

统筹式。 要对公司整体的人力情况进行盘点，对公司整体人员效率进行定位。

组合式。选择几个关键的点做到极致，同时根据几个点的特征进行分类设置，了解其关联性。

◆ 选择方法

根据操作方式选择具体的操作方法，常用的操作方法有以下 4 种。

访谈法。在访谈时掌握两种方式，一对一访谈和非正式访谈。

观察法。对某个岗位进行工作分析时用观察法。

经验法。当要评估某个岗位的价值时，可以查资料、请教他人，凭经验做工作分析。

分析法。使用分析法，需要具备敏锐的洞察力，逻辑思维、推理能力和总结归纳能力比较强，适合批量性的工作分析，可以避免重复性的工作。

关于岗位分析的方法，将在下一章中进行具体介绍，这里就不再赘述。

◆ 制订计划

经过了前面的步骤，最后就需要根据目的、操作方式、方法制订详细的操作计划。

制订的计划中应当包含时间、地点、人员、岗位、方式和方法。最后按照制订出来的详细计划，执行工作分析。

1.2.4 如何做好岗位分析工作

在发展过程中，企业管理者逐渐意识到岗位管理的重要性，岗位分析也逐渐成为人力资源管理部门的重点工作。如何做好岗位分析工作，已经是越来越多的人力资源工作者需要思考的问题了。

人力资源工作者除了要具备人力资源管理经验，还需要具备表 1-7 所示的一些基本条件。

表1-7　做好岗位分析应当具备的条件

条件	具体介绍
熟悉业务流程	企业的岗位分析无论是由外部专业机构负责，内部人力资源协助，还是直接由内部人力资源部门主导负责，作为人力资源工作者，熟悉企业业务体系和岗位分析工作流程都是必不可少的
具备良好心态	进行岗位分析，最终可能会涉及岗位职级的调整、员工薪酬水平调整、绩效管理以及考核标准调整等，可能会触及一部分员工的利益，甚至会有员工抵制信息调查。因此，人力资源工作者应当具备良好的心态
具备良好交流能力	进行岗位分析的过程中需要收集材料，就需要进行访谈、交流、谈话等，涉及的员工职级不相同，员工素质也存在差异，人力资源工作者需要具备良好的沟通能力，能引导员工进行表达
具备良好表达概括能力	进行岗位分析时需要收集资料，面对大量的零散资料，需要人力资源工作者具备强大的语言概括能力，并且能够对收集的资料进行加工和整理
具备文字表达和运算能力	岗位分析后通常需要编制岗位说明书，如果涉及薪酬管理体系的调整或建立，则需要拥有一定的计算能力，这样才能高效处理数据
具备计算机使用能力	岗位分析中涉及数据处理和统计分析，需要对计算机有一定的了解，使用计算机对数据进行整理、计算和分析会更加高效，例如使用 Excel 中的公式、函数进行数据计算和分析

第二章

全面解读实用岗位分析方法

要确保岗位分析能够成功，并对企业起到一定积极作用，就需要选择合适的岗位分析方法。岗位分析的方法较多，了解实用的岗位分析方法可以帮助人力资源工作者更好地开展工作。

2.1
问卷调查法岗位分析

问卷调查法是进行岗位分析过程中获取员工信息和想法的一种方法，通过问卷调查的形式，让被调查者畅所欲言。

2.1.1　问卷调查法的概念及种类

在正式开始学习和使用问卷调查法进行岗位分析前，首先来了解一下什么是问卷调查法。

（1）什么是问卷调查法

问卷调查法也称问卷法，它是调查者通过统一设计的问卷向被调查对象了解情况或征询意见的调查方法。

◆ 问卷调查是标准化调查，即按照统一设计的有一定结构的问卷所进行的调查。

◆ 问卷调查一般是间接调查，即调查者不与被调查者直接见面，而由被调查者自己填答问卷。

◆ 问卷调查一般是书面调查，即调查者用书面方式提出问题，被调查者也用书面方式回答问题。

◆ 问卷调查一般是抽样调查，即被调查者是通过抽样方法选取的，而且调查对象一般较多。

◆ 问卷调查一般是定量调查，调查的主要目的是通过样本统计量推断总体。

间接性问卷调查通常不是面对面进行调查，因此员工可以私下根据问卷要求进行表达，这样被调查者容易袒露心扉、实事求是。

（2）问卷调查的种类

问卷调查根据问卷填答者的不同，可分为自填式问卷调查和代填式问卷调查两种。

其中，自填式问卷调查，按照问卷传递方式的不同，可分为报刊问卷调查、邮政问卷调查和送发问卷调查；代填式问卷调查，按照与被调查者交谈方式的不同，可分为访问问卷调查和电话问卷调查。

下面分别对不同种类的问卷进行介绍，如表2-1所示。

表2-1　各类问卷调查方式

问卷	具体介绍
报刊问卷调查	报刊问卷调查就是随报刊传递分发问卷，请报刊读者对问卷做出书面回答，然后按规定的时间将问卷通过邮局寄回报刊编辑部进行统计汇总
邮政问卷调查	邮政问卷调查就是调查者通过邮局向被选定的被调查者寄发问卷，请被调查者按照规定的要求和时间填答问卷，然后通过邮局将问卷寄还给调查者
送发问卷调查	送发问卷调查就是调查者派人将问卷送给被规定的被调查者，等被调查者填答完后再派人回收调查问卷
访问问卷调查	访问问卷调查就是调查者按照统一设计的问卷向被调查者当面提出问题，然后由调查者根据被调查者的口头回答来填写问卷，最后进行统计分析
电话问卷调查	电话问卷调查通常是调查者事先准备好问题，然后通过电话的形式进行提问调查，并在提问的过程中记录被调查者的答案内容，完成后进行整理

在进行岗位分析的过程中，送发问卷调查法使用频率较高，当然其他的问卷调查法也会使用。人力资源工作者在进行信息收集时要根据企业自身的情况选择合适的信息收集方法。

2.1.2 问卷调查法的优缺点展示

现在使用问卷进行调查的情况越来越多了，互联网的发展也给问卷调查带来更多的机会。原本纸质的调查问卷，如今也逐渐被电子调查问卷取代了。那么问卷调查法的优缺点具体有哪些呢？

（1）问卷调查法的优点

问卷调查法的优点主要包含以下几点。

省时省力。问卷法节省时间、经费和人力，这也是为什么经常采用问卷法的原因。

调查结果容易量化。问卷调查是一种结构化的调查，其调查问题的表达形式、提问顺序、答案方式与方法都是固定的，而且是一种文字交流方式，任何个人都不可能把主观偏见代入调查研究之中。调查的统计结果一般都能被量化出来。

调查结果便于统计处理与分析。现在有大量的相关统计分析软件可以帮助我们进行数据分析，有些甚至能直接帮助我们设计问卷，方便实施和分析，也方便进行数据挖掘。

电子问卷方便实施与调整。虽然电子问卷不可能取代面对面的问卷调查，但由于成本更低，更容易及时调整问卷设计上的不足，越来越多的问卷采用电子问卷的形式，可以通过网站、E-mail 等方式进行发布与回收。直接使用数据库记录数据，方便筛选与分析。

可以进行大规模的调查。无论研究者是否参与了调查，也无论参与程度多少，都可以从问卷上了解被访者的基本态度与行为。这种方式是其他任何方法都不可能做到的，而且问卷调查可以周期性进行、不受调查研究人员变更的影响，可以跟踪某些问题用户的变化。

（2）问卷调查的缺点

问卷调查同样有一些缺点，具体介绍如下。

面向设计的问题难以调查。面向未来的调查（为设计进行的调查）很多时候需要了解调查者的意图、动机和思维过程。调查这类问题往往效果不佳，或者说问题设计比较难。而开放式的问题，回收质量、分析和统计等工作也会受影响。

设计难。调查问卷的主体内容设计的好坏，将直接影响整个专项调查的价值。问题的设计需要大量的经验，不同的人针对同一个问题，尤其是面向思维的问题，设计上的差别可能会很大，而信度和效度的控制需要丰富的经验。

调查结果广而不深。问卷调查是一种用文字进行对话的方法，如果问题太多，被访者会产生厌烦情绪，因此，一般的问卷都比较简短，也就不可能深入探讨某一问题及其原因。

调查结果质量不佳。因为被访者填答问卷时，用户的调查过程我们很难得知。例如是否为我们需要调查的真实用户？用户当时的情绪状况如何？是否有其他人影响用户的回答？

问卷调查的回收率难以保证。问卷调查必须保证一定的回收率，否则资料的代表性就会受到影响。回收率与问卷长度、问题难易程度、是否涉及隐私、参与调查获得回报多少等因素相关。另外，网络调查的回收率一般都不高，质量也难以保证。

了解了问卷调查法的优缺点后，人力资源工作者还要根据其优缺点来确定是否使用该调查方法，不能因为操作简单就使用，也不能因为调查问题难以涉及而放弃。应当结合实际的调查需要，确定是否使用。

2.1.3　如何设计调查所需的调查问卷

在设计调查问卷时要明确哪些内容需要调查，采用何种提问方法，以及调查问卷的基本格式是怎样的。调查问卷设计过程中需要注意的问题有哪些呢？下面进行具体介绍。

（1）问卷的一般结构

问卷一般由卷首语、问卷主体和其他资料3部分组成，具体内容如表2-2所示。

表2-2　问卷的结构

结构	具体介绍
卷首语	卷首语是问卷调查的自我介绍信。其内容应该包括：调查目的、意义和主要内容，选择被调查者的途径和方法，对被调查者的希望和要求，填写问卷的说明，回复问卷的方式和时间，调查的匿名和保密原则，以及调查者的名称等。为了能引起被调查者的重视和兴趣，争取他们的合作和支持，卷首语的语气要谦虚、诚恳、平易近人，文字要简明、通俗、有可读性。卷首语一般放在问卷第一页的上面，也可单独作为一封信放在问卷的前面
问卷主体	问卷主体是问卷的主要组成部分，包括调查询问的问题、回答问题的方式以及对回答方式的指导和说明等
其他资料	其他资料包括问卷名称、被访问者的地址或单位（可以是编号）、访问员的姓名、访问开始时间和结束时间、访问完成情况、审核员的姓名和审核意见等

有的自填式问卷还有一个结束语，结束语可以是简短的几句话，对被调查者的合作表示真诚感谢。有的可能较长，顺便征询一下对问卷设计和问卷调查的看法。

（2）问题的种类、结构和设计原则

问题是问卷设计者想要了解的内容，也是问卷的主要内容。设计问卷时要弄清楚问题的种类、问卷结构和问卷设计的原则。

◆　问题种类

设计问卷中的问题是问卷的主要内容，可以分为 4 个类型，具体介绍如下。

背景性问题。主要是被调查者个人的基本情况和问卷调查背景，它们是对问卷进行分析研究的重要依据。

客观性问题。是指已经发生和正在发生的各种事实和行为。

主观性问题。是指人们的思想、感情、态度、愿望等一切主要世界观状况方面的问题。

检验性问题。为检验回答是否真实、准确而设计的问题。这类问题一般安排在问卷的不同位置，通过互相检验来判断回答的真实性和准确性。

在以上介绍的 4 类问题中，背景性问题是不可或缺的，背景情况是对被调查者分类和不同类型被调查者进行对比研究的重要依据。

◆　问卷结构

问题的排列组合方式是问卷设计的一个重点。为了便于被调查者回答问题，同时也便于调查者资料的整理和分析，问卷的问题一般可采取以下几种方式排列，如表 2-3 所示。

表 2-3　问卷的 3 种排列方式

方式	具体介绍
按性质或类别排列	按问题的性质或类别排列，而不要把性质或类别的问题混杂在一起
按问题的复杂程度或困难程度排列	一般来说，应该先易后难，由浅入深；先客观事实方面的问题，后主观状况方面的问题；先一般性质的问题，后特殊性质的问题。特别是敏感性强、威胁性大的问题，更应安排在问卷后面

方式	具体介绍
按问题的时间顺序排列	一般来说，应该按调查事物的过去、现在、将来的历史顺序来排列问题。无论是由远到近还是由近及远,问题的排列在时间顺序上都应该有连续性、渐进性,不应该来回跳跃,打乱被调查者回答问题的思路

人力资源工作者在设计问卷时要按照一定的逻辑性安排问题，但是一些特殊情况可以另做考虑。关于检验问题，要合理安排在问卷的各个位置，从而起到检验的作用。

◆ 问卷设计原则

人力资源工作者在设计问卷时，要想拥有较高的问卷质量，提高效率，需要遵循一定的设计原则，如表2-4所示。

表2-4 问卷设计的原则

原则	具体介绍
客观性原则	即设计的问题必须符合客观事实情况，不能凭空捏造，也不要添加与实际情况不相符的内容
必要性原则	即必须围绕调查课题和研究假设设计必要的问题。设计的问题数量过少、过于简略，无法说明调查的实际问题；数量过多、过于繁杂，不仅会大大增加工作量和调查成本，而且会降低回答质量，降低问卷的回复率和有效率，也不利于正确说明调查的相关内容
可能性原则	即必须是被调查者自愿真实回答的问题。凡被调查者不可能自愿真实回答的问题，都不应该正面提出

（3）问题的表述方法

问卷调查虽然可以采用纸质问卷和电子问卷两种方法，但都需要以书面文本的形式进行展示，而被调查者通过书面调查来理解并回答问题，因此，问卷的设计和表达显得尤为重要。

◆ 问卷表达的原则

在编制问题时要遵循具体性原则，即问题的内容要具体，不能存在抽象、笼统的问题，让人难以理解。

单一性原则。问题的内容单一，不要把两个或两个以上的问题合在一起提。

通俗性原则。表述问题的语言要通俗，不要使用容易让被调查者感到陌生的语言，特别是不要使用过于专业化的术语。

准确性原则。表述问题的语言要准确，不要使用模棱两可、含糊不清或容易产生歧义的语言或概念。

简明性原则。表述问题的语言应该尽可能简单明确，不要冗长和啰唆。

客观性原则。表述问题的态度要客观，不要有诱导性或倾向性语言。另外，在问题的表述中要避免出现那些有权威的、享有盛誉的人或机构的名称，更不要直接引用他们的原话。

非否定性原则。要避免使用否定句形式表述问题。由于人们一般都习惯用肯定句形式提出问题和回答问题，因此用否定句形式表述问题往往会造成一些误解。

◆ 特殊问题的表述方式

人力资源工作者在编制问卷时，如需设计一些敏感性强、危险性大的特殊问题，在表达方式上应该有变化，避免让被调查者感觉不适，从而无法坦率地作答。在处理特殊问题时，有以下 4 种方法可供选择。

释疑法。在问题前面写一段消除疑虑的功能性文字。

假定法。用一个假设判断作为问题的前提，然后询问被调查者关于该问题的看法。

转移法。把有关问题的人转移到别人身上，然后请被调查者对别人的回答做出评价。

模糊法。对某些敏感问题设计出一些比较模糊的答案，以便被调查者做出真实的回答。

2.1.4 回答的类型和答案设计原则

前面了解了问卷调查问题涉及的相关方法和技巧，同样的，在设计问卷调查的答案时也有相应的方法需要注意。

（1）回答的类型和方式

回答有 3 种基本类型，即开放型回答、封闭型回答和混合型回答。具体介绍如图 2-1 所示。

开放型回答

所谓开放型回答，指对问题的回答不提供任何具体答案，而由被调查者自由填写。开放型回答问题的最大优点是灵活性大、适应性强，特别适合回答那些答案类型很多或事先无法确定各种可能答案的问题。另外，它有利于发挥被调查者的主动性和创造性，使他们能够自由表达意见。

封闭型回答

所谓封闭型回答，是指将问题的几种主要答案，甚至一切可能的答案全部列出，然后由被调查者从中选取一种或几种答案作为自己的回答，但不能做这些答案之外的回答。封闭性回答，一般都要对答案方式作某些指导或说明，这些指导或说明大都用括号括起来附在有关问题的后面。

混合型回答

所谓混合型回答，是指封闭型回答与开放型回答的结合，实质上是半封闭、半开放的回答类型。

图 2-1

开放式回答和封闭式回答的优缺点对比如表 2-5 所示。

表 2-5　开放式和封闭式回答的优缺点对比

回答方式	优点	缺点
开放式回答	容易收集更多信息，收获启发式的回答	标准化程度低，整理分析困难，费时费力，无价值信息较多
封闭式回答	答案标准化，统计方便，客观真实，恢复率高	难以适应复杂情况，较为机械，缺乏弹性

（2）答案设计原则

人力资源工作者在设计答案时，要遵循一定的原则，从而提高问卷的整体质量。

◆ **相关性原则**：设计的答案必须与询问问题相关。

◆ **同层性原则**：设计的答案必须具有相同层次的关系。

◆ **完整性原则**：设计的答案应该穷尽一切可能，起码是一切主要的答案。当答案过多时，可以只设计几种主要答案，然后加一个"其他"，这样就达到了完整性的要求。

◆ **互斥性原则**：设计的答案必须是互相排斥的。

◆ **可能性原则**：设计的答案必须是被调查者能够回答、也愿意回答的。

2.2
观察法岗位分析

观察法是指研究者根据一定的研究目的、研究提纲或观察表，用自己的感官和辅助工具直接观察被研究对象，从而获得资料的一种方法。本节具体介绍观察法在岗位分析中的应用。

2.2.1　不同类别的观察法介绍

观察包含多种类别，具体介绍如下。

自然观察法。自然观察法是指调查员在一个自然环境中（包括超市、展示地点、服务中心等）观察被调查对象的行为和举止。

设计观察法。设计观察法是指调查机构事先设计模拟一种场景，调查员在一个已经设计好的并接近实际的环境中观察被调查对象的行为和举止。所设置的场景越接近实际，被观察者的行为就越接近真实。

隐蔽观察法。众所周知，如果被观察者知道自己被观察，行为可能会有所不同，观察的结果也就不同，调查所获得的数据也会出现偏差。隐蔽观察法就是在不为被观察者、物或者事件所知的情况下监视他们的行为过程。

机器观察法。在某些情况下，用机器观察取代人员观察是可能的甚至是合适的。在一些特定的环境中，机器可能比人员更便宜、更精确和更容易完成工作。

函数值域观察法。通过对函数定义域、性质的观察，结合函数的解析式，求得函数的值域。

2.2.2　岗位分析观察法的实施步骤

岗位分析观察法的应用一般分为 5 个步骤，分别是工作准备、选择观察方法、观察记录、信息整理分析和反馈以及形成结论。

◆　工作准备

在选定观察法适合岗位分析的情况下，观察者应提前和被观察岗位的上级主管进行通报并阅读有关岗位的文件和资料，了解被观察岗位的工作内容、工作标准、工作环境条件、业绩考核指标、考核方法以及薪酬等级等信息。

如果是首次进行岗位分析，没有相应的文字资料，可以事先和被观察岗位的上级主管进行交流沟通，获取基本信息，结合了解到的信息再准备观察提纲或任务观察清单。图 2-2 所示为某公司岗位分析提纲。

工作分析观察提纲

日期：_____　　观察员：_____
观察时间：_____　　工作类型：_____
工作部门：_____
观察内容
什么时候开始正常工作？
_____
上午工作多少时间？
_____
上午休息几次？
_____
第一次休息时间从_____到_____
第二次休息时间从_____到_____
身心活动
1. 工作姿势
A. 站　　B. 坐　　C. 蹲　　D. 空走　　E. 搬物直走　　F. 弯腰搬物走
眼手灵活性　　　高　1　2　3　4　5　低
眼手脚灵活性　　高　1　2　3　4　5　低
视力等级　　　　好　1　2　3　4　5　差
听力　　　　　　强　1　2　3　4　5　弱
观察　　　　　　高　1　2　3　4　5　低
注意力　　　　　集中　1　2　3　4　5　分散
2. 任职资格
所需最低学历
A. 小学　　B. 初中　　C. 技校高中　　D. 大专　　E. 大专以上
相同或相似岗位工作经验
A. 半年　　B. 一年　　C. 两年　　D. 两年以上
年龄
A. 18～23 岁　B. 24～28 岁　C. 29～33 岁　D. 34～38 岁　E. 39 岁以上
性别
A. 男　　B. 女
工作关系
1. 是否有人监督　　　　A. 有　　　　B. 无
2. 什么人
3. 什么性质　　　　　　A. 定期　　　B. 不定期
工作环境与条件
1. 空气　　　　污浊　1　2　3　清新
2. 温度　　　不适宜　1　2　3　无害
3. 通风　　　　不好　1　2　3　好
4. 噪声　　　　　大　1　2　3　小
5. 设备清洁　　　脏　1　2　3　洁
需要说明的其他问题_____

图 2-2

需要注意的是，观察提纲通常用于工作内容比较简单的岗位，任务观察清单通常用于重复性工作内容比例较高的岗位。

◆　选择观察方法

在工作准备完成后，根据对岗位的了解，需要选择相应的观察方法。只有合适的观察方法，才能提高工作效率，得到的分析结果也更为准确。

自然观察法和隐蔽观察法是比较常用的两种方法。

①如果选用自然观察法，应事先和岗位任职者进行交流沟通，说明工作的流程和目的，建立良好的关系，寻求理解和配合。

②如果选择隐蔽观察法，除了事先和被观察岗位的上级沟通外，还要做好相关录音、录像等信息采集设备的安装调试工作。

◆ 观察记录

观察记录是应用观察法的重点步骤，除了全面、细致、点面结合、力求准确外，还需要对观察记录的信息进行核对，确保无误，避免人为因素导致的偏差。

人力资源工作者可以对同一岗位进行连续多次观察，或是对同一岗位采取自然观察和隐蔽观察相结合的方式。

◆ 信息分析整理和反馈

将观察法实施过程中获取的资料和信息进行汇总，结合观察提纲进行分类整理，重点整理岗位的工作内容、工作情况以及可以改进和优化的问题，最终编制岗位分析报告。

完成资料整理后，还可以与观察岗位的上级进行沟通和反馈，并提醒该上级相关注意事项。

◆ 形成结论

整个过程完成后还需要对搜集的材料进行反复加工，形成最终结论。

①对于从事简单重复性劳动岗位，完成分析后最终结论的体现形式是编制岗位说明书。

②如果要通过观察发现岗位工作的问题，则最终结论需通过归纳，提出建议和解决方案。

2.2.3　观察法的优缺点展示

观察法在岗位分析中的使用具有一定的局限性，但同样具有其独特的优势。下面具体介绍观察法在岗位分析中的优势与缺点。

◆　观察法的优势

观察法的优势有如下所示的几点。

过程简洁。观察法能通过观察直接获得资料，不需要其他中间环节。因此，观察的资料比较真实。

自然生动。观察法是在自然状态下进行的观察工作，被观察者整个过程较为自然，能获得较为生动的资料。

及时性。观察法具有及时性的优点，观察者在观察的过程中能够及时获取观察信息，并且捕捉到正在发生的现象。

可能获取意外的资料。观察者通过长时间的观察，可能了解到一些意料之外的信息，或是搜集到一些无法言表的材料。

◆　观察法的缺点

观察法虽然有利于获取较为真实的数据，但是存在较为明显的缺点，具体介绍如下。

受时间限制。观察岗位的某些事件发生是有一定时间限制的，过了这段时间就不会再发生。可能观察的时间段内恰好没有发生，这就导致观察结果出现偏差。

受观察对象限制。统一的工作岗位，可能因为轮班制会有多个工作人员，而不同工作人员的工作能力、工作质量和工作方式又会有不同，造成观察结果的偏差。

受观察者本身限制。一方面人的感官都有生理限制，超出这个限度就很难直接观察；另一方面，观察结果也会受到主观意识的影响，如果被观察者知道观察的项目，就会不自觉地表现得更好。

难以深入。观察者只能观察外表现象和某些物质结构，不能直接观察到事物的本质和人们的思想意识。

不适用于大面积调查。如果大面积开展观察法进行调查，不仅费时费力，且观察法并不是对所有岗位都适合。

2.3
访谈分析法岗位分析

访谈法（Interview）又称晤谈法，是指通过访问员和受访人面对面地交谈来了解受访人的心理和行为的心理学基本研究方法。访谈法运用面广，能够简单而迅速地收集多方面的岗位分析资料，因而深受人们的青睐。

2.3.1　访谈法的常见形式和实施程序

访谈法在实际操作中存在多种形式，人力资源工作者应当对此有一定的了解，并且注意访谈法的具体实施过程。

（1）访谈法常见形式

访谈法通常存在 3 种形式，分别是个别员工访谈法、集体访谈法和主管人员访谈法。

◆ **个别员工访谈法：**个别员工访谈法主要适用于工作差异较大的岗位以及工作分析时间较为充足的情况。个别员工访谈法可以帮助调查者获得大量数据，但同样需要耗费大量时间。

◆ **集体访谈法**：集体访谈法适用于工作岗位性质比较接近的情况，采用集体访谈法可以节省时间。

◆ **主管人员访谈法**：主管人员访谈法是指工作分析人员通过同某一岗位任职者的直接上级领导进行面谈从而收集岗位信息的方法。

选择合适的访谈方式是访谈工作的前提条件，同时合理的访谈方式也能帮助访谈实施者节省时间。

（2）访谈法的实施程序

访谈法在实施过程中需要遵循一定的程序，这是人力资源工作者需要重点掌握的。

①设计访谈提纲。

②恰当进行提问。

③准确捕捉信息，及时收集有关资料。

④适当地做出回应。

⑤及时做好访谈记录，一般还要录音或录像。

知识延伸 | 访谈法搜集信息的方法

访谈法收集资料的主要形式是"倾听"。"倾听"可以在不同的层面上进行，包括3个层次：①在态度层面上，访谈者应该是"积极关注地听"，而不应该是"表面地或消极地听"；②在情感层面上，访谈者要"有感情地听"和"共情地听"，避免"无感情地听"；③在认知层面上，要随时将受访者所说的话或信息迅速纳入自己的认知结构中加以理解和同化，必要时还要与对方进行对话，平等交流，共同构建新的认识和意义。

2.3.2 访谈提纲应当如何撰写

访谈提纲是进行访谈的重要文件，也是访谈前期准备阶段的重要工作。

做好访谈提纲能够让访谈工作更高效。

（1）访谈提纲的内容

访谈内容应当包含访谈所需了解的内容以及访谈的相关信息，如表 2-6 所示。

表 2-6　访问提纲的基本内容

内容	具体介绍
访谈目的	在制作访谈提纲时，要在提纲中写明访谈的目的，方便其他人员进行访问工作
访谈对象	访谈的目的不同，访谈的对象也会不同。比如我们要收集员工对公司的管理和制度的看法，访谈对象应侧重于中基层员工，尤其是基层员工。此时可以选择个别员工访谈法、集体访谈法和主管人员访谈法
访谈内容	在访谈前，建议先拟定一个访谈提纲，以免偏题或者遗漏问题。例如访谈对象的个人信息，工作职责和工作内容，本人对自己工作的看法和建议，对部门领导的看法和评价，对公司和部门管理的看法
结束语	完成访谈后，要以合适的方式结束访谈，对访谈的对象表示感谢，附上祝福语

（2）访谈提纲编制注意事项

在编制访谈提纲时，有一些注意事项需要了解。特别是在访谈问题设计方面，不合理的问题可能导致访谈难以顺利进行。

◆ 访谈提纲中的问句不宜过多，以 2～4 个为宜，其余的可以通过选择性或开放性表达来呈现，避免咄咄逼人，引起对方的反感。

◆ 访谈提纲中的问句要避免低效率、诱导，访谈过程中的一些毫无意义的问题可能导致访谈对象厌烦，因此在设计访谈问题时要对问题进行考量，删繁就简。

◆ 访谈提纲中的问句尽量以开放性为表达特点，不能提过多的限制性问题，这样不利于访谈者敞开心扉、畅所欲言。

◆　根据研究问题和研究目的设计访谈形式及访谈问句，所涉及的问题
应当紧扣主题，这样才能获得更多的数据。

图 2-3 所示为某公司的访谈提纲。

岗位分析访谈提纲

一、访谈目的

为了更好地明确各个岗位的工作职责和任务，保证各个岗位之间相互协调、配合，共同实现企业的目标，现企业人力资源部门对企业各个岗位进行一次全面的工作分析活动。

二、访谈人员的构成

姓名	职务	所在部门	联系方式

三、访谈对象

姓名	职务	所在部门	联系方式

四、访谈问题

1. 请问您的姓名、职务、职务编号是什么？

2. 您所在的部门?直接上级主管是谁?部门经理是谁?

3. 所在岗位的主要工作任务和职责?

4. 工作权限。

5. 工作中需要同哪些部门或人员接触。

6. 其他。

五、访谈的形式

□个别访谈法　　　　□集体访谈法　　　　□主管人员访谈法

六、访谈注意事项

1. 访谈人员要创造和谐、良好的访谈氛围。

2. 访谈人员应注意做好记录。

3. 保证信息的真实性、准确性。

七、结束语

祝您工作生活愉快。

图 2-3

2.3.3　访谈过程中的注意事项和技巧

访谈过程是展现一名人力资源工作者综合能力的时候，访谈者在访谈过程中需要掌握一定的技巧，才能更加轻松地与对方交谈，并最终获得想要的信息。

（1）访谈过程中的注意事项

要想访谈能够顺利进行，并最终获得访问数据，就需要了解访谈相关的注意事项，如表 2-7 所示。

表 2-7　访谈注意事项

注意事项	具体介绍
邀请时的注意事项	为了接近被访谈者，使访谈顺利进行，在邀请他人进行访谈时需要注意：①穿着干净整洁，称呼恰如其分；②自我介绍简洁明了，不卑不亢；③发出邀请时应热情，语气应该肯定和正面；④以适当方式消除被访者的紧张、戒备心理，有时应主动出示身份证等文件
如何应对拒绝访谈	如果对方拒绝进行访谈，人力资源工作者应保持耐心，不要轻易放弃，搞清拒绝的原因，做出相应的对策
访谈中的注意事项	使受访人有轻松愉快的心情（访员当然也应如此）；创设恰当的谈话情境；不使受访人感到有压力；应具备正确的预备知识；应具备细致的洞察力、耐心和责任感；不对受访人进行暗示和诱导；对相同的事情能从不同的角度提问；能如实准确地记录访谈资料，不曲解受访人的回答
避免访问结果出现偏差	由于访谈工作人员的自身技术水平存在差异，可能导致访谈结果出现偏差。所以访谈需要避免以下的情况：访谈工作者对受访人有偏见；访谈工作者想要受访人作出某种回答而产生的期望效应；访谈工作者进行暗示或诱导性提问

（2）访谈技巧介绍

即便访谈方案、访谈提纲设计得很科学，但如果不掌握访谈的技巧或者技巧运用不当，也难以保证访谈的效果。

实施访谈大致分为 4 个步骤：双方的见面、建立融洽的关系、正式访谈和结束访谈。访谈者要掌握访谈技巧，在合适的时间、合适的地点进行访谈。下面具体介绍。

◆ 在进入正式访谈之前，访谈人员可以先谈谈受访者较熟悉或感兴趣的事情，消除拘束感，然后逐步把话题引向调查的内容。

◆ 在正式访谈时，访谈人员要注意控制访问的进程、提问的语气、语速、语言表达清楚程度、表情等方面的问题。

◆ 在访谈过程中，访谈人员的目光要直接与受访者交流；受访者回答问题时，访谈人员要专心倾听。

◆ 在做记录之前，访谈人员应事先征求受访者的意见，记录分为笔记和录音。一般来说，受访者都不愿意接受录音这种方式，故录音前必须征得对方同意，否则容易引起对方误会和不安，影响访谈的顺利进行。

◆ 访谈人员还应控制好访谈的进程和时间，最好能在预定的时间内结束访谈，若因某种原因未能完成访谈的内容，需要延长访谈时间时，则应征得受访人员的同意且表示歉意。

◆ 访谈人员在做笔记时，要注意不能只顾着记录谈话内容而忽视受访者的存在。

2.4 工作日志法岗位分析

现场工作日记法也称为工作日志法，是在企业主管人员的领导下由员工本人自行进行的按活动发生的先后顺序随时填写的一种职务分析方法。此方法所获得的信息可靠性很高，有利于管理人员了解员工实际工作的内容、责任、权利、人际关系及工作负荷。

2.4.1　工作日志法的基本内容

采用工作日志法，可在一定时间内获取第一手资料。认真记录的工作日志可提供大量信息，如计划工作质量、自主权、例外事务的比例、工作负荷、工作效率、工作中涉及的关系等。

为保证所收集信息的完整与客观，通常会要求目标岗位员工使用工作日志表记录工作日常。图 2-4 所示为工作日志表的常见格式。

工作日志表

| 姓名： | 部门： | 职务： | 日期： |

分类 \ 记录		工作项目总结	完成状况	待解决问题	工作时间
工作内容	日常例行工作（上午）				
	日常例行工作（下午）				
	当日总结				
	明日总结				
建议或说明事项					

备注：
一、每日工作报表请用当日日期命名，不敷填写时请自行增列。
二、请于每日下班前填写，如遇紧急或外出事务于第二天补回。

填表人签字：　　　　　　　　　　　部门主管：

图 2-4

图 2-4 所示为工作日志表的一般结构，这种形式要求工作者每天按时间顺序记录自己所进行的工作任务、工作程序、工作方法、工作职责、工作权限以及各项工作所花费的时间等，一般要连续记录 10 天以上。

这种方法提供的信息完整详细且客观性强，适用于管理或其他随意性大、内容复杂的职位。

2.4.2　工作日志填写规范说明

要想通过工作日志了解该岗位的日常情况，就需要工作人员在填写工作日志表的时候按照一定的规范进行填写。工作日志表的填写规范如下所示。

◆　及时记、天天记

工作日志应随时填写，比如以 10 分钟、15 分钟为一个周期，而不应该在下班前一次性填写，这样是为了保证填写内容的真实性和有效性。

◆　填写要真实

工作日志法最大的问题可能是工作日志内容的真实性问题，不真实就丧失了工作日志的职能，不过工作日志失真情况时常发生。

造成失真的主要原因有三个：一是缺乏调查研究，没弄清事实就写；二是没有及时写而造成遗漏；三是记录人员思想作风不正，主观有偏见。为了保证工作日志的真实性，记录人员一定要端正思想作风，加强责任心。

◆　要写有价值的事情

天天如此、数年一致的事（如几点钟上下班）和不值得一提的小事不必写。要写有变化的（如实行夏季作息时间）和有些影响的（如谁因几句闲话挨了公司领导的批评，谁因把办公室打扫清洁受了表扬等）。

◆　掌握详略分寸

工作日志天天记，不可能写得很详细，像做工作汇报那样。只要求把事件记清楚。但应当注意：单纯陈述性内容，可以写得简略些，不必写得过于详细；需要办理的事要写得具体些（如情况如何，要求解决什么问题，解决的方法是什么都要写清楚），以免办理起来出差错。

2.4.3　工作日志法的优缺点

工作日志法是一种比较简单且高效的岗位分析方法，其优点和缺点都比较突出。人力资源工作者在进行岗位分析时，可以根据其优缺点确定是否使用该方法。

工作日志法的优点如下所示。

①所需费用较低，只需要工作者填写表格，没有额外开支。

②认真记录的工作日记可以得到大量的工作信息，如计划工作质量、自主权、例外事务比例、工作负荷、工作效率、工作中设计的关系等。

③工作日志记录的内容不但对职位分析有用，也是自我诊断的重要工具。

④该法所获得的信息可靠性很高，适用于获取有关工作职责、工作内容、工作关系、劳动强度等方面的信息。

工作日志法的缺点如下所示。

①该法使用范围小，不适合分析工作循环周期较长、工作状态不稳定的职位。

②工作日志法需要员工每日记录工作数据，因此整理的信息量大，归纳工作烦琐。由于工作执行者填写时的疏忽，也会在一定程度上影响工作的正常进行。

③员工不易坚持。除非有特别的激励措施来保证，否则员工难以坚持记录工作日记。

④员工在记录的过程中难免会有表功心态，从而有把自己的工作记录得更加繁重的倾向，管理者要注意掌握原始资料的真实性。

2.5
关键事件法岗位分析

关键事件法是用于搜集岗位分析信息的方法之一。由美国学者弗拉赖根和贝勒斯在 1954 年提出，它是通过对工作中最好或最差的事件进行分析，对造成这一事件的工作行为进行认定，从而做出工作绩效评估的一种方法。

2.5.1　关键事件法的应用和实施原则

采用关键事件法进行岗位分析，主要是通过分析人员对岗位工作成败或岗位工作绩效高低有显著影响的事件进行记录、分析，从而获取各种因素之间的关系。下面具体介绍关键事件法的应用和实施原则。

（1）关键事件法的应用

关键事件法在岗位分析中的应用主要包含 3 各方面，分别是明确岗位职责和工作内容、确立岗位标杆和确定岗位任职标准，如表 2-8 所示。

表 2-8　关键事件法的应用

应用	具体介绍
明确岗位职责和工作内容	首先识别对岗位工作绩效起核心、关键作用的工作。然后向岗位任职者、岗位直属主管或与岗位工作密切相关的人员收集大量与岗位工作相关的信息资料。最后将这些信息资料和岗位绩效成绩进行对比分析，确定哪些工作任务和工作行为影响岗位绩效达成
确立岗位标杆	分析研究岗位任职者需要具备的素质有哪些，这些素质导致了哪些行为的产生，使工作业绩达到或超过绩效标准。通常岗位分析会选择工作业绩优异的标杆岗位，对任职者的动机、品质、态度、价值观、自我认知和社会角色定位等隐性素质进行分析和研究，从而建立岗位标杆
确定岗位任职标准	能力是岗位任职者的显性素质，看得见、摸得着，可以后天习得。聚焦于岗位任职者的能力研究，可以建立任职资格标准和任职资格认证标准，这也是开展员工培训、进行员工能力管理和员工职业生涯管理的基础

（2）关键事件法的实施原则

关键事件法可通过对目标岗位进行一段时间关注，并对比研究从而得到需要的结果。实施关键事件法主要采用 STAR 法。

STAR 法是由四个英文单词的第一个字母表示的一种方法。由于 STAR

英文翻译后是星星的意思，所以又叫"星星法"。

使用 STAR 法记录某一事件要从 4 个方面展开。

情境 S（Situation）。主要是指这件事情发生时的情境是怎么样的，由哪些因素导致的。

目标 T（Target）。当事人为什么要做这件事，完成这件工作的具体目标是什么。

行动 A（Action）。为了完成工作任务或实现目标，能想到或是采取的措施有哪些，哪些是有效行为或措施。

结果 R（Result）。具体经过了什么样的行为过程，最终产生了怎样的效果。

2.5.2　关键事件法的实施步骤

关键事件法的实施需要识别关键事件、记录信息和资料、分析岗位特征和形成研究分析报告 4 个步骤。

◆　识别关键事件

运用关键事件分析法进行工作分析，其重点在于对岗位关键事件的识别，这对调查人员提出了非常高的要求。

一般非本行业、对专业技术了解不深的调查人员很难在短时间内识别该岗位的关键事件是什么，如果在识别关键事件时出现偏差，将给调查的整个结果带来巨大的影响。

◆　记录信息和资料

识别关键事件后，调查人员应记录以下信息和资料，这部分内容可以参考现有岗位说明书或通过岗位分析人员的观察、访谈获取。

①导致该关键事件发生的前提条件是什么。

②导致该事件发生的直接和间接原因是什么。

③关键事件的发生过程和背景是什么。

④员工在关键事件中的行为表现是什么。

⑤关键事件发生后的结果如何。

⑥员工控制和把握关键事件的能力如何。

◆ 分析岗位特征

通过对上述问题的回答，岗位分析人员可以准确、有效地识别岗位工作的关键事件和核心工作职责。

在此基础上岗位分析人员可以对该岗位特征进行分析，结合收集到的资料得出结论。

◆ 形成研究分析报告

将上述各项信息资料详细记录后，可以对这些信息资料作出分类，并归纳总结出该岗位的主要特征、具体控制要求和员工的工作表现情况。通过对不同事件的对比研究，形成研究分析报告，达成岗位分析的最终目的。

2.6
其他岗位分析方法

本章前面部分介绍了几种常见的岗位分析方法，除此之外还有一些其他的岗位分析方法，下面进行具体介绍。

2.6.1　交叉反馈法

交叉反馈法是一种通过对企业各类成绩交叉讨论、沟通，从而确定岗位职责的岗位分析方法。图 2-5 所示为反馈交叉法的一般实施流程。

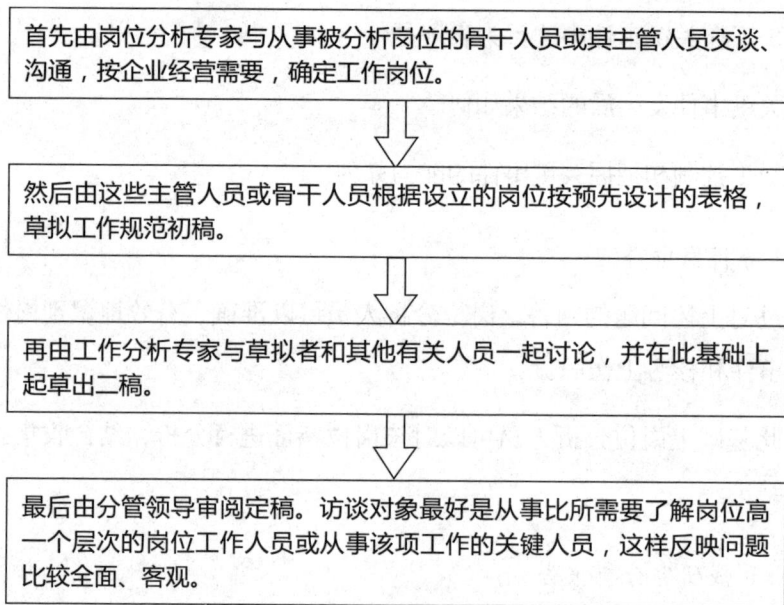

首先由岗位分析专家与从事被分析岗位的骨干人员或其主管人员交谈、沟通，按企业经营需要，确定工作岗位。

⬇

然后由这些主管人员或骨干人员根据设立的岗位按预先设计的表格，草拟工作规范初稿。

⬇

再由工作分析专家与草拟者和其他有关人员一起讨论，并在此基础上起草出二稿。

⬇

最后由分管领导审阅定稿。访谈对象最好是从事比所需要了解岗位高一个层次的岗位工作人员或从事该项工作的关键人员，这样反映问题比较全面、客观。

图 2-5

该方法的优点在于工作规范描述准确，可执行性强；工作关系图、工作流程的描述清晰，能够较好地与实际工作相吻合。不足之处在于花费时间较多，反馈周期较长，工作任务量大。这种方法适合于发展变化较快或岗位职责还未定型的企业。由于企业没有现成的观察样本，所以只能借助专家的经验来规划未来希望看到的职位状态。

2.6.2　管理职位描述问卷法

管理职位描述问卷法（Management Position Description Questionnaire）是针对管理工作的特殊性而专门设计的一种岗位分析法，由托诺（W.W.Tornow）

和平托（P.R.Pinto）于 1976 年设计的。

（1）管理职位描述问卷的主要内容

MPDQ 问卷中题目的分类是通过因素分析进行的，所有题目被划分为 15 个部分，即 15 个因素，每个因素都包含一定量的相关题目。MPDQ 中的 15 个因素包括一般信息、决策、计划与组织、行政、控制、监督、咨询与创新、联系、协作、表现力、监控业务指标、综合评价、知识技能与能力、组织结构图、评论与反应。

在 MPDQ 问卷中，项目的评价尺度主要有 3 种：重要性、决策权限和综合评定。MPDQ 为管理人员专门设计的工作分析问卷分为 13 个维度，208 个工作要素。

- ◆ 产品、市场和财务计划。
- ◆ 与其他组织单位和工人之间的相互协调。
- ◆ 内部业务控制。
- ◆ 产品与服务责任。
- ◆ 公众与顾客关系。
- ◆ 高级咨询。
- ◆ 行为的自治。
- ◆ 财务计划的批准。
- ◆ 职能服务。
- ◆ 员工监督。
- ◆ 工作的复杂性及压力。
- ◆ 高级财务管理职责。
- ◆ 广泛的人力资源职责。

（2）管理职位描述问卷法的优缺点

管理职位描述问卷法作为一种针对性较强的岗位调查法，其优点如下。

◆ 适用于不同组织内管理层次以上的职位分析。

◆ 为人员从事管理工作所需的培训提供依据，为正确评估管理工作提供依据。

◆ 为管理工作在工作簇中进行分类提供了依据，为工作簇的建立奠定了基础。

◆ 为薪酬管理、员工的选拔程序与绩效评估表的制定设立了基础。

管理职位描述问卷法的缺点如下。

◆ 受工作和工作技术的限制，灵活性较差。

◆ 有时耗时较长，工作效率较低。

2.6.3　主管人员分析法

主管人员分析法是指由主管人员通过日常的管理权力来记录与分析所管辖人员的工作任务、责任与要求等因素，从而实现岗位分析。

主管人员对下属的岗位工作非常了解，以前也曾从事过这些工作，因此他们对被分析的工作有双重的理解，对职位所要求的工作技能的鉴别与确定非常在行。

主管人员分析法最大的优点是记录方便，他们与所分析的工作天天打交道，所以非常了解。尤其以前从事过这些工作，目的比较明确，分析得很深入。

但主管人员的分析中也许有一些偏见，尤其是那些只干过其中一部分工作而不全面了解的人，他们往往偏重于所从事过的那部分工作。可以通过将主管人员分析法与工作日志法相结合，有效消除这种偏差。

图 2-6 所示为某公司食品加工厂工作分析表，通过主管人员对岗位信息进行细致地填写，即可了解该岗位的详细信息，不仅高效便捷，而且获取的信息准确性较高。

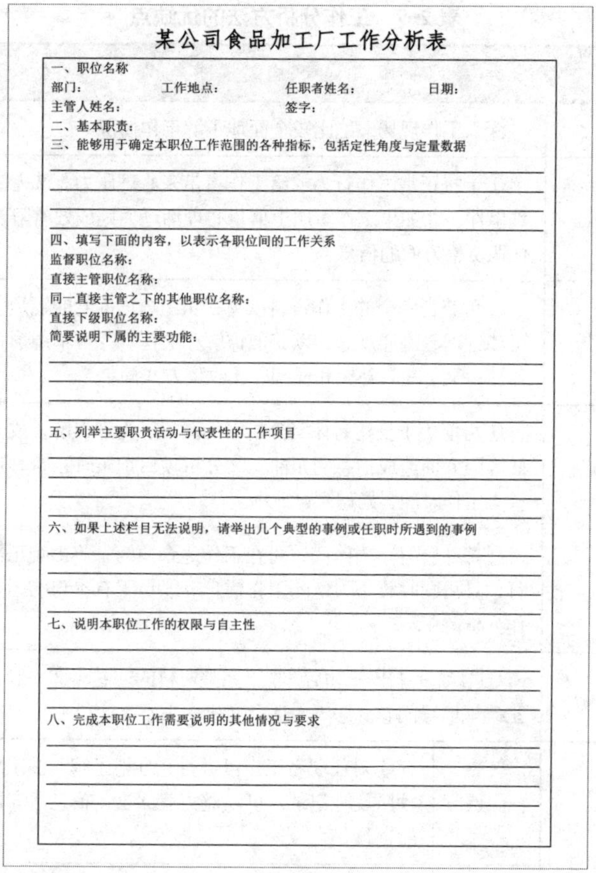

<table>
<tr><td colspan="2" align="center">**某公司食品加工厂工作分析表**</td></tr>
</table>

一、职位名称

部门：　　　　工作地点：　　　　任职者姓名：　　　　日期：

主管人姓名：　　　　　　　　签字：

二、基本职责：

三、能够用于确定本职位工作范围的各种指标，包括定性角度与定量数据

_____

_____

_____

四、填写下面的内容，以表示各职位间的工作关系

监督职位名称：

直接主管职位名称：

同一直接主管之下的其他职位名称：

直接下级职位名称：

简要说明下属的主要功能：

_____

_____

_____

五、列举主要职责活动与代表性的工作项目

_____

_____

_____

六、如果上述栏目无法说明，请举出几个典型的事例或任职时所遇到的事例

_____

_____

_____

七、说明本职位工作的权限与自主性

_____

_____

_____

八、完成本职位工作需要说明的其他情况与要求

_____

_____

_____

_____

图 2-6

2.7

岗位分析方法的优劣比较

　　本章前面部分介绍了岗位分析的相关方法，包括问卷调查法、观察法、工作日志法和关键事件法等。那么面对如此多的方法，究竟应当选择哪一种呢？下面具体来看各种分析方法的优缺点对比，如表 2-9 所示。

表 2-9　工作分析方法的优缺点

方法	相关描述		
观察法	优点	深入工作现场，能比较全面地了解工作情况	
	缺点	①干扰正常工作行为或给工作者带来心理压力。②无法感受或观察到特殊事件。③如果工作本质上偏重心理活动，则成效有限。④无法全面收集任职资格方面的信息	
访谈法	优点	①可获得完的工作资料以免去员工填写问卷的麻烦。②可进一步使员工和管理者沟通观念，以获取谅解和信任。③可不拘形式，问句内容较有弹性，又可随时补充和反问。④收集方式简单	
	缺点	①可能由于受访者怀疑分析者的动机、无意误解，或分析者访谈技巧不佳等因素而造成信息的扭曲。②分析项目烦杂时，费时且成本高。③占用员工工作时间，妨碍生产	
问卷法	优点	①成本低且节省时间，可在工作之余填写，不影响正常工作。②容易进行，且可同时收集大量的工作信息。③员工有参与感，有助于加深其对工作分析的了解	
	缺点	①很难设计出一个能够收集完整资料的问卷。②一般员工不愿意花时间正确地填写问卷。③不太适合文化水平不高的员工	
写实法	工作日志法	优点	①对任职者工作可进行充分地了解。②采用逐日或在工作活动后及时记录，可以避免遗漏工作信息。③可以收集到最详尽的资料
		缺点	①将注意力集中于工作活动过程，而不是结果。②员工可能会在夸张或隐藏某些活动的同时掩饰其他行为。③费用、成本高且干扰员工工作。④整理信息的工作量大，归纳工作烦琐
	主管人员分析法	优点	主管人员对工作非常了解，工作记录质量高，分析得比较深入
		缺点	主管人员可能会偏重于他们过去所做过的工作，造成记录的信息不客观

第三章

聚焦岗位分析工作全流程

岗位分析是一项较为复杂的工作，在分析之前要做好充足的准备，确定分析方法，再进行信息收集与分析，最终实施并得出结论。了解岗位分析流程，能帮助相关人员更加高效地展开分析工作。

3.1
岗位分析之前的筹划准备

岗位分析是一项较为复杂的工作，与其相关的每项工作都要做好。在进行岗位分析之前，筹划工作必不可少，只有做好了筹划准备工作，才能让后面的岗位分析工作更加轻松。

3.1.1 明确岗位分析的目的

在进行岗位分析之前，人力资源工作者首先要明确岗位分析的目的、目标问题、岗位分析的作用、目标岗位有哪些、需要收集哪些信息以及如何收集这些信息等问题。

根据岗位分析目的的不同，进行岗位分析的侧重点也不同。表 3-1 所示为岗位分析目的与侧重点之间的关系。

表 3-1 岗位分析的目的与侧重点关系表

目　　的	侧　重　点
组织结构设计、岗位设计	明确岗位职责、工作权限、沟通关系，岗位在工作流程与组织战略体系中的定位
空缺岗位而招聘	岗位任职条件及职责
培训与开发	工作职责、岗位任职资格
绩效考核	明确完成工作任务的标准
薪酬设计	除了定性的工作描述外，还需要用定量的方法对岗位进行评估，确定岗位的相对价值

因此，人力资源工作者在进行岗位分析时要明确岗位分析的目的，抓住侧重点，才能有针对性地开展工作。

| 范例解析 |　目的不明确工作难以开展

　　岳某最近接到指示，公司本月将会进行岗位分析，销售部门由岳某负责。岳某通过思考后决定，先从普通销售人员开始，从低层往高层进行分析，最后对销售经理进行分析。

　　但在施行过程中，他发现普通员工并不像他预想的那样配合自己的工作。"岗位分析？干什么用的？""是不是要裁人了？怎么突然要分析岗位了？"。岳某精疲力竭，却收获寥寥。

　　由此可见，员工不清楚岗位分析目的，就容易产生恐慌心理，其结果自然是不配合。因此在进行岗位分析之前应做好充分准备，向员工动员宣传岗位分析的目的，使员工对岗位分析的真正目的和意义有充分的了解和认识。

3.1.2　岗位分析工作如何获得理解与支持

　　岗位分析工作通常由企业的人力资源部门负责，有时也会有外部的机构参与实施。但是在开展岗位分析之前，获取企业员工和各级管理者的理解和支持是岗位分析和评价工作的重要环节。

　　（1）准备进行沟通所需的资料

　　在公司职员都不知道岗位分析时，人力资源工作者要通过宣传与沟通为岗位分析造势，为之后开展工作做铺垫。在进行沟通之前，要准备相关资料。

　　◆　明确工作目标

　　工作目标主要需要说明为什么开展岗位分析和评价工作，此项工作的必要性、可行性以及预期的成果，如表 3-2 所示。

表 3-2　岗位分析的工作目标

目标	具体介绍
提出问题	通过具体事例概括出企业存在的问题，并表明这些问题对企业的影响，从而引出需要改进的内容

续上表

目标	具体介绍
提出解决方案	对提出的问题进行深度分析，并提供多种解决方案，再对解决方案进行比较，最终引出并说明岗位分析的必要性
明确成果	一次岗位分析不可能解决企业所有的问题，应当明确本次岗位分析能够达到的最终成果，进行概括性说明

◆ 工作安排要明确

通过工作安排可以让员工在宣传和沟通的过程中了解整个过程，具体包括表 3-3 所示的 3 点。

表 3-3 岗位分析工作安排

安排	具体介绍
时间安排	岗位分析可能会对涉及岗位的员工产生一定的影响，通过对时间进行安排，提前让涉及的员工做好时间规划，也能够让不涉及岗位分析工作的员工放心
人员安排	明确岗位分析和评价工作的范围与参与者可以突出工作的重点领域，明确参与者的责任，参与者可以提前做相应的准备
内容安排	对工作内容进行说明，可以明确岗位分析和评价工作的核心与难点，在宣传和沟通过程中能够获取企业管理人员和普通员工的意见和建议，利于改进工作方法，提高工作效率和效果

◆ 成果预期明确

预期成果是进行沟通和宣传的重点部分，也是企业领导比较关注的问题。在准备材料时，将问题和成果进行对比说明是最好的宣传方式和沟通策略。针对不同的层级有不同的说明方法。

针对企业高管。 企业高管感兴趣的是岗位分析工作成果能够给企业生产经营活动带来哪些变化。例如，提高工作效率，提升人均产能，节约成本费用等。

针对中层或基层管理者。 针对中层或基层管理者，资料准备的重点应该突出管理中遇到的问题，明确告知通过岗位分析能够给他们提供更多的管理方法和管理工具，可以有效解决目前存在的问题。

针对员工。 针对员工，应该结合不同类别、不同层次员工的需求，将重点放在保障员工利益和促进员工职业成长两个方面。

（2）选择合适的沟通方式

要想岗位分析工作能够得到较大的支持，选择合理的沟通方式进行宣传是很有必要的。电子邮件、内部刊物以及直接交流等都是有效的沟通方式，下面进行具体介绍。

◆　电子邮件

电子邮件作为一种长期存在的沟通交流工具，在企业中经常被使用。但有些企业会对群发功能和回复功能做权限上的限制，企业人力资源部门虽然有权通过群发邮件的方式将相关资料发给所涉及人员，但不能得到员工的回复。

由于对此项工作的关注程度或业务繁忙等导致信息的回复率很低，因此，电子邮件可以在岗位分析工作前期作为宣传工具加以利用。

◆　内部刊物

很多企业有自己的内部刊物，人力资源部门可以利用企业内部刊物一次或多次发表介绍岗位分析内容的文章，也可以邀请各级管理者和员工发表回应文章形成互动。

通常情况下内部刊物发行数量和阅读人群数量较少，内部刊物可以作为电子邮件形式的补充，起到宣传预热的作用。

◆　专题会议

开展专题会议是一种最为直接的宣传和推广方式，人力资源部门通常根据岗位分析和评价的目标复杂程度、参与者数量等因素组织不同的专题会议。具体如表3-4所示。

表3-4　专题会议具体介绍

会议层级	具体介绍
管理者专题会议	①人力资源部门作为专题会议的主持人，应对岗位分析工作的重点、难点以及预期风险和预期成果做全面的汇报。②在此基础上主导各级管理者进行充分的讨论，寻求管理者的理解与支持。③应对管理者提出的意见和建议予以研究，进一步完善岗位分析和评价工作计划
骨干员工专题会议	①在管理者专题会议后进行，会议在宣传和沟通的基础上应对骨干员工提出的合理意见和建议予以公开、透明和耐心的解释与回答。②对于会议中持有保留意见的个别骨干员工，人力资源部门需要安排时间单独进行交流沟通
员工大会	①如果能够获得管理者与骨干的支持，人力资源部门可以着手安排员工大会。②人力资源部在进行宣传和沟通的同时，应主动回答员工提出的问题和质疑，并邀请各级管理者和骨干员工发言，为正式启动岗位分析和评价工作创造最佳条件

（3）如何获得高层领导的支持

高层领导对岗位分析的态度往往决定了岗位分析工作能否正常开展，以及能够获得多少支持。

对不同级别的管理者在选择沟通策略时，除了参考员工沟通策略外，更应该考虑管理者的不同管理风格，把握他们的工作特征和心态，据此选择沟通策略。管理者沟通策略如表3-5所示。

表3-5　沟通策略

管理者风格	特点	沟通策略
创新型	①具有全局眼光。②发散性思维模式	①可以采用非正式沟通方式，营造沟通氛围。②明确提出问题，请他们给出解决方案。③告知工作中很多难点的解决是采用了他的方案，使之产生成就感

管理者风格	特点	沟通策略
官僚型	①结构化风格。②决策慢。③关注过程和细节	①提前预约正式沟通。②沟通语速要慢。③多沟通工作过程和方法
整合型	①具有全局眼光。②适应变革。③关注过程	①从问题根源讲起。②注重每一个过程但不用谈细节。③向其询问可能存在的难点与阻碍
实干型	①直线思维模式。②动作快。③关注细节和最终结果	①从问题带来的后果严重性入手。②注重对解决问题关键环节和方法的沟通。③给出明确的工作成果

根据领导类型的不同选择不同的沟通策略，往往能够收获较好的沟通效果，有助于岗位分析工作落地实施。

3.1.3　确定整体工作安排

在岗位分析的准备阶段，除了要做好岗位分析的基本工作外，还要安排好岗位分析的整体工作，明确各个阶段的主要工作，让岗位分析工作更加井然有序。

◆　阶段一——前期准备

前期准备阶段是岗位分析的重要阶段，人力资源工作者在此阶段要认真仔细，为岗位分析工作打好基础。

①明确要进行岗位分析的职位是公司所有职位、某一部分职位或某一个特定的职位。如果职位较多，还需要按岗位性质对岗位进行分类。

②确定进行岗位分析的方法，可以是某一种岗位分析方法，也可以是多种岗位分析方法，人力资源工作者需要根据分析职位的具体情况确定要使用的分析方法。

③确定岗位分析方法需要用到的文件，例如采用问卷调查法进行岗位分析，就需要提前准备好调查问卷。

④如果在岗位分析后需要编制岗位说明书，则还需要确定岗位说明书的模板。

◆ 阶段二——调查实施

调查实施阶段主要是进行调查，收集相关信息，为后面分析做准备。

①对岗位分析涉及的人员进行组织培训，让相关人员对岗位分析有一定的了解，有利于调查的开展。

②根据选择的分析工具，按照要求实施，在过程中对被调查者进行指导，从而广泛收集数据。

◆ 阶段三——实施分析

分析阶段是岗位分析过程中较为重要的阶段，它直接关系到岗位分析的最终结果。

①需要对前一阶段中调查分析的相关素材、结果等进行汇总。

②通过分析和提炼素材，对目标岗位的情况进行整体把握，同时开始草拟目标岗位的工作规范。

③通过对资料的分析和总结，最终对目标岗位进行详细描述，包括工作内容、工作时间、性质等。

◆ 阶段四——完成任务

通过前面阶段的工作，岗位分析基本完成，最后这部分主要是对岗位分析的结果进行应用。

本部分的主要工作是将目标岗位的最终描述形成规范性文件，即工作岗位说明书，完成后报经领导审批，整个分析过程基本完成。

3.2
岗位分析的具体设计方法

前面介绍了岗位分析的准备工作，在此基础上，下面将介绍岗位分析的设计方法和岗位分析的相关具体工作。

3.2.1　选择岗位分析方法

前面介绍了第一阶段中应选择合适的岗位分析方法，岗位分析有很多种方法可以采用，不同的方法优缺点也不相同。

在实践中，很多企业只选择一种分析方法，更多的企业选择多种方法综合运用。选择适宜的方法是岗位分析准备阶段的重要工作，也是岗位分析取得良好成果的前提。

（1）岗位分析方法的类别介绍

岗位分析方法有很多，要选择合适的方法存在一定的困难。为了方便选择，许多专家进行了分类。下面来看看岗位分析方法的类别，表 3-6 所示为以人或工作为研究基础进行的分类。

表 3-6　以人或工作为研究基础进行的分类

通用岗位分析方法	以人为基础	以工作为基础
观察法	工作要素法	工作日志法
访谈法	职位分析问卷	关键事件法
文献分析法	功能性职务分析法	交叉反馈法

通用岗位分析方法	以人为基础	以工作为基础
主题专家法	能力要求法	任务清单分析法
问卷调查法	—	通用工作分析法

（2）影响岗位分析方法选择的因素

每种岗位分析方法都存在优缺点，在第 2 章中对岗位分析方法的优缺点进行了具体介绍，可供参考。在选择岗位分析方法时要考虑岗位分析目标与方法的适配性，充分考虑岗位分析的时间周期和成本等因素。

◆ 企业生命周期

处于不同生命周期和发展阶段的企业，企业规模、业务种类、业务稳定程度、企业管理水平以及企业文化等方面不同，开展岗位分析的目标也是不同的。企业所处生命周期与岗位分析方法的选择有较大的影响，具体介绍如表 3-7 所示。

表 3-7　不同发展阶段下的分析方法选择

阶段	具体介绍
初创阶段	初创阶段的企业人员规模小，组织结构简单，业务发展不稳定，企业管理水平的高低取决于创业者或创业团队的管理能力，企业工作的重点是解决如何生存的问题。此阶段就要明确工作职责和任职条件，为人员招聘和绩效管理提供依据，岗位分析的方法可以在观察法、访谈法中进行选择
发展阶段	随着业务不断发展，产品市场占有率不断提升，企业步入高速发展阶段，由于人员规模越来越大，组织结构和管理流程日趋复杂，各种管理问题逐渐暴露。这一阶段企业开展岗位分析的目的一方面是对组织结构和管理流程进行优化和调整，完善岗位说明书；另一方面是通过岗位分析为企业薪酬体系的设计提供依据。岗位分析的方法可在访谈法、问卷调查法、关键事件法和工作要素法等方法中选择一种或多种方法并用

阶段	具体介绍
成熟阶段	这一阶段业务发展逐步稳定，企业文化初步形成并相对固化，各项工作都进入了良性循环。这一阶段开展岗位分析工作的目标主要是建立健全管理规章制度和人力资源管理体系，最大限度地提升企业管理效率和企业经营效益。岗位分析工作一般由专业咨询机构或人力资源部门主导完成，选择岗位分析方法时所要考虑的重点影响因素是方法与目标的适配性以及岗位分析成果应用的效果问题
衰退或二次创业阶段	这一阶段的企业面临着两个方向：一个方向是逐渐衰退，淡出市场；另一个方向是进行颠覆式的企业变革与管理创新。淡出市场就是无须再进行岗位分析。变革的岗位分析往往是企业战略管理咨询中的一个重要组成部分，其工作目标是对企业法人治理结构、业务体系、组织结构和管理流程等多方面进行重组，因此，岗位分析工作常由专业咨询机构主导完成，岗位分析方法的选择范围也很广泛

◆ 人力资源管理现状的影响

除了企业生命周期对岗位分析方式的选择有影响外，企业当前的人力资源现状同样会影响分析方法，具体介绍如表 3-8 所示。

表 3-8　不同人力资源管理现状的分析方法选择

管理现状	具体介绍
基础薄弱	企业人力资源管理基础薄弱，岗位分析的目标应定位于编制岗位说明书和完善企业薪酬体系方面，岗位分析的两项工作成果可以有效地支持人力资源管理日常工作的开展
基础坚实	如果企业在人力资源管理方面已经形成了较为完善和系统的规章制度，岗位分析的目标应定位于支撑企业业务发展和提升企业整体管理水平，工作的重点是人力资源管理体系建设和人力资源管理战略平台建设。人力资源部门应从众多的岗位分析目标中选择重点进行排序，逐一突破，选择岗位分析方法时可以根据时间和成本等限制因素结合不同的工作目标选择不同的方法

总而言之，企业在选择岗位分析方法时，应当结合企业自身的状况，因为方法没有绝对的优劣势，只要是适合目标岗位的分析方法，坚持实行，就可能取得不错的结果。

3.2.2 如何组建岗位分析团队

岗位分析工作对企业来说至关重要，且岗位分析涉及的范围广，工作流程化高，工作量也较大。因此，通常情况下岗位分析工作不可能由谁单独完成。

要使岗位分析工作更加高效、合理，组建岗位分析团队就十分有必要。组建一个高效的团队，每个人各司其职，在团队中发挥自身特点，协作努力，才能更好实现目标。

（1）团队类型有哪些

岗位分析团队的类型主要包括需求部门主导型、人力资源部门主导型和专业咨询机构主导型。

需求部门主导。 岗位分析工作由需求部门主导，人力资源部门给予专业上的支持和配合，一般情况下不需要邀请专业咨询机构或外部专家参与，如果需求部门的工作对于企业来讲属于关键核心业务，人力资源部门可以在必要时邀请 1 ~ 2 位外部专家参与。

人力资源部门主导。 岗位分析工作由企业人力资源部门主导，其他部门配合，人力资源部门可以根据自身的工作经验和人员配备情况，决定是否邀请 1 ~ 2 名外部专家参与，通常情况下不需要聘请专业咨询机构参与。

专业咨询机构主导。 岗位分析由外部专业咨询机构主导，人力资源部门配合咨询机构的顾问开展工作，结合专业咨询机构对企业业务了解和熟悉的程度，人力资源部门可以邀请企业内部管理者或骨干员工参与。

不同类型的岗位分析团队适用的范围不同，优缺点比较如表 3-9 所示。

表 3-9 岗位分析团队优缺点比较

团队类型	优点	缺点
需求部门主导	①岗位分析目标清晰；②需求部门熟悉业务；③工作环境佳、效率高；④有效利用时间；⑤充分节约成本	①岗位分析目标及成果应用相对单一；②易产生本位主义思想；③专业化程度低
人力资源部门主导	①从全局出发了解企业要求；②可满足多目标需求；③为人力资源体系建设奠定基础；④成本相对节约	①受人力资源管理者技能和经验影响；②易受企业环境和工作氛围影响；③岗位分析工作周期长；④耗费大量人力
专业咨询机构主导	①经验丰富；②有成熟的流程和工作模板；③以第三方中立角度开展工作；④岗位分析成果易于员工接受	①需要时间熟悉业务了解企业；②实施效果与企业需求难以衡量；③咨询成本费用高

（2）影响团队类型的因素

在组建岗位分析团队时，需要考虑哪些因素对团队类型有影响。合理的团队类型能够使岗位分析工作更加高效，也能保证岗位分析所取得的成果与预期相符。

在实际工作中，影响岗位分析团队类型选择的因素主要有 3 种，分别是企业人力资源管理者的工作经验、岗位分析范围与目标以及企业特征与要求，下面进行具体介绍。

◆ 人力资源管理者经验与技能

人力资源资源管理者的经验和技能是选择岗位分析团队类型的重要因素，如果企业的人力资源管理者具备足够的经验和技能，那么无论岗位分析工作范围大小、复杂程度高低，也无论企业的特征和具体要求，人力资源部门主导型团队具有绝对的优势，完全可以主导岗位分析工作开展与实施并取得最佳的实践效果。

◆ 岗位分析工作具体要求

岗位分析的工作范围和工作目标决定了岗位分析的复杂程度，工作范围可以是公司的全部岗位，也可以只针对其中个别岗位。

工作目标可以是单一的，也可以是多目标的，根据岗位分析工作的具体要求选择岗位分析团队类型。

单一目标，局部岗位。岗位通常由需求部门主导，因为局部岗位的单一目标较为简单，通常由需求部门主导即可成功。

单一目标，全部岗位。这种状况涉及的岗位较多，如果再由部门主导，则可能比较吃力，此时就可以由企业的人力资源部门主导进行岗位分析，效果更好。

多目标，局部岗位。虽然是对局部岗位进行岗位分析，但分析目标较多，目标部门主导可能不够专业，通常也由人力资源部门主导。

多目标，全部岗位。全部岗位的多目标岗位分析是企业中最为复杂的岗位分析工作，如果企业的人力资源部门能力较强，可由人力资源部门主导，也可以由外部专业咨询机构主导，人力资源部门协助进行岗位分析。

◆ 企业特征和要求

对企业岗位分析产生影响的还包括企业的一些特征因素，例如人员规模、环境氛围、工作时间以及成本要求等，具体介绍如表 3-10 所示。

表 3-10 影响团队类型的企业因素

因素	具体介绍
企业人员规模	如果企业人员较多，就意味着岗位划分较细，业务流程和管理流程复杂，岗位分析工作复杂程度高、工作量大。因此，在组建岗位分析团队时，应在人力资源部门主导型和专业咨询机构主导型之间选择。如果企业人员规模适中或较小时，则可以选择人力资源部门主导型团队或需求主导型团队

续上表

因素	具体介绍
环境氛围	环境氛围主要是考虑企业目前的生产经营状况是否顺利，企业内部的工作氛围是否有利于开展岗位分析工作。如果企业发展态势良好，人力资源部门或岗位分析需求部门完全可以主导完成岗位分析工作，反之则应该选择专业咨询机构主导完成岗位分析工作
分析时间	如果企业想要在较短时间内完成岗位分析工作，从专业角度和了解企业程度上来讲，人力资源部门主导型团队最为适宜，这种方式容易对过程进行把控
成本要求	如果企业对岗位分析工作有节省成本方面的要求，则不宜选择专业咨询机构主导型团队，结合上述影响因素，企业可以在人力资源部门主导型和需求部门主导型之间进行选择

（3）明确团队成员

在组建岗位分析团队时，需要明确团队中需要包含哪些人员，如何进行组合才能保证团队充满活力且高效。

根据类型的不同，成员的组成可以包括企业人力资源管理者、各级管理人员、骨干员工、专业咨询机构和外部专家等。

人力资源管理者。通常是企业岗位分析的专家，了解岗位分析的基本理论知识和方法，能够深刻理解岗位分析对人力资源管理的重要性，是企业内部岗位分析整体工作的策划者、主导者和推动者，也是岗位分析成果的重要应用者。

企业管理人员。管理人员又可以分为高层管理者、各部门经理人员和岗位直属上级等，他们能够站在不同的高度对岗位分析工作进行审视，在必要的时候为人力资源管理者出谋划策，提供支持与帮助，是开展岗位分析工作中的重要成员。

骨干员工。骨干员工是指掌握基础知识和专业技能的优秀人才，从岗位工作业绩上讲都是各个岗位的佼佼者，对目标岗位的优秀人才进行分析能够获取最有价值的信息资料，他们所任职的岗位也是岗位分析重点研究的对象。

专业咨询机构。当面对复杂的岗位进行分析时，常常会聘请专业咨询机构主导开展岗位分析工作，因为其专业性和团队成员互补性的优势明显，能给岗位分析工作带来较大帮助。

外部专家。企业确定由人力资源部门主导开展岗位分析工作时，由于人力资源管理者经验有限，企业高层管理者或人力资源部门常以其他形式邀请熟悉企业业务的外部人员协助人力资源部门开展工作。

岗位分析的目标不同，团队所需的人员也就不同，企业需要根据实际需求进行搭配，因此需要了解各类人员的优劣势，以便在进行组合时做到优势互补，如表 3-11 所示。

表 3-11　各类成员优劣势对比

团队成员	优　　势	劣　　势
人力资源管理者	①了解企业存在的问题；②岗位分析工作目标明确；③可以起到良好的沟通协调作用	①受限于企业环境；②受限于自身的工作经验；③受限于高层管理者态度
企业内部管理者	①高层管理者可以从战略高度把控全局；②中层管理者熟悉管理流程；③基层管理者熟悉业务流程	①没有岗位分析工作经验；②由于管理视角不同易产生分歧；③精力分散可能导致业务拖延
骨干员工	①对本岗位工作熟悉；②工作积极性和配合程度较高	①没有岗位分析工作经验；②收集信息时易夸大事实；③已形成惯性思维难以接受挑战和变化
专业咨询机构	①岗位分析工作经验丰富；②有固定的流程和成套的模板；③遇到疑难杂症可发挥团队优势；④岗位分析更客观，结果可信度更高	①缺乏对行业和企业的了解；②易使员工产生压力；③岗位分析实施效果不确定

续上表

团队成员	优　势	劣　势
外部专家	①熟悉本行业发展方向；②对企业业务有一定了解；③能够获取外部资源和信息；④从第三方视角指导工作开展	①处于非主导地位；②承担的责任较小

知识延伸 | 岗位分析团队人数如何确定

　　岗位分析工作团队的成员数量一般控制在5～20人，在确定具体成员数量时也要考虑企业的性质与规模，岗位分析范围与目标，工作复杂程度与工作量大小以及时间周期和成本等方面的要求。

3.3
信息的收集与分析

　　信息收集对岗位分析工作十分重要，只有拥有了完整的数据，才能确保岗位分析结果的准确性，拥有较高质量的分析结果。

3.3.1　明确信息的来源

　　明确岗位信息的来源，即可指导应当如何收集需要的信息。对于岗位分析而言，人力资源管理者需要知道主要收集什么信息，具体包含以下 3 类。

◆ **岗位背景信息**：岗位背景信息有助于岗位分析人员了解岗位设置的目的、意义以及职责等信息。

◆ **岗位工作信息**：岗位工作信息直接运用于分析成果，是信息收集、整理的重点。

◆ **岗位任职信息**：是指任职者完成岗位最基本工作所必须具备的最低任职条件。

岗位分析所需的信息来自企业的内部或外部，下面具体介绍常见的信息收集渠道。

行业信息。收集企业所属行业的相关信息是十分有必要的，例如行业未来发展趋势、新技术以及行业标准等。该类信息来源主要有行业协会简报、文件以及专业报刊等。

竞争对手信息。竞争对手的信息对企业来说十分重要，特别是竞争对手的岗位分析标准、企业薪酬结构以及标杆岗位的岗位说明书等，这些信息对岗位分析工作有较大帮助。但这类信息收集较为困难，可以通过行业简报或人际关系获取。

企业管理制度和标准。这主要指企业当前内部正使用的文件和有关岗位的制度，可以从各部门进行收集。

岗位任职者信息。目标岗位的岗位任职者是重要的信息来源，他们对岗位有较深的了解，可以通过问卷调查法、访谈法等方式进行获取。

其他人员信息。还有一部分所需信息来自岗位相关或是熟悉岗位的人员，包括该岗位的上下级，以及有协作关系的内部人员，或是外部材料供应商等，他们能够对岗位分析提供相应的意见，进行有效地补充。

3.3.2　信息审核与整理

收集到的信息并不是最终信息，因为其中可能存在虚假或是凌乱的情况，所以在应用之前还需要对其进行审核与整理，让信息更加规范，从而方便后续直接使用。

（1）收集信息审核

通过介绍的渠道收集到信息后，这些信息的真假难以辨认，还需要对其进行审核，对有疑问的数据进行再收集或是剔除，信息审核方法介绍如表3-12所示。

表 3-12　信息审核方法介绍

方法	具体介绍
核对	应从源头开始核对手机的信息，对直接获取的文字信息如有疑问要与承载物核对。对通过问卷或访谈等形式获取的信息如有疑问要与岗位的上下级进行核对
比较	比较法也是比较常用的方法，对一些定量信息存在疑问，可以和外部企业数据进行对比；自身存在问题或导致数据差异悬殊，可以咨询相应的专家；确实难以把握的数据，可以剔除
引证	对一些内部关键信息或是核心信息有疑问的，可以采用引证的方式证明信息的真实性

（2）信息整理

已经确定所收集信息的真实性后，还需要对信息进行分类整理，以便让信息的表现形式更加规范，方便后期信息的分析工作。

信息分类。按照一定的分类标准对收集的信息进行分类，可以方便信息查询，如按照收集时间、岗位类别分类等。

信息整理。对信息进行整理主要查看信息收集是否全面，是否存在遗漏，如有遗漏，应当及时进行补充。

3.3.3　信息高效分析

信息分析是岗位分析的最后一个步骤，也是最为重要的一个步骤，分析结果的好坏与最终成功与否紧密相关。下面具体介绍信息分析的几个主要方面。

（1）岗位描述分析

岗位描述分析主要是对岗位工作任务、工作职责、职权以及权限等进行分析，是构成岗位说明书的重要内容。

岗位分析模板如图 3-1 所示。

岗位描述分析

岗位名称：	所属部门：
直属上级：	直属下级：

岗位设置目的：
（简短而精确地说明此岗位为什么存在）

主要岗位职责：
（主要职责是用陈述句来说明一项有明确结果或产出的工作以及岗位所负的责任。请以职责重要性为序，并标明每项职责所占工作时间比重。）

1.________________ ____%
2.________________ ____%
3.________________ ____%
4.________________ ____%
5.________________ ____%
6.________________ ____%

权限范围：
（岗位被授予的任何方面的决策权，如财务、人员管理、合同管理及生产运作方面等。）

上下级关系：
（请画出简单的组织结构图来描述此岗位的上下汇报关系。它应当显示出本岗位，直接上级领导和本岗位的直接下属。）

其他：
（描述劳动强度等信息）

备注：
（调整与优化意见）

分析人：	分析日期：

图 3-1

（2）工作行为分析

工作行为分析主要分析岗位任职者完成每一项工作需要的工作要素和行为标准，其重点是该岗位工作中需要使用的技能，工作行为分析是建立任职资格管理系统的核心内容。

图 3-2 所示为工作行为分析的模板。

工作行为分析

岗位名称：		所属部门：	
工作内容		工作要素	行为标准
内容1	1.		1. 2. 3.
	2.		1. 2. 3.
	3.		1. 2. 3.
内容2	1.		1. 2. 3.
	2.		1. 2. 3.
	3.		1. 2. 3.
内容3	1.		1. 2. 3.
	2.		1. 2. 3.
	3.		1. 2. 3.
分析人：		分析日期：	

图 3-2

（3）任职条件分析

任职条件分析主要是分析该岗位工作人员所需要具备的基本技能、知识、心理素质以及其他所需的技能。任职条件分析模板如图 3-3 所示。

岗位任职条件分析

岗位名称	
所属部门	
岗位必备基础知识：	
工作经验：	
身体与心理素质要求：	
岗位特殊要求：	
其他需要说明的问题：	
分析人：	分析日期：

图 3-3

（4）其他分析

这部分虽然不是岗位分析的主要内容，但是也与岗位分析相关。主要是对岗位相关信息进行分析，如岗位名称、工作环境要求以及工作安全状况等因素。

如上所示的 4 种分析工作可以分配给不同的工作人员，最终将分析数据进行汇总即可。

3.4 企业岗位分析通用实施方案

前面对岗位分析的基本操作进行了具体介绍，但岗位分析是一个系统性的工作，如果能够在分析之前制定一个大体方案，不仅能够给岗位分析工作提供指导作用，还能够控制整个流程。这里以通用的实施方案为例进行介绍。

（1）进行岗位分析的原因

下面以职务说明书存在的问题为例进行说明，其状况表现如下所示。

①企业各部门职务说明书不全，导致部分员工对自己的岗位职责、权限等不了解，影响到正常的工作。

②职务说明书内容不详尽、不清晰，如岗位职责描述不够细致、明确，无法为绩效考核提供依据。

③岗位职责界限模糊不清，各部门人员存在推诿现象，影响工作效率。

④职务说明书中缺少绩效期望目标，导致员工的工作及企业的考核缺乏标准。

⑤职务说明书中的任职资格规定不够细化且与工作不符合，导致大材小用或小材大用，给企业的招聘工作带来损失。

（2）岗位分析的目的

对公司各部门及各岗位进行科学的工作分析，确定各部门的部门职责及各岗位的岗位说明书，为公司定岗定编提供依据，同时为公司绩效管理工作的推进及薪酬体系建立奠定基础。

（3）岗位分析的内容

①收集全面完整的岗位信息，描述详细准确的岗位职责。

②明确各岗位之间的工作关系（上下级、服务、协作等），界定岗位职责。

③明确各岗位的任职条件与工作权限。

④统一企业职务说明书的格式与内容，为人力资源其他模块的开展打下坚实的基础。

（4）分析小组成员及职责

分析工作由公司总经理授权，岗位分析小组成员由人力资源部、总经办以及外部专家共同组成。

岗位分析小组成员主要包括组长、副组长、成员，而分析小组成员的职责分别应从以下几方面入手。

◆ **组长**：负责协调岗位分析小组与企业各部门的关系，给予岗位分析小组全面的支持；制定岗位分析实施计划，控制岗位分析进程；督导岗位分析小组成员的工作。

◆ **副组长**：协助组长制定岗位分析实施计划；确定具体的信息收集及岗位分析方法，并指导小组成员的工作。

◆ **小组成员**：负责具体的信息收集及职务说明书的撰写工作。

（5）流程安排

具体的流程安排如表 3-13 所示。

表 3-13　岗位分析流程安排

阶段	具体流程
1. 前期准备阶段 ＿月＿日至＿月＿日	1. 明确岗位分析的必要性与目的。 2. 宣传岗位分析的意义与方式等。 3. 成立岗位分析小组。 4. 培训小组成员及各部门负责人。 5. 确定岗位分析、信息收集所用的方法及辅助工具等。 6. 收集企业现有的与岗位分析相关的资料
2. 开展实施阶段 ＿月＿日至＿月＿日	1. 分发调查问卷、工作日志等。 2. 员工在规定时间内（如两天）将填好的问卷、工作日志等上交到部门负责人手中。 3. 小组成员与企业员工进行访谈并到工作现场观察、做记录。 4. 小组成员从部门负责人手中收回问卷、工作日志等问卷资料
3. 成稿阶段 ＿月＿日至＿月＿日	1. 小组成员对收集到的岗位信息进行核实。 2. 小组成员与各部门负责人及相关员工进行沟通，确保信息的真实性。 3. 根据收集的信息撰写初步的职务说明书。 4. 将职务说明书送呈相关人员审核，并结合审核意见对职务说明书进行修订。 5. 将修改好的职务说明书存档

（6）岗位分析收集资料的内容

岗位分析收集资料的内容主要有如下 4 种。

①企业的组织结构图。

②企业已有的职务说明书。

③企业的业务流程。

④其他。

（7）信息收集的方法

岗位分析以问卷调查与访谈法为主，关键事件法、工作日志法、观察法作为辅助手段。

（8）岗位信息的收集与整理

分析小组成员务必保证所收集信息的真实性与可靠性。收集到的信息需整理成以下 8 个方面内容。

①岗位基本信息。

②岗位职责。

③工作权限。

④工作关系。

⑤岗位的工作环境。

⑥岗位所需的知识与技能。

⑦岗位所需的工作经验。

⑧岗位所需的身体要求。

（9）撰写职务说明书

各部门的职务说明书用统一的模板，具体模板如表 3-14 所示。

表3-14　职务说明书

职位名称			所属部门	
直接上级			直接下级	
任职资格	1.学历，专业知识			
	2.工作经验			
工作联系	内部联系			
	外部联系			
工作权限				
职责一	职责表述			
	工作任务	1.		
		2.		
		3.		
	考核重点			
职责二	职责表述			
	工作任务	1.		
		2.		
		3.		
	考核重点			
职责三	职责表述			
	工作任务	1.		
		2.		
		3.		
	考核重点			

（10）职位说明书修正与存档

初步撰写的职位说明书必须经过部门负责人与相关领导的核对，岗位分析小组成员根据各方面意见对职务说明书进行修订，最后进行存档。

第四章

规范职位说明书的编制

职位说明书是企业开展岗位分析的具体成果体现，然而有些企业进行岗位分析却不知道如何正确编制职位说明书，需要遵循何种流程，以及编制过程中需要注意些什么。本章将进行具体介绍。

04

4.1
职位说明书的主要内容和规范

职位说明书是对企业岗位的任职条件、岗位目的、指挥关系、沟通关系、职责范围、负责程度和考核评价内容给予的定义性说明。

4.1.1 工作描述与工作规范

职位说明书主要由工作描述与工作规范两部分组成，下面进行具体介绍。

（1）工作描述

工作描述是指对岗位的工作性质、职责、工作任务以及工作环境等进行规定，用来确定任职者工作相关内容，主要分为两个方面。

◆ 岗位基本信息

岗位基本信息也是较为基础的信息，主要包括岗位名称、所属部门、岗位编号、职务等级等基本信息。

◆ 工作说明

工作说明是工作描述的主体内容，主要包括 6 个方面，如表 4-1 所示。

表 4-1　工作说明的主要内容

内　容	具体介绍
职务简介	职务简介主要是对岗位的整体性质进行描述。例如部门经理的职务简介为"部门经理的主要工作是协调部门内和企业内的资源调配，主要职责为部门的整体业绩负责"
岗位职权	主要说明任职者必须要完成的工作任务、承担的责任以及岗位的权限范围
绩效标准	表明期望该岗位任职者完成工作任务时需要达到的标准

内　　容	具体介绍
工作联系	指任职者因工作原因与企业内部或外部人员发生的联系
相关设备	指任职者在工作过程中所需要使用到的必备办公用品或设备
工作条件和环境	主要包括工作地点、工作环境的基本状况以及有无危险作业等

（2）工作规范

工作规范是一个岗位的岗位规范或是任职资格，是指能够任职该岗位的人应当具备的资格和条件，主要包含 5 个方面，如表 4-2 所示。

表 4-2　工作规范的主要内容

内容	具体介绍
知识要求	指胜任此工作应当具备的知识水平，包括教育水平、技能水平、专业水平、外语水平以及其他相关业务知识
工作经验	指胜任此工作应当具备的工作经验
能力要求	指该岗位要求任职者应当具备的能力，范围较广，根据实际岗位需要来确定
身体状况	分为身体素质和心理素质。身体素质包括身高、体重、视力以及身体健康状况；心理素质包括观察能力、分析能力、记忆能力、理解能力以及语言表达能力等
个性特质	指该岗位胜任者应当具备的性格等方面的要求，如意志、态度以及情绪等

4.1.2　岗位描述用词的规范

在进行岗位分析和任职表述时，通常会选用一些具体的动词来准确表达意思。为了统一规范岗位职责编写用词，在编制岗位说明书时要注意描述用词规范。

（1）岗位职责概述用词

岗位职责描述是岗位分析说明书中较为基础的内容，是对岗位整体进行概括。下面以具体岗位为例介绍岗位概述用词。

◆ **总监、部长**：在公司领导（总经理、分管副总经理等高层领导）的带领下，全面负责公司某一类职能的管理工作（如财务、人力资源、营销、生产等），建立和完善某类体系（营销管理体系、人力资源管理体系等），组织督促各项职能工作的顺利开展，确保各项工作的高效（规范、正常等）运行，并为公司高层决策提供正确的数据与建设性意见。

◆ **经理**：在部长的领导下，负责某一或几个部门具体职能方面的工作，协助部长开展部门日常（各项）管理工作，确保所分管工作的有效运行。

◆ **主管**：在部长（副部长）的领导下，负责部门某一职能或几个职能工作，组织工作（某类工作）的开展，并对相关单位的执行情况进行指导和监督，确保公司分体系（如人力资源管理体系里面的培训体系、招聘体系等）正常、高效运行。

（2）岗位职责用词要求

在描述岗位职责时需要按照一定规则和用词规范进行描述，具体介绍如表4-3所示。

表4-3　岗位职责用词要求

职责描述	总监	经理	主管
规划与体系建立	策划、组织制订、编制、指导、推动实施、督促检查	协助策划、组织制订、编制、推动实施、督促检查	参与策划、拟定、建立、执行、督促检查

续上表

职责描述	总监	经理	主管
制度、流程、计划、方案	策划、组织制订、审核、监督、执行、调度	协助策划、组织制订、审核、监督执行、调度	负责、拟定、编制、贯彻执行、落实、监督检查
不具体负责的工作	组织和调度、督促、检查、审核	组织、督促、检查、审核、调度	组织、安排、监督
具体负责的工作	负责、组织、指导、实施、监控、监督执行	负责、组织、指导、实施、监督、执行	负责、组织、指导、实施、落实、参与、监督、执行

（3）一般岗位用词

对于其他的一般岗位，在编制岗位说明的过程中需要注意的用词规范如下所示。

◆ **制度或流程**：协助起草、起草、编制、提出意见、会签、发布、贯彻执行。

◆ **工作计划方案**：协助主管编辑、拟定、提出意见、会签、发布、跟踪落实。

◆ **具体某项工作**：负责、组织、编制、申报、审核、审查、跟踪考核、检查、抽查、开展、执行、实施、处理、建立、提供、参与、协助、配合。

◆ **数据、信息、资料**：测算、审核、审查、核对、调整、收集、统计、整理、分析、掌握、建立、维护。

◆ **报表**：编制、制作、报送、上报。

4.1.3　岗位说明书在人力资源工作中的作用

在编制岗位说明书之前，人力资源管理者需要了解岗位说明书对于人力资源工作的意义有哪些。

◆ 明确了职责与权力，可避免工作中出现相互推诿的情况，能有效减少部门间、岗位间及上司与下属间的矛盾。

◆ 《岗位说明书》已经确定了这个岗位的任职资格与岗位职责，为撰写招聘公告提供了便利，也为招聘与录用人员提供了岗位任职依据。

◆ 明确了岗位工作职责与工作目标，实行目标管理，可提高管理效率。

◆ 只有了解某个岗位的工作目标、岗位职责、工作权限等情况，才能确定和评价此岗位工作绩效的标准，制定关键绩效指标，进行绩效管理，因此岗位说明书对岗位评价也有一定影响。

◆ 岗位评价是企业制定薪酬政策的基本依据，而岗位评价的基础是《岗位说明书》。

◆ 新员工入职时，公司应将熟悉《岗位说明书》作为入职培训的一项内容。如发现在职员工在知识、经验、能力等方面的不足，公司可以有针对性地制订培训计划并进行员工培训。

◆ 员工对照《岗位说明书》中的要求，可以找出自己的差距，有针对性地进行学习、锻炼与提高。公司也可以有针对性地对员工进行培训与培养。

◆ 为公司分析岗位设置的合理性，进行岗位调整与组织机构改革提供便利。

◆ 将所有岗位的工作情况文件化，方便对其进行补充、修改，有助于不断完善、持续提高人力资源管理水平。

◆ 企业法治管理的重要手段和工具。

4.2
岗位说明书的编制和应用

岗位说明书的编制工作量较大，在编制过程中需要各部门积极配合。岗位说明书对企业来说是十分有必要的，可帮助分析岗位。

4.2.1　职位说明书编写的五个步骤

岗位说明书是表明企业期望员工做些什么，规定员工应该做些什么，以及应该怎么做和在什么样的情况下履行职责的汇总。企业发布招聘岗位，必须要有一份完整的岗位说明书，否则可能会导致招聘工作的无序或混乱。

职位说明书的编写步骤如图 4-1 所示。

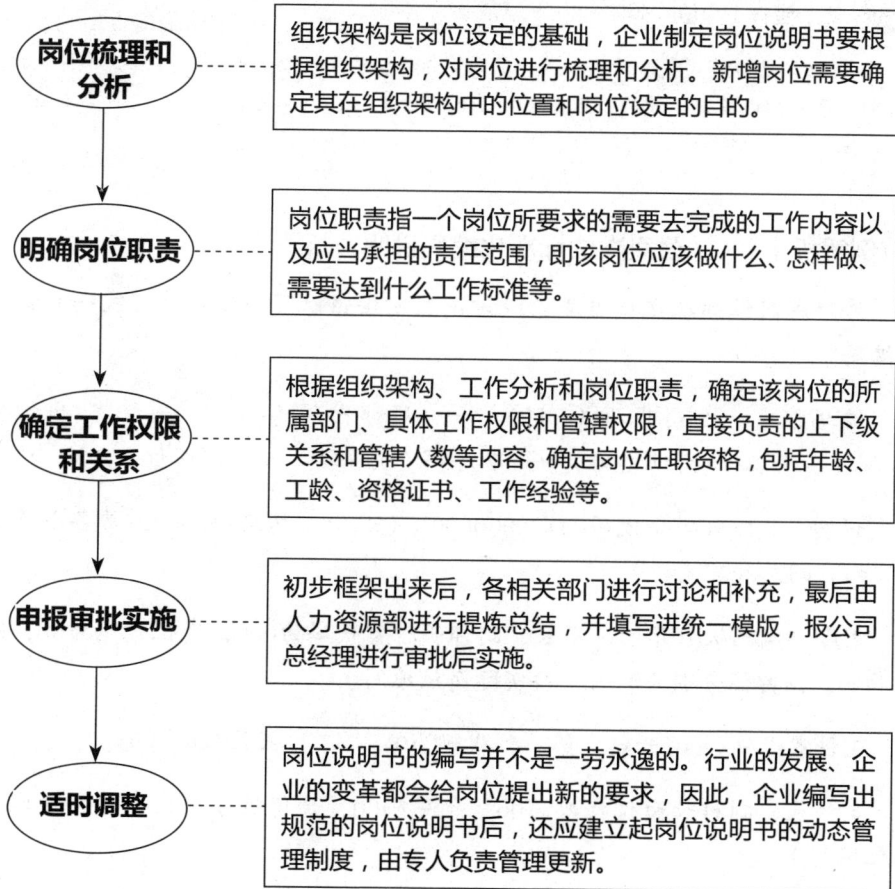

岗位梳理和分析	组织架构是岗位设定的基础，企业制定岗位说明书要根据组织架构，对岗位进行梳理和分析。新增岗位需要确定其在组织架构中的位置和岗位设定的目的。
明确岗位职责	岗位职责指一个岗位所要求的需要去完成的工作内容以及应当承担的责任范围，即该岗位应该做什么、怎样做、需要达到什么工作标准等。
确定工作权限和关系	根据组织架构、工作分析和岗位职责，确定该岗位的所属部门、具体工作权限和管辖权限，直接负责的上下级关系和管辖人数等内容。确定岗位任职资格，包括年龄、工龄、资格证书、工作经验等。
申报审批实施	初步框架出来后，各相关部门进行讨论和补充，最后由人力资源部进行提炼总结，并填写进统一模版，报公司总经理进行审批后实施。
适时调整	岗位说明书的编写并不是一劳永逸的。行业的发展、企业的变革都会给岗位提出新的要求，因此，企业编写出规范的岗位说明书后，还应建立起岗位说明书的动态管理制度，由专人负责管理更新。

图 4-1

4.2.2 岗位编码的设置方法

岗位代码是岗位的唯一标识，在编制岗位说明书时，人力资源部门应当确定岗位编码的格式和生成方法。岗位代码的每一个代码编号都与特定岗位一一对应，并包含了特定的信息。

岗位编码规则多种多样，没有固定的格式，人力资源工作者需要根据企业岗位的实际情况选择合适的编码方式。

知识延伸 | 岗位代码不能过于复杂

岗位代码的模式多种多样，人力资源工作者在编制时要根据岗位的多少选择合适的编码规则，以较为简便的方式编写，不能过于复杂。如果过于复杂，反而不方便记录，也不方便了解编码信息。

| 范例解析 | ××公司岗位标准化编码说明

为形成岗位标准化数据库，经讨论确定按照以下的方式进行统一的标准化编码。

编码组成：公司代码（0412）——厂部代码（01）——科室/班组代码（000）——工位/岗位（00）——顺序码（00~99）——预留位（X）。

说明：1.公司领导代码04120000000X（其中，总经理X=0，常务副总经理X=1，副总经理X=2）。

2.厂部代码从01开始，厂长、副部长科室代码为000，岗位代码为00，顺序码00，预留位分别为0、1（按实际岗位填写）。

3.科室代码从001开始，第一位代码为0，第二、三位从01开始。

4.科长、副科长岗位代码为00，顺序码00，预留位分别为0、1（按实际岗位填写）。

5.班组代码从011开始，第一位表示流水线，非流水线班组用0表示，流水线班组A线=1，B线=2，C线=3，D线=4，E线=5，F线=6，G线=7，H线

=8，I线=9；第二、三位从11开始。

6.班长、副班长、质量员、绩效员、安全员岗位代码为00，顺序码为00，预留位分别为0、1、2、3、4。

7.安环办、党群办公室其科室代码为001。

范例：湘潭基地 人力资源中心 人力资源科 招聘配置岗 顺序码 预留位

    0412   02   001   01   00   X

附：公司代码清单（略）

上述案例中介绍了一种较为复杂的编码方式，适合企业岗位层级较多、岗位较多的情况。该编码方式主要包含6个部分，分别是公司代码、厂部代码、科室（班组）代码、工位（岗位）、顺序码以及预留位。

4.2.3 岗位职责描述编写要点

岗位职责是指为了实现企业目标，根据部门职能分解该岗位应当承担的责任和工作任务。通常情况下岗位职责并不单一，在编制岗位职责时需要注意以下内容。

表述逻辑性强。 由于每一个岗位的职责并不单一，因此在进行岗位职责描述时应遵循一定的顺序或逻辑，条理清楚，如图4-2所示。

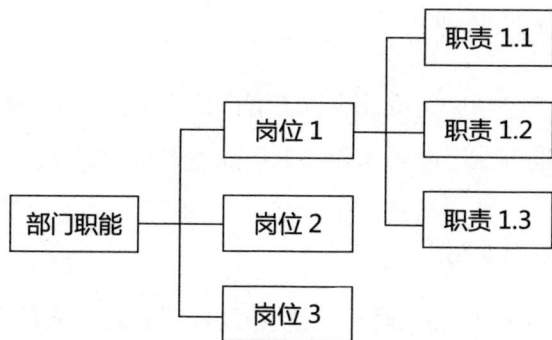

图4-2

按照职责重要程度描述。岗位中所包含的职责是不同的，可以分为主要职责和一般职责。因此在描述岗位职责时，应根据岗位的核心工作和工作任务的繁重程度，将主要职责安排在前面，依次排列。

按照履行职责的频率编写。关于岗位职责，有需要每天履行的，如每日的考勤工作就是人事工作者每天需要完成的；也有频率较低的工作，如部门经理定期汇报部门工作情况。在编写时可以将频率较高的职责写在前面。

描述用词要规范、标准。每句话只完整表达一项基本职责，撰写的句式一般为：行为＋行为对象＋限制条件＋达到的效果＋考核标准，即通过哪些工作，怎么去做才能完成职责。语言应通俗易懂，不用生词、自创或随意简化的词句。

职责项目的数量和权重。每个岗位职责的数量有多有少，根据部门职责分解到每个岗位的数量一般以 6～8 项为宜，但不能少于 4 项。个别岗位可酌情增加或减少，各项职责占所有工作的比重应按其实际工作评估确定。

> **知识延伸 | 岗位职责的定义**
>
> 　岗位职责是指该岗位需要完成的工作内容以及应承担的责任范围，它是组织为完成某项任务而确立的。

4.2.4　工作描述编写要点

工作描述主要是帮助岗位任职者了解岗位的工作职责、权限、工作地点、范围以及工作标准等。下面具体介绍工作描述编写的要点。

（1）岗位标识编写要点

岗位标识相当于产品的商标，可以帮助任职者对岗位有一个大概的认识，明确大概工作内容。

◆ **岗位名称编写要点**：根据国家职位规范标准目录的岗位命名进行编写，可以避免在招聘过程中因职位名产生误会。

◆ **岗位编码要点**：前面介绍了岗位编码的编写，岗位编码必须严格按照企业的"岗位编码一览表"进行编写。

◆ **所在部门编写**：按所在部门的全称进行编写，不能简化名称。

◆ **直接上／下级编写要点**：上级指具有行政关系意义的上级，而并非只是意义上的上级。通常幅度较大的部门不只包含一个下级。

◆ **晋升通道编写要点**：企业员工的晋升通道不能太过单一，在为员工制定发展计划时，横向、纵向发展都要考虑，双通道更为科学。

◆ **轮换岗位编写要点**：岗位轮换是为了避免员工觉得工作单调，提升员工工作热情。安排轮岗要先在部门内部轮岗，再在部门间轮岗。轮岗要考虑岗位工作范围的扩大以及岗位的难易程度。

◆ **职等、职级编写要点**：在对岗位价值进行评价后，通过岗位评价确定岗位的等级。

（2）工作关系的编写要点

工作关系通常指任职者履行职务时与企业内部、外部人员因工作发生的联系，具体介绍如表4-4所示。

表4-4 工作关系编写要点

方向	项目	具体介绍
输入	指导	上级、间接上级或上级指定人员对该岗位进行工作指导
	客户需求	客户对该岗位提出的工作上的需求
	外部信息	客户、供应商、政府机关以及社会组织等影响到该工作岗位
输出	工作产出	指该岗位工作产出结果，通常与客户需求相对应
	影响对象	指该岗位的工作产出结果影响到各种对象，包括公司内部、外部客户的各种对象
协同		指该岗位在履行职责的过程中需要一起协同工作的岗位或部门

知识延伸 | 岗位概要的编写要点

　　岗位概要通常是通过短的语言说明岗位为什么需要存在，让人一眼就能明白该岗位的具体职责。

（3）绩效标准的编写要点

岗位绩效标准是指企业期望岗位任职者完成工作任务时需要达到的标准，编写过程中需要注意以下要点。

◆ 首先需要明确的是，进行考核的是该岗位的上一级岗位，而不是某个人。

◆ 考核的内容通常包含3个方面，分别是工作能力、工作过程以及工作结果（工作业绩）。

◆ 明确考核的方式，以及什么时候考核。

需要注意的是，绩效标准的制定不能太高，让任职者感觉难以企及，但又不能太低，让人轻松实现。在设置绩效标准时，最好是让大多数任职者通过努力能够实现。

（4）工作条件与时间描述

工作条件包括工作地点、工作场所以及工作时间等。需要注意如下所示的信息。

①工作地点的描述是一个较大的工作区域，范围不能太大也不能太细。

②工作场所的描述应将环境因素列明，还需要注明在某种因素下的持续时间和频率等信息。

③工作时间的描述应当包含正常情况下的开始工作时间和结束工作时间，例外情况需要注明，如加班、出差。

4.2.5 岗位任职资格编写要点

岗位任职资格是指岗位任职者应当具备的教育水平、工作经验以及工作能力等。岗位任职资格编写对于企业进行人员招聘、选拔录用等起到至关重要的作用。编写时需要注意以下 4 点。

◆ 学历编写要求

学历要求是指该岗位的最低学历要求以及专业要求等，这些需要在岗位说明书中进行介绍。

①该岗位要求的最低学历是什么，低于该学历不能胜任该岗位工作。

②专业要求也是岗位的基本要求，专业应当与岗位相对应。除此之外有些高级管理岗位还有跨专业、领域的专业要求。

③行业资格证书描述，任职者应当具备的证书，证书名称列式要准确。

◆ 工作经验编写要求

工作经验要求是指从事该岗位应当具备的工作经验有哪些，工作经验要求对招聘工作有较大影响。

①这里的工作经验是指从事与该岗位相似工作的经验，而不是任职者的所有工作经验，以及工作经验的长短。

②工作经验要以该任职者在规定的试用期内能够胜任该工作为标准，如果不能胜任，则不能聘用。

◆ 知识技能编写要求

知识技能是指任职者的知识技能需要达到什么样的水平。

①完成该岗位工作必须具备的知识或技能，如平面设计工作必须要具备相应的专业知识。

②列式任职者需要具备的知识技能的范围。

③任职者需要具备的其他知识或技能，如跨部门运作知识、与本专业相近专业知识等。

◆ 所需能力编写要求

不同岗位所需要的能力各不相同，主要包括沟通能力、分析能力、思维能力以及执行能力等。编写时需要注意以下3点。

①正确列举目标岗位所需要具备的能力。

②列举对岗位而言最为重要的能力，要具有针对性，不能所有的岗位都相差无几。

③需要注意，能力与技能是不同的，技能是通过学习训练可以具备的，而能力则是岗位任职者的内在潜质。

4.2.6 编写职位说明书的误区

由于岗位管理说明书的作用越来越突出，所以受到了越来越多的企业的重视，都纷纷开始编写岗位说明书。但是有的企业的岗位说明书编写后并没有发挥其应有的作用，究其原因，是因为企业走入了岗位说明书编写的误区。

（1）岗位说明书编写误区

岗位说明书编写误区主要包含以下5点，如表4-5所示。

表4-5 岗位说明书编写误区

编写误区	具体介绍
侧重点错误	有的企业的岗位说明书内容是岗位职责，岗位职责制侧重于岗位任职人应该完成的职责，并不能全面反映岗位的信息，并没有其行为或工作活动的结果

编写误区	具体介绍
职责交叉 缺乏规范	许多企业以团队的形式设计工作任务，即同一项工作任务需要几个部门或几个岗位共同完成，这就出现了职责交叉。但很多企业在撰写岗位说明书时对这些职责交叉的工作没有明确各岗位的职责权限，以及对工作结果应承担的责任，反而导致岗位职责不清、多头领导，在工作中出现问题时各部门间又互相推诿，从而降低了工作的效率
一岗多人 不规范	工作任务量较大的工作，有的岗位不可避免会出现一岗多人的现象。很多企业在描述此类岗位时，归纳出该岗位的共同特征，定义了岗位的共同要求，却忽视了该岗位的不同任职者之间工作任务的差别，以及由此导致的对任职人资格的差异
与实际工作 脱节	有的企业，由于人力资源部自己闭门造车，使描述脱离本企业的实际，尤其是对任职人资格的界定缺乏客观的标准，结果使岗位说明书无法在实际工作中使用
编制过程 不够科学	不少企业的岗位描述都有不完整、夸大职责或缩小职责、任职资格主观性强等问题。有的为了节约成本，甚至只对关键岗位或部门进行岗位描述，导致后续的岗位评价、招聘等工作缺乏客观、统一的尺度

（2）如何科学、规范地编写岗位说明书

面对岗位说明书编写过程中可能存在的误区，人力资源工作者应当如何科学、规范编写岗位说明书呢？

◆ 人力资源经理一定要和相关的高层领导进行讨论，明确规范岗位职责的意义、正确定位岗位说明书的编写工作。

◆ 企业各部门的主管以及员工应该参与编制工作，并且要为其各个部门提供编写技术的培训、指导和审核。

◆ 认真的工作分析和调查，了解每一个岗位的具体情况。将部门职责分解到部门的各个岗位，明确各岗位之间的分工关系。对于"一岗多人"的情况，要运用规范的语言明晰地确定各岗位在此项工作中要承担的责任。

◆ 使用规范用语规范岗位说明书的描述方式和用语关系，提高岗位说明书的质量，这对人力资源工作者的专业性是一种考验。

◆ 企业编写出规范的岗位说明书后，人力资源部应建立岗位说明书的动态管理制度，由专人负责管理更新。

4.2.7 岗位说明书的优化与完善

岗位说明书是企业各级管理者和岗位任职者管理人事的基础，但是岗位说明书编制后并不是一直保持不变的。随着企业的发展，岗位的具体情况也在发生变化，因此需要对岗位说明书进行优化与完善。

（1）把握岗位说明书优化与完善的时机

岗位说明的优化与完善与岗位分析相似，也需要掌握一定的时机。当遇到下列情况时，就可以对岗位说明书进行优化完善。

◆ **企业重大战略调整**：企业为了寻求更好的发展机会，或是在市场行情发生变化时，往往会调整自身的发展战略，包括业务流程优化、岗位结构优化以及产品优化等。而重大战略的变化，必然会导致岗位性质、工作内容和职权等发生变化，此时岗位说明书就需要进行优化。

◆ **新的管理方式或理念的引进**：新的管理方式或理念的引进，必然会导致企业的管理模式和业务流程等发生变化。这种情况下，之前的岗位说明书就需要进行更新调整。

◆ **技术创新或先进技术的引入**：企业为了提高生产效率所进行的技术创新或技术引入，可能会导致当前岗位结构发生变化。在这种情况下，企业也需要重新开展定岗、定编和定员工作，并对现有的岗位说明书进行优化和完善。

（2）优化和完善岗位说明书的方法

根据企业当前的具体情况的不同，优化和完善岗位说明书的方法也不相同，具体介绍如表 4-6 所示。

表 4-6　职位说明书优化与完善的方法

方法	具体介绍
更新维护	企业运营平稳，岗位处于相对稳定状态。人力资源部可以对现有的岗位说明书进行更新维护，重点审视管理流程和工作流程的变化，重点评估岗位任职条件是否需要根据市场人力资源供给的变化进行优化与调整
部分修订	当企业对现有业务进行拆分整合或调整企业当前结构时，企业需要对所涉及岗位的岗位说明书进行修订。岗位说明书修订的重点是岗位职能描述和岗位任职条件部分的修订和完善，主要是避免岗位职责的交叉与重叠
重新编制	当企业发生重大变革时，企业当前的职位说明书就不太适合了，企业必须及时重新编制岗位说明书，整个编制过程要从岗位分析开始，需要投入大量的人力、物力和财力

知识延伸 | 岗位说明书编制注意事项

　　如今，岗位说明书是人力资源管理中的必备文件，岗位说明书的编制不仅有助于公司发展，还能降低招聘工作的难度。因此，在编制岗位说明书时，要遵循编制规范，避免陷入岗位说明书的编制误区。一份内容规范、完整的岗位说明书对人力资源工作有较大影响。

4.3
职务说明书的相关模板展示

　　前面的内容具体介绍了岗位说明书的编制技巧和编制过程中可能存在的误区，本节中将具体介绍职务说明书的相关模板，可供人力资源工作者参考使用。

4.3.1　职务说明书模板

＿＿＿＿＿＿职务说明书

岗位名称		岗位编号		所属部门	
直接下属		间接下属		直接上级	
岗位概要					

任职条件	必备知识	知识要求			
		技能要求			
	工作经验				
	业务范围				
	能力素质				
岗位目的					
沟通关系	对内沟通				
	对外沟通				
权限范围	权限项目				
	审批权				
	考核权				
	建议权				

职责范围	考核标准	负责程度（▲）		
		支持	部分	全责

4.3.2　财务中心总监职务说明书

财务中心总监职务说明书

岗位名称	财务中心总监	岗位编号		所属部门	财务管理中心
直接下属	各财务经理	间接下属	各财务专员	直接上级	总裁
岗位概要					
任职条件	必备知识	知识要求	本科及以上学历，财务管理等相关专业；掌握财务、金融、法律、企业管理等专业相关知识		
		技能要求	具有注册会计师或高级会计师资格证书，具备常用办公软件、网络信息化所要求的基本技能，包括 OA 系统、ERP 系统等的使用		
	工作经验	10 年以上大型集团公司财务管理、资金筹划及运作经验，5 年以上同岗位工作经验			
	业务范围	熟悉国家财税政策及有关法律法规，以及行业相关标准；熟悉运营分析、成本控制及成本核算方法；熟悉税务、金融工作及公司各部门的业务开展情况；熟悉银行融资、信贷手续，熟悉经济管理、统计、审计等专业知识			
	能力素质	敬业、责任心强、严谨踏实；工作认真仔细，具有良好的分析、沟通和协调能力；较强的团队管理能力和抗压能力			
岗位目的	全面负责公司的财务管理、会计核算、会计监督、预算管理、审计等方面的工作，建立和完善公司的财务管理体系，确保各项财务工作的顺利开展				
沟通关系	对内沟通	总裁、各中心总监、财务中心各岗位，各相关职能部门			
	对外沟通	会计师事务所、税务机构、政府财政部门、银行等			
权限范围	权限项目	权限范围说明			
	审批权	对企业的全面预算、财务收支计划、经济合同等财务文件的审批权			
	考核权	对部门下属人员工作成果的考核权			
	建议权	对公司经营决策及重大财务收支事项的建议权			

续上表

职责范围	考核标准	负责程度（▲）		
		支持	部分	全责
主持制定公司财务管理、会计核算以及预算管理等规章制度和工作程序，经批准后组织相关人员实施，并对其落实情况进行监督、检查	财务制度完善，各项制度有效执行率达到100%			▲
组织全面开展公司的财务管理工作，对其情况进行督导、检查和考核，执行董事会有关财务方面的决议，并对公司日常资金运作和财务运作进行监控	财务各项工作计划完成率达____%；公司年度财务指标完成率达____%			▲
负责筹集运营所需资金，审批重大资金流向，疏通融资渠道，维护与金融机构的良好关系，满足公司经营运作资金的需求	资金筹集任务完成率____%			▲
定期对公司经营状况进行阶段性的财务分析与财务预测，向董事会提交相关分析报告，并提出合理化建议、意见	财务报告准确性、科学性强，每年提交____次			▲
组织实施年度财务收支审计、经营成果审计、离职审计及重大财务违规审计等工作，对内部控制体系的运行情况进行审查以及指导	公司财务审计工作计划完成率达____%			▲
负责审核签署全面预算、财务收支计划、财务报告、会计决算报表等相关财务文件	各类文件的准确率达____%			▲

4.3.3　人力资源总监职务说明书

人力资源总监职务说明书

岗位名称	人力资源总监	岗位编号		所属部门	人力资源中心
直接下属	各下属经理	间接下属	各下属专员	直接上级	总裁
岗位概要					
任职条件	必备知识	知识要求	本科及以上学历，人力资源管理、公共管理、行政管理等相关专业；具备扎实企业管理、人力资源管理理论知识，熟悉国家、地区及公司关于合同管理、薪酬管理、用人机制、保险福利待遇、培训等方面的法律法规及政策		
		技能要求	持高级人力资源管理师证书，具备常用办公软件、网络信息化所要求的基本技能，主要包括 OA 系统、ERP 系统等的使用		
	工作经验	10 年以上大中型集团公司人力资源管理工作经验，5 年以上同岗位工作经验			
	业务范围	了解行业发展方向及同行业人力资源管理的相关情况；熟悉人力资源招聘、培训、绩效考核、薪酬福利、职业生涯等事项的管理方法；熟悉公司人力资源管理的工作流程			
	能力素质	具有较强的人力资源规划配置能力；具有优秀的计划管理能力、组织沟通能力和目标控制能力；工作严谨、责任心较强、善于发现和解决问题			
岗位目的	全面负责公司人力资源部的 8 项管理工作，对公司的人力资源规划、招聘、培训、考核、薪酬等事项进行全面管控，为公司的发展提供人力保障				
沟通关系	对内沟通	总裁、各下属经理、各下属专员、各相关职能部门			
	对外沟通	猎头公司、培训机构、劳动保障机构等			
权限范围	权限项目	权限范围说明			
	审核权	对公司人力资源管理各项管理制度及工作实施计划的审核审批权			
	督办权	对公司员工的招聘培训、岗位调动、绩效考核、辞退解聘等人事工作的督办权			
	考核权	对部门下属人员日常工作及工作业绩结果的考核权			

续上表

职责范围	考核标准	负责程度（▲）		
		支持	部分	全责
组织制定公司人力资源管理各项管理制度，建立并完善人力资源管理体系	公司人力资源的各项管理制度、规范完善率达100%			▲
根据公司的发展战略，制订公司的人力资源战略、规划，并监督执行	人员配置合理，人力资源规划制订及时率达_____%			▲
审批公司各部门的各项招聘计划，并对其执行情况进行监督、检查	公司各项招聘目标达成率达___%			▲
组织并建立完善的公司培训体系，审批年度培训计划，并对实施情况进行监督、检查	公司培训计划完成率达___%			▲
组织制订公司绩效管理办法，确定绩效考核指标，审核考核结果，并根据实际情况进行必要的调整	员工绩效考核计划完成率达___%			▲
组织建立合理的薪酬体系，做好员工职业生涯规划，制订有效的奖惩办法，为公司发展提供有力保障	公司薪酬体系完善、合理，核心员工保有率达_____%			▲
组织做好公司与员工的沟通、协调工作，出现问题及时解决，避免劳资纠纷发生，为公司营造和谐的工作环境	考核期内，公司发生的重大劳资纠纷次数为0			▲
负责所管辖部门人员的管理、考核，监督、指导其各项业务工作，提高部门员工综合素质，增强团队精神，提高工作效率	高层领导对人力资源工作满意度评价达_____分以上		▲	

4.3.4　行政中心总监职务说明书

行政中心总监职务说明书

岗位名称	行政中心总监	岗位编号		所属部门	董事长办公室
直接下属	各下属经理	间接下属	各下属专员	直接上级	总裁

			岗位概要			
任职条件	必备知识	知识要求	本科及以上学历，行政管理、企业管理、公共管理等相关专业；具有行政管理、资产管理、网络信息等相关专业性知识			
		技能要求	具有常用办公软件、网络信息化所要求的基本技能，包括OA系统等的使用			
	工作经验		有10年以上大中型集团公司行政管理工作经验，5年以上同岗位工作经验			
	业务范围		了解国家和当地的行政法律法规及工作规范要求；对公司的后勤管理、消防安全、网络管理有较强的专业知识			
	能力素质		具有较强的计划管理能力、组织管理能力、沟通协调能力和人际交往能力；认真负责、抗压能力强，具有优秀的突发事件处理能力和问题解决能力			
岗位目的	根据公司发展战略要求，完成行政中心的经营管理目标，主持公司行政管理体系规划建设工作，指导、协调公司行政服务支持等各项工作，加强信息化管理，建立健全公司OA系统，确保公司的政令和信息通畅					
沟通关系	对内沟通	总裁、各下属经理、各下属专员、各相关职能部门				
	对外沟通	政府机构、协作单位、重要客户等				
权限范围	权限项目	权限范围说明				
	审核权	对行政系统的各种管理制度、工作流程的审核审批权				
	督办权	对行政管理中心各项工作的执行情况及工作进度具有督办权				
	考核权	对部门下属人员的日常工作及工作业绩的考核权				

续上表

职责范围	考核标准	负责程度（▲）		
		支持	部分	全责
根据公司的发展战略，制订行政管理中心的年度目标和工作计划，经批准后，指导并监督下属人员认真落实，以达到年度目标	年度目标、工作计划完成率达_____%			▲
组织制定并审核公司行政管理制度和工作流程，经批准后监督实施，并持续完善	管理制度、工作流程完善率达_____%			▲
加强公司行政管理，建立健全行政执行系统、反馈系统，确保政令通畅、高效运行	上级领导对行政工作的综合评价得分在_____分以上			▲
负责所属部门费用预算及专项费用的使用和控制，降低行政管理成本	行政中心费用预算控制率达_____%			▲
主持公司的后勤管理、固定资产、消防安全、企业文化建设及对外形象宣传等工作	部门工作满意度评分在_____分以上			▲
加强公司网络信息系统建设，加强OA管理系统的建设和维护工作，及时解决突发问题，确保系统运行正常	信息系统及OA系统故障解除及时率达_____%			▲
加强重大安全事故的预防及重大突发事件的处理，确保公司人员及财产安全	考核期内，重大安全事故次数为0			▲
参与公司对外接待、内外公共关系的建立，为公司发展创造一个良好的外部环境	公司领导对外部环境的满意度评价得分在_____分以上		▲	

4.3.5 质量中心总监职位说明书

质量中心总监职位说明书

岗位名称	质量中心总监	岗位编号		所属部门	质量管理中心
直接下属	各下属经理	间接下属	各下属专员	直接上级	总经理
岗位概要					
任职条件	必备知识	知识要求	本科以上学历，质量管理、企业管理、工商管理等相关专业；了解国家质量标准，熟悉质量体系建立与维护		
		技能要求	受过质量管理体系专门培训，英语四级或以上，具备常用办公软件、网络信息化所要求的基本技能，包括 OA 系统、ERP 系统等的使用		
	工作经验		10 年以上工作经验，至少 5 年以上同等岗位管理工作经验		
	业务范围		了解公司所需各类物料的质量标准及检验方法；熟悉公司常见产品的生产流程、管理和质量要求、工艺特点；掌握 ISO、6S 管理等基础理论技能		
	能力素质		具有很强的数据分析和应用能力，有较强的归纳思维和系统思考能力；为人诚信、有责任感；有较强的团队领导能力及组织协调能力		
岗位目的	负责建立健全公司全面质量管理体系，保证原物材料及产成品的质量优良，确保公司生产经营的顺利进行，从而保障公司经济目标的达成				
沟通关系	对内沟通	总经理、质量管理部经理、品质工程师、各职能部门			
	对外沟通	质检部门、质量认证机构、重要客户等			
权限范围	权限项目	权限范围说明			
	审核权	对质量管理体系、各项管理制度及质量管理流程的审核权			
	决策权	对质量管理过程中，权责范围内出现的问题的决策权			
	考核权	对管辖范围内员工日常工作的考核权			

续上表

职责范围	考核标准	负责程度（▲）		
		支持	部分	全责
根据公司的发展战略，组织制订公司年度质量规划，并负责实施	质量计划制定合理，信息收集及时			▲
根据公司发展战略规划，负责制订公司质量管理规划、建立质量管理体系，制定和完善公司各项质量管理制度，并切实执行	质量管理体系完整；质量管理制度完善率达 100%			▲
定期、准确地向相关部门提供有关质量管理信息，为公司质量管理决策提供信息支持	质量管理信息反馈及时率达到 100%			▲
建立产品质检标准和质检程序，对公司各部门进行质量管理培训和指导，并引进质量管理技术，提高质量管理水平	质量问题解决率达_____%；退货率低于_____%			▲
对供应商原材料、关键部件的质量进行鉴定，参与供应商生产过程的质量控制	质量鉴定及时率达 100%		▲	
参与质量事故分析，提出解决建议，组织建立产品质量管理档案，提出质量改进方案	产品质量档案归档及时率达 100%		▲	
加强本部门员工队伍建设；提出对下属人员的调配、培训、考核意见；协调下属员工之间、本部门与相关部门之间关系；监督下属员工的工作目标执行情况，并及时给予必要指导	培训计划完成率达_____%；部门协作满意度达_____分以上			▲

第五章

全面掌握岗位评价概述及方法

岗位评价主要用于评测每一岗位在企业内部所占位置。在了解了什么是岗位评价之后，还需要掌握进行岗位评价的相关方法，方便从中挑选适合的方法。

5.1
岗位评价的基本内容

岗位评价是对企业的所有岗位进行系统评测，得出各岗位在内部工资结构中所占位置的技术。

5.1.1　岗位评价具体是指什么

岗位评价主要是划分岗位等级，按照内部一致性的原则，建立合理的工资等级结构，实现组织内部的分配公平。

岗位评价也叫作职务评价或者工作评价，是指采用一定的方法对企业中各种岗位的相对价值作出评定依据，并把分析结果作为薪酬分配的重要依据。

岗位评价与岗位分析有一定联系，岗位评价是在岗位分析的基础上，对企业所设岗位需承担的责任大小、工作强度、难易程度、所需资格条件等进行评价。

岗位评价的实质是将工作岗位的劳动价值、岗位承担者的贡献与工资报酬联系起来，通过对岗位劳动价值进行量化比较，从而确定企业工资等级结构的过程。

> **知识延伸 | 岗位评价与岗位分析的关联**
>
> 岗位评价是评定工作的相对价值，确定岗位等级，以确定工资收入等级。因此，岗位评价是岗位分析的逻辑结果。岗位分析主要是包括了"工作描述"和"工作规范"两个方面的内容，而"岗位评价"是在前面两个环节的基础上进行的，其根本目的是提供确定薪酬结构、等级，实现薪酬内部公平性。

5.1.2 岗位评价的特点

岗位评价对于企业发展，维持内部平衡有重要作用，其具体特点如图5-1所示。

特点一：评价对象

岗位评价的中心是"岗"不是"人"。岗位评价虽然也会涉及员工，但它是以岗位为对象，即以岗位所担负的工作任务为对象进行的客观评比和估计。岗位和具体的劳动者相比具有一定的稳定性，同时，岗位与企业的专业分工、劳动组织和劳动定员定额相统一，能促进企业合理地制定劳动定员和劳动定额，从而改善企业管理。由于岗位的工作是由劳动者承担者的，虽然岗位评价是以"岗"为中心，但它在研究中，又离不开对劳动者的总体考察和分析。

特点二：评价过程

岗位评价是对企业具体劳动的抽象化、定量化的过程。在岗位评价过程中，根据事先规定的、比较系统的、能够全面反映岗位现象本质的岗位评价指标体系，对岗位的主要因素逐一进行测定评比估价，由此得出各岗位的量值。这样一来，各个岗位之间也就有了对比的基础，最后按评定结果划分出岗位的不同等级即可。

特点三：技术方法

要评价出企业每一个岗位的价值并不是一件容易的事情。岗位评价主要运用劳动组织、劳动心理、劳动卫生、环境监测、数理统计知识和计算机技术，适用排列法、分类法、评分法、因素比较法等4种基本方法，才能对多个评价因素进行准确的评定或测定，最终做出科学评价。

图 5-1

5.1.3 岗位评价的五要素和五原则

在正式进行岗位评价之前，人力资源工作者需要掌握岗位评价包含的基本要素，以及岗位分析需要遵循的原则。

（1）岗位评价五要素

岗位评价是一种系统地测定每一岗位在单位内部工资结构中所占位置的技术。可以归纳出 5 种要素，具体介绍如下。

劳动责任。要认真负责做好每一件工作任务。

劳动技能。要有一定的工作技能胜任工作。

劳动心理。要保持积极向上的工作心态。

劳动强度。要准时完成工作事项，加大工作力度。

劳动环境。要创造良好的工作环境。

在实际应用中，岗位评价不限定于 5 要素范围，人力资源工作者可以根据企业实际情况进行归纳。

（2）岗位分析的五大原则

岗位评价是一项技术性强、涉及面广、工作量大的活动。为了保证各项实施工作的顺利开展，提高岗位评价的科学性、合理性和可靠性，在组织实施中应该注意遵守以下原则。

◆ 系统原则

所谓系统，就是由相互作用和相互依赖的若干既有区别又相互依存的要素构成的具有特定功能的有机整体。其中各个要素也可以构成子系统，而子系统本身又从属于一个更大的系统。系统的基本特征：整体性、目的性、相关性、环境适应性。

◆ 实用性原则

环境评价还必须从目前企业生产和管理的实际出发，选择能促进企业生产和管理工作发展的评价因素。尤其要选择目前企业劳动管理基础工作需要的评价因素，使评价结果能直接应用于企业劳动管理实践中。特别是企业劳动组织、工资、福利、劳动保护等基础管理工作，以提高岗位评价的应用价值。

◆　标准化原则

标准化是现代科学管理的重要手段，是现代企业劳动人事管理的基础，也是国家一项重要技术经济政策。标准化的作用在于能统一技术要求，保证工作质量，提高工作效率和减少劳动成本。显然，为了保证评价工作的规范化和评价结果的可比性，提高评价工作的科学性和工作效率，岗位评价也必须采用标准化。

岗位评价的标准化是衡量劳动者所耗费的劳动大小的依据，岗位评价的技术方法以特定的程序或形式做出统一规定，在规定范围内，可作为评价工作中共同遵守的准则和依据。

◆　能级对应原则

在管理系统中，各种管理功能是不相同的，根据管理的功能把管理系统分成级别，把相应的管理内容和管理者分配到相应的级别中去，各占其位，各显其能，这就是管理的能级对应原则。

一个岗位能级的大小，是由它在组织中的工作性质、繁简难易、责任大小、任务轻重等因素所决定的。功能大的岗位，能级就高，反之就低。各种岗位有不同的能级，人也有各种不同的才能。

一般来说，一个组织或单位中，管理能级层次必须具有稳定的组织形态。稳定的管理结构应是正三角形。对于任何一个完整的管理系统而言，管理三角形一般可分为 4 个层次：决策层、管理层、执行层和操作层。这 4 个层次不仅使命不同，而且能级差异也很大。同时，不同能级对应有不同的权力、物质利益和精神荣誉，这种对应是一种动态的能级对应。只有这样，才能获得最佳的管理效率和效益。

◆ 优化原则

所谓优化，就是按照规定的目的，在一定的约束条件下，寻求最佳方案。企业在现有的社会环境中生存，都会有自己的发展条件，只要充分利用各自的条件发展自己，每个工作岗位中的每个人都会得到应有的最优化发展。整个企业也将会得到最佳的发展。

因此，优化的原则不但要体现在岗位评价各项工作环节上。还要反映在岗位评价的具体方法和步骤上，甚至落实到每个人身上。

5.2

岗位评价的一般方法

岗位评价的各种要素是围绕不同的薪酬给付要素，并结合企业当前所处阶段、内外部环境以及企业业务特征形成的。岗位评价方法较多，通常可以分为两类，分别是一般（通用）岗位评价法和国际岗位评价法，本小节主要介绍通用岗位评价法。

5.2.1　岗位排序法

排序法岗位评价是最原始、最简单的岗位评价方法。排序法是由岗位评价人员事先确定各岗位的评价要素，按照一定标准对个岗位进行比较，并由高到低进行排序。

需要注意的是，这种方法通常是用于组织结构稳定、人员较少的公司，可以节省公司的时间和成本。

（1）岗位排序法的种类

岗位排序法主要有 3 种，分别是简单排序法、交替排序法和配比排序法，下面具体介绍这 3 种方法。

◆ 简单排序法

简单排序法是指岗位评价工作者根据自身对企业的各项工作的认知，结合主观经验对岗位的相互价值进行判断并进排序（由高到低）的方法。具体步骤如下所示。

拟定考核项目。 根据被考核岗位的工作性质选择评价项目、确定评价标准。例如岗位工作难度、工作量大小以及岗位贡献度等。

组建评价小组。 选择了解企业岗位、工作内容和工作流程的人员组成评价小组，并做好评价准备工作。

收集、汇总资料。 收集资料包括被评价岗位的岗位说明书和相关资料，对评价标准进行判断，汇总岗位评价人员的评价结果，确定最终排序。

| 范例解析 | 简单排序法的示例

简单排列法示例如表5-1所示，表中最后一行排序为5的岗位价值最高。

表 5-1　简单排序法

岗位代码	GB-001	GB-002	GB-003	GB-004	GB-005
评价人 A	1	2	5	5	1
评价人 B	4	3	4	3	1
评价人 C	2	5	5	2	4
评价人 D	3	3	2	5	4
评价人 E	2	1	2	1	3
均值	2.4	2.8	3.6	3.2	2.6
排序	1	3	5	4	2

为保证评价结果可靠，要求评价人员进行多维度评价，包括岗位职责、工作量以及知识技能等。

◆ 交替排序法

交替排序法也称为两极排序法，它将所有的被评价岗位按照衡量指标同时选择最重要的岗位和最不重要的岗位，分别编号，再重复这一过程，最终完成岗位排序。

| 范例解析 | 交替排序法的示例

以某公司管理岗位排序为例，共有9个岗位，代码为A~I。

按照衡量指标从9个岗位中选择最重要和最不重要的岗位分别放置在首位和末位，如表5-2所示。（表中圈码表示选择的先后顺序）

表5-2

岗位代码	I①	A②	G③	H④	B⑤	D④	E③	C②	F①
岗位排序	1	2	3	4	5	6	7	8	9

从表中可以得出结论，I为最重要，F为最不重要，根据上述表格排序即可得出最终论。

◆ 配比排序法

配比排序法也称为两两比较法，这种方法将每个岗位按照评价要素与其他岗位进行对比。

在被评价岗位数量不多时，简便易行，能够快速地完成岗位评价工作。如果岗位数量过多，成对配比的数量将会非常大，因此，这种方法更适合于在岗位数量较少时使用。

| 范例解析 | 配比排序法示例

例如要对某公司的5个岗位使用配比法进行分析，首先需要进行一一对

比，如表5-3所示。（表中纵列岗位与横向岗位进行对比，以横向岗位为对比基础，如比GB-001岗位责任大者为"1"，反之为"0"）

表5-3　岗位职责配比分析

岗位代码	GB-001	GB-002	GB-003	GB-004	GB-005	排序
GB-001		1	1	1	1	1
GB-002	0		1	1	0	3
GB-003	0	0		0	0	5
GB-004	0	0	1		0	4
GB-005	0	1	1	1		2
汇总	0	2	4	3	1	—

用同样的方法为其他评价要素进行分析，并对结果进行汇总，如表5-4所示。（最后一行排序为5的，岗位价值最高）

表5-4　配比汇总统计

评价要素	GB-001	GB-002	GB-003	GB-004	GB-005
岗位职责	5	3	1	2	4
知识	4	2	5	1	3
技能	1	2	4	3	5
工作量	4	1	2	5	3
汇总	14	8	12	11	15
最终排序	4	1	3	2	5

（2）岗位排序法的优缺点

岗位排序法是较为简单的岗位评价方法，其优点是不必请专家即可自行操作，简单、统计方便，岗位评价成本较低。

排序法岗位评价的不足之处有以下两点。

◆ 操作缺乏定量比较，显得主观性偏多，给人说服力不强之感。

◆ 只能按相对价值大小排序，不能指出各级间差距的具体大小，因此不能直接转化为每个岗位具体的薪酬数额。

5.2.2 岗位参照法

岗位参照法是指企业事先建立一套较合理的标准岗位价值序列，然后其他岗位比照已有标准岗位来进行评估。

参照法是参照标杆岗位进行评价，因此标杆岗位的选择就显得尤为重要，标杆岗位应当符合一定条件，一来标杆岗位应具备代表性，二来职等职级具有确定性。

（1）岗位参照法实施步骤

岗位参照法主要是对个别岗位或新增岗位进行岗位评价，具体的实施步骤如图 5-2 所示。

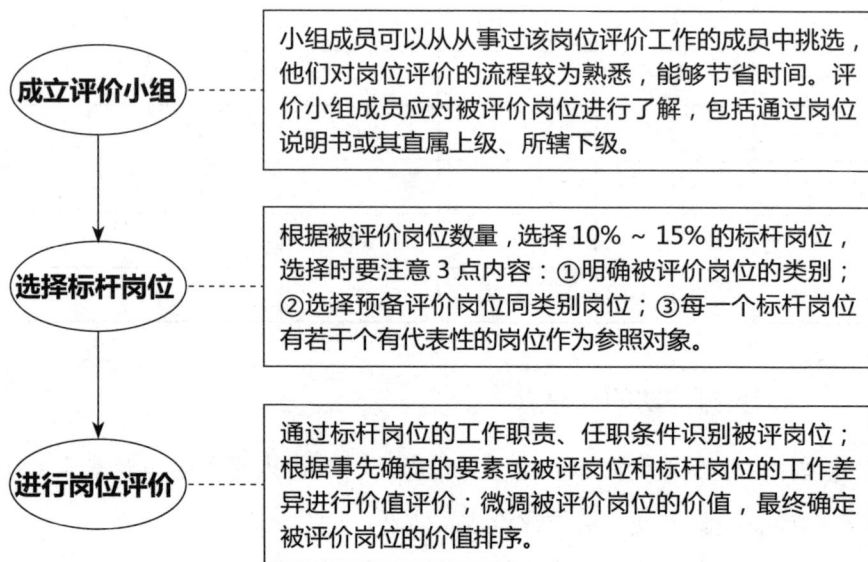

成立评价小组	小组成员可以从从事过该岗位评价工作的成员中挑选，他们对岗位评价的流程较为熟悉，能够节省时间。评价小组成员应对被评价岗位进行了解，包括通过岗位说明书或其直属上级、所辖下级。
选择标杆岗位	根据被评价岗位数量，选择 10% ~ 15% 的标杆岗位，选择时要注意 3 点内容：①明确被评价岗位的类别；②选择预备评价岗位同类别岗位；③每一个标杆岗位有若干个有代表性的岗位作为参照对象。
进行岗位评价	通过标杆岗位的工作职责、任职条件识别被评岗位；根据事先确定的要素或被评岗位和标杆岗位的工作差异进行价值评价；微调被评价岗位的价值，最终确定被评价岗位的价值排序。

图 5-2

（2）岗位参照法的优缺点

岗位参照法的优点是通过选择，评估标准岗位价值，再推广到所有岗位，可大大节省为岗位评估所花费的时间、精力和成本，且评估的结果具有较高的准确性。

岗位参照法的缺点是标准岗位的选择具有一定的难度，其他岗位在与标准岗位相比照时，也需要一定的精确度和说服力。

5.2.3　岗位分类法

岗位分类法也称岗位归级法、岗位归类法，是排列法的改革。它是在岗位分析基础上，采用一定的科学方法，按岗位的工作性质、特征、繁简难易程度、工作责任大小和人员必须具备的资格条件，对企业全部岗位进行的多层次的划分，即先确定等级结构，然后根据工作内容对工作岗位进行归类。

（1）岗位分类法的一般步骤

使用岗位分类法一般包含 4 个步骤，具体介绍如表 5-5 所示。

表 5-5　岗位分类法的步骤

步骤	具体介绍
岗位分析	岗位分析是基础的准备工作，主要由企业内专门人员组成评定小组，收集各种有关的资料、数据，写出调查报告
岗位分类	按照生产经营过程中各类岗位的作用和特征，首先将全部岗位划分为若干个大类；再按每一大类中各种岗位的性质和特征，划分为若干中类；最后将岗位划分为若干小类
建立等级结构和等级标准	这是最重要的一个步骤，建立登记结构和等级标准，主要包括 3 个部分，分别是确定等级数量，等级的数量取决于工作性质、组织规模、功能的不同和有关人事政策；确定基本因素，通过这些基本因素测评每一职位或工作岗位的重要程度；确定等级标准，因为等级标准是区分工作重要性、进行岗位评价的核心内容

续上表

步骤	具体介绍
岗位测评和列等	等级标准确定后，对岗位的测评和列等就根据这些标准，将工作说明书与等级标准逐个进行比较，并将工作岗位列入相应等级，从而评定出不同系统、不同岗位之间的相对价值和关系

（2）岗位分类法的优缺点

岗位分析法的优点如下所示。

◆ 比较简单，所需经费、人员和时间也相对较少。

◆ 由于等级标准都参照了制定因素，使结果比排列法更准确、客观。

◆ 采用分类法分出的等级结构能如实反映组织结构的情况。

岗位分类法的缺点如下所示。

◆ 由于确定等级标准上的困难，对不同系统的岗位评比存在着相当大的主观性，从而导致许多难以定论的争议。

◆ 由于等级标准常常直到分类结果之后才能被确定，从而影响了评定结果，使其准确度较差。

5.2.4　因素比较法

因素比较法的适用比较广泛，尤其是适用于一些薪酬体系还不完善，新增岗位比较多的企业，因为可以把这些特殊岗位作为基准岗位做报酬因素的比较。

（1）因素比较法的实施步骤

因素比较法是根据选择的薪酬因素对标准岗位进行认定，把其他岗位与标准岗位进行对比并评价岗位相对价值的方法，具体步骤如下。

选择标准岗位。 在因素比较法中，标准岗位的选择是一项既困难又重要的操作。因为评价结果的可靠性是以所选择的标准岗位为依据的。需要注意的是，选择的这类岗位应当具备代表性，能表现出工作岗位的等级，并充分显示每一因素重要程度的不同等级。

根据标准岗位建立起来的等级必须能被接受。即能成为建立全新的工作等级工资制的标准，并且其工资同当地劳动力市场上相同工作的工资不能差别太大。

将因素进行排列。标准岗位被确定后，按照选定的因素，按相对重要程度依次排列，制定出标准工作分级表。由评定小组的每一个成员分别进行分级排列工作，然后将分级结果提交给评定小组做综合分析。

确定工资额。对标准岗位进行排列之后，因素比较法直接对每一岗位确定工资额，即根据每个因素在该工作中的重要程度，按一定比例确定其相应的工资值，并据此对工作重新进行排列。

对其他岗位进行排列。企业中尚未进行评定的其他岗位，与现有的已评定完的标准岗位进行对比，某岗位的某因素相近，就按相近条件的岗位工资分配计算工资，其累计后就是本岗位的工资。

（2）因素比较法的优缺点

因素比较法的优缺点介绍如表5-6所示。

表5-6　因素比较法的优缺点

优缺点	内容	具体介绍
优点	结果较为公正	因素比较法把各种不同工作中的相同因素相互比较，然后再将各种因素的工资累计，主观性减少了
	耗费时间少	进行评定时，所选定的影响因素较少，从而避免了重复，简化了评价工作的内容，缩短了评价时间
	减少了工作量	因素比较法是先确定标准岗位的系列等级，然后以此为基础分别对其他各类岗位再进行评定，大大减少了工作量

优缺点	内容	具体介绍
缺点	缺乏精确度	各影响因素的相对价值在总价值中所占的百分比，完全是考评人员的直接判断，这就必然会影响评定的精确度
	操作复杂	操作起来相对比较复杂，而且很难对员工们做出解释，尤其是给因素注上货币值的时候很难说明其理由

5.2.5　要素计点法

要素计点法也称评分法，是目前大多数国家最常用的方法，指对职位的各要素打分，用分数评估职位相对价值，并据以定出工资等级的一种技术方法。这种方法预先选定若干因素，并采用一定分值表示某一因素。然后按事先规定的衡量标准，对现有岗位的每个因素逐一评比、估价、求得分值，经过加权求和，最后得到各个岗位的总分值。

（1）要素计点法的具体步骤

使用要素计点法进行岗位评价时，主要的步骤如图 5-3 所示。

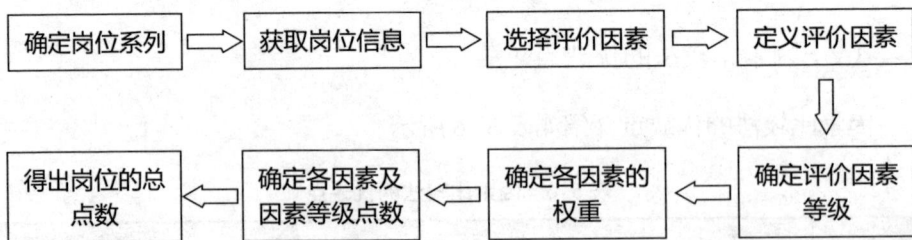

确定岗位系列 ⇒ 获取岗位信息 ⇒ 选择评价因素 ⇒ 定义评价因素

得出岗位的总点数 ⇐ 确定各因素及因素等级点数 ⇐ 确定各因素的权重 ⇐ 确定评价因素等级

图 5-3

各岗位普遍采用的评价项目如下所示。

①劳动负荷量，指执行任务时所消耗的能量。

②工作危险性，指该岗位工作伴随的危险性，以及从事该岗位任务时引

起的伤害程度、职业病危害的可能性。

③劳动环境，指本岗位的自然环境因素和物质环境因素，其衡量指标有温度、湿度、通风、色彩、噪声等环境指标。

④脑力劳动疲劳程度，指完成本岗位工作任务时，劳动者脑力劳动和精神上的负荷量。其衡量指标有工作单调度、工作速度、工作要求的精细度、决策反应程度、注意力集中度、持续时间等。

⑤工作复杂程度，衡量标准为岗位任务涉及的深度与广度。

⑥知识水平，指完成本岗位任务必要的理论知识、文化基础，其衡量标准为正规的参加学习的时间（学历）、学位、资格等。

⑦业务知识，指与本岗位有关的、必要的专业知识，其衡量标准为有关知识的深度、广度（职称等）。

⑧熟练程度，指执行岗位任务所需的技能熟悉程度和困难程度，其衡量标准为从事该岗位掌握该项技能及达到某种水平的时间。

⑨工作责任，指执行本岗位内工作任务对人、财、物所负的责任，其衡量标准为该岗位的职责范围、权限，发生责任事故后的损失程度。

⑩监督责任，指执行本岗位任务对下级的指导和监督考核的责任，其衡量标准是岗位所要求的组织能力、权限等。

（2）要素计点法的优缺点

要素计点法的优点是可靠性强，能够减少评价中的主观性，较多专业人员参与，准确性更高。通常情况下，这种方法适用于对工资和工作条件进行协调的大企业。

要素计点法的缺点如下所示。

◆　在评定每个因素时，经常要经过两到三个评定人员的个别评定，之后还要进行汇总，这项工作相当烦琐，需要花费大量的时间。

◆ 点数法的评价系统建立十分困难。

◆ 因素的选择、等级的确定与定义和因素权重不可避免地带有某种程度的主观色彩。

5.3
岗位评价的国际方法

前面介绍到岗位评价方法除了通用方法外，还有国际评价方法，这里主要介绍海氏要素评价法、美世国际职位评估法和翰威特岗位评价法。

5.3.1 海氏要素评价法

海氏要素评价法认为一个岗位之所以能够存在的理由是必须承担一定的责任，即该岗位的产出。通过投入"知识和技能"，并通过"解决问题"这一生产过程，来获得最终的产出"应负责任"，如图5-4所示。

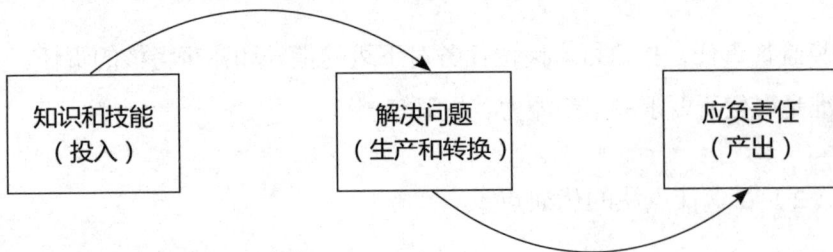

图5-4

海氏要素评价法解决了不同职能部门、不同岗位之间相对价值的相互比较和量化的难题，在世界各国上万家大型企业中推广应用并获得成功。在海氏三要素中，每一个付酬要素又分别由数量不等的子要素构成，具体包括

表 5-7 所示的内容。

表 5-7　子要素介绍

三要素	子要素	具体介绍
知识技能	专业知识理论	它是指岗位工作所需要的专业理论、专业知识和实际操作方法。该子要素由低到高排列为基本的、初等业务的、中等业务的、高等业务的、基本专门技术的、熟练专门技术的、精通专门技术的和权威专门技术的共 8 个等级
	管理技能	它是指为达到岗位要求的绩效水平须具备的计划、组织、执行、控制及评价等管理能力和管理技术。该子要素由低到高排列为基础的、有关的、多样的、广博的和全面的共 5 个等级
	人际技能	它是指为完成岗位工作所需要的对内、对外的沟通、协调、激励、培养等人际关系技巧。该子要素由低到高排列为基本的、重要的和关键的共 3 个等级
解决问题的能力	思维环境	思维环境是指岗位任职者所处的环境对其思维的限制程度。该子要素分为高度常规的、常规性的、半常规性的、标准化的、明确规定的、广泛规定的、一般规定的和抽象规定的共 8 个等级
	思维维度	思维问题维度是指为了发现问题、寻找根源、作出诊断和决策或发现新的事物而进行思维努力的特征。该子要素按照解决问题所需的创造性由低到高分为重复性的、模式化的、中间型的、适应性的和无先例的共 5 个等级
承担职责	行动自由度	指岗位任职者能够在多大程度上对其工作进行指导和控制。该子要素由低到高排列为有规定的、受控制的、标准化的、一般性规范的、有指导的、方向性指导的、广泛性指引的、战略性指引的和一般性无指引的共 9 个等级
	职务对后果形成的作用	岗位职责对工作成果形成的作用常表现为岗位最终需要履行的责任特征。该子要素分为后勤、辅助、分摊和主要
	职务责任	岗位工作责任程度是指组织受到岗位基础工作目标、工作目的的影响程度，以及可能造成的经济性损失后果。该子要素按照影响程度由低到高排列为微小、少量、中等和大量共 4 个等级

海氏要素评价法是一种国际上比较流行的岗位评价方法，不过在实际使用中有一些优点和缺点需要岗位评价实施者有所了解。其优点如下所示。

◆ 海氏要素评价法能够适用于比较不同类别、不同岗位之间的相对价值，这使得岗位评价工作更加客观、公正。

◆ 三大要素对于每个岗位来说都具有共性，每个要素的选择都经过科学的设计、推导和验证，具有很强的逻辑性，较为合理，因此岗位评价的结果更容易被理解和接受。

海氏要素评价法的缺点如下所示。

◆ 在实施过程中会产生大量的数据，需要对数据的有效性进行分析，因此需要花费大量的时间和人力成本。

◆ 此方法适用于传统行业的管理类岗位，应用范围缺乏普及性和整体性。

◆ 海氏要素评价法主要关注于知识技能、解决问题的能力和承担的风险责任3个要素，仅能单纯评价这个岗位本身的价值，忽略了在实际工作过程中的一些客观影响因素，缺乏综合性。

5.3.2　美世国际职位评估法

美世国际职位评估法又称 IPE 系统（International Position Evaluation System），是职位评估的新方法。

IPE 系统实行的是四因素打分制，这 4 个因素包含了不同职位要求的决定性因素。每一因素可再分成两至三方面，每一方面又有不同程度和比重之分。评估过程十分简单，只需为每一方面选择适当的程度，决定该程度相应的分数，然后把所有分数加起来便可。

这套职位评估系统共有 4 个因素，10 个维度。评估的结果可以分成 48 个级别。其中这套评估系统的 4 个因素是指：影响（Impact）、沟通（Communication）、创新（Innovation）和知识（Knowledge）。

各要素维度的具体介绍如表 5-8 所示。

表 5-8　各要素和维度介绍

要素	维度	层级介绍
影响	贡献度	①有限：对于运作结果，仅有难以辨别的贡献；②部分：对于结果的取得具有易于辨别的贡献，但通常是间接的贡献；③直接：对于决定结果取得的行动过程有直接和清晰的影响；④显著：对于结果的取得，具有显著的或根本的影响；⑤首要：对于结果的取得起着决定性的作用
	影响层次	①交付性：根据明确的操作标准或说明交付工作成果；②操作性：独立工作以达到操作性目标或服务标准；③战术性：基于组织整体经营策略，制定和实施某业务／职能的战术规划；④战略性：根据组织的远景，建立和实施着眼于长远的公司级的中长期战略；⑤远见性：带领一个组织发展，实现其使命、远景和价值观
	组织规模	组织是指岗位所处的组织规模。此规模数在准备阶段已经确定，组织内所有的岗位均按照确定的相同大小的组织规模进行评估
沟通	沟通情景	①内部共享：在组织内部对某问题达成一致的共同意愿；②外部共享：在组织外部对某问题达成一致的共同意愿；③内部分歧：在组织内部，目标或意愿冲突使双方难以达成一致；④外部分歧：在组织外部，目标或意愿的冲突使双方难以达成一致
	沟通性质	①传达：通过陈述、建议、手势或表情等进行信息传递；②交互和交流：通过灵活地解释、表述，使对方理解；③影响：通过沟通而非命令或外力使对方接受或改变；④谈判：通过磋商和有技巧的相互妥协而把握沟通过程，最终达成一致；⑤战略性谈判：控制对组织具有长期战略意义和深远影响的沟通
创新	复杂性	①跟从：没有变化；②核查：极少的变化；③修改：日常的修改；④改进：重大的改进；⑤创新：新技术、方法的改革；⑥突破：主要的革新
	创新要求	①跟从：和既定的原则、流程或技术对比，不要求变化；②核查：基于既定的原则、流程、技术解决个别问题；③改进：加强或改进某一技术、流程中环节的性能或效率；④提升：提升整个现有的流程、体系或方法，作出重大改变；⑤创造／概念化：创造新的概念或方法；⑥科学的／技术的突破：在知识和技术方面形成并带来新的革命性的变革

要素	维度	层级介绍
知识	知识要求	①有限的工作知识：掌握基本工作惯例和标准的基础知识，以履行狭小范围内的工作任务；②基本的工作知识：需要掌握岗位特定的业务（商业、贸易）知识和技能或者需要精通某种特定技术/操作；③宽泛的工作知识：需要在一个专业领域内，具有多个不同方面的广泛的知识和理论；④专业知识：某个特定领域具备精通的专业技能和知识，并能够基于理论整合公司的实际
	团队角色	①团队成员：独立工作，没有领导他人的直接责任；②团队领导：领导团队成员（至少3个）工作，分配、协调、监督团队成员工作；③多团队经理：指导2个以上团队，决定团队的结构和团队成员的角色
	应用宽度	①本地：一个国家，或者是具有相似经营环境的相邻国家；②洲际：洲际地区（如欧洲、亚洲以及拉丁美洲等）；③全球：全球所有区域

在实际操作中，可以根据各层级设置评价表，再根据企业的实际情况设置具体的评分标准即可。

5.3.3　翰威特岗位评价法

翰威特岗位评价法是由翰威特咨询公司（Hewitt Associates LLC）创立的一套对所有企业都具有普遍适用性的岗位评价方法。翰威特咨询公司是国际知名的人力资源管理咨询公司之一，一直致力于岗位评价方法的研究。

翰威特岗位评价方法由6个评价要素组成，分别是：知识与技能要素、影响力与责任要素、解决问题和制定决策要素、行动自由度要素、沟通技能要素和工作环境要素。

表5-9所示为对各要素进行的具体介绍。

表 5-9 各要素具体介绍

要素		具体介绍
知识与技能要素		知识与技能要素是评价岗位任职者为了有效完成工作所必须具备的知识和技能，不考虑知识和技能获取的途径。要素等级：①基本技能；②宽泛的行政或技术技能；③精深知识或专长领域；④专门知识理论与实践相结合；⑤精通专业领域；⑥先进领域的广博知识；⑦多元化的专业知识
影响力与责任要素		影响力是指岗位任职者的行为对于实现企业、部门目标以及促成企业获得商业成功方面所具备的潜在影响力。责任是指本岗位在达成工作成果方面需要承担的责任。要素等级：①影响极其有限；②对工作单元产生可察觉的影响；③对所在工作单元的绩效施加重大影响；④对多个部门形成至关重要的影响；⑤对经营单位的运作施加重大影响，但不具备决策控制权；⑥影响重大且范围广；⑦对某个重大跨经营单位职能部门承担主要责任
解决问题和制定决策要素		解决问题和制定决策要素主要是对调查问题和评估多种解决问题方案时所必须做出的判断与分析的水平进行衡量，同时还要衡量任职者胜任岗位所需的决策和判断的复杂程度。要素等级：①工作任务完全限定；②工作任务实质为例行程序；③任务类型多种多样；④仅有限先例可供参照；⑤职责全面、工作任务复杂；⑥职责重大；⑦负责解决全公司的关键且复杂的问题
行动自由度要素		行动自由度要素是针对岗位工作"层次"、行动自由度以及实施或接受管理的性质。要素等级：①处于紧密监管下；②接受日常监管；③受到有限的指导与监管；④监管他人或独立工作；⑤指导主要部门的工作或极其独立工作；⑥协调两个或多个主要部门的运作；⑦全面控制公司各部门
沟通技能要素		沟通技能要素主要衡量岗位所需要的交往和人际关系技能的性质，衡量岗位所需对内、对外交往、合作与谈判的技能，还要衡量履行岗位职责所需要的沟通技能层次。等级要素：①基本的口头与书面技能；②传达基本事实；③诠释信息；④信息复杂或具争议性；⑤针对复杂事件为他人提供建议；⑥技能高超；⑦影响关键决策
工作环境要素	安全性	等级要素：①无危害环境；②最低限度地暴露于有害环境；③中等程度的健康危害；④频繁暴露于有害环境且造成严重伤害；⑤高度危害或终身伤害
	稳定性	等级要素：①相当稳定；②变化可预见；③工作重点频繁发生变化；④同时应对多项重要任务的最后期限

根据上表介绍的等级要素进行评分，最终将各项得分相加即可得到最终成绩，评价表模板如表5-10所示。

表5-10 翰威特岗位评价表模板

部门	岗位名称	评价因素						
		知识与技能	影响力与责任	解决问题和制定决策	行动自由度	沟通技能	工作环境	
							安全性	稳定性

第六章

精细化分解岗位评价流程

岗位评价与岗位分析相似，都需要按照一定的流程来进行。按照正确的流程进行岗位评价后，还需要对评价结果进行反馈，以便让评价结果作用于企业实际事务。

6.1
岗位评价前的准备工作

岗位评价与岗位分析工作相类似，在正式评价之前，首先需要做好准备工作，主要内容包括确定岗位评价的内容、评价方法选择以及评价表设计等。

6.1.1 确定待评价的岗位及评价流程

在进行岗位评价时，首先要确定岗位评价的岗位和岗位评价的具体流程，这样才有利于安排后续工作。

（1）确定岗位评价的岗位

要做岗位评价，首先要确定哪些岗位能参与评价。一般来说，根据组织结构图、业务流程以及岗位性质的不同，可以对岗位进行分类，其作用是不遗漏需要进行岗位评价的岗位。主要可以分为管理类岗位、技术类岗位、生产类岗位等，最后列出需要进行评价的岗位名称、目录。

评价目标岗位的确定原则如下。

◆ 如果企业的岗位较少，可把所有岗位纳入评价范围。

◆ 如果企业岗位较多，就要从各种类型中选出有代表性的标杆岗位进行评估。

◆ 标杆岗位的选取不宜太多，太多花费的人力、物力就会较大。

◆ 标杆岗位太少岗位评价结果就缺乏合理性，一般选取 10 ～ 15 个岗位为宜（占总岗位数的 60% 左右），并且要分布在各个层级，涵盖各岗位系列。

（2）岗位评价的基本流程

岗位评价的主要内容是按照选定的评价方法以及评价方案中设计的评价标准和评价程序对岗位价值进行评估和排序。岗位评价工作较为复杂，实行过程较为严谨。

岗位评价过程主要分为 3 个阶段，分别是准备阶段、实施阶段以及应用阶段，具体流程如图 6-1 所示。

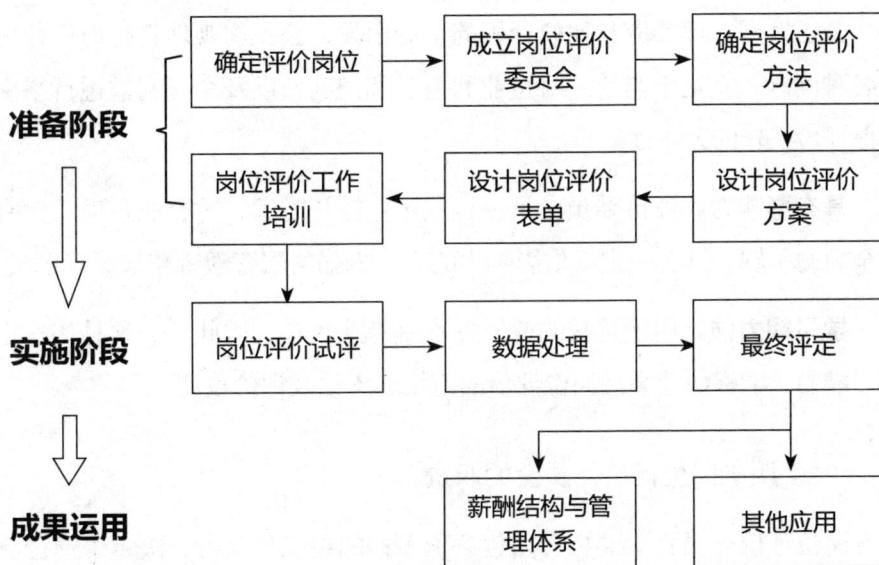

图 6-1

准备阶段的工作较多也较为繁杂，因此需要事先确定岗位评价的流程，方便进行准备工作的分配，提高评价工作的效率。

6.1.2　成立岗位评价委员会

岗位评价委员会的成员需要从企业的各级员工中进行选拔，这样岗位评价工作才能更客观，更容易被各级员工接受。对于整个评价工作而言，成立评价委员会是岗位评价工作成功的关键。

（1）组建岗位评价委员会

评价委员会成员首先应当有一定人数限制，不能太多，也不能太少，一般以 10 ~ 20 人最为合适，可以根据具体的评价工作情况进行适当增减。评价委员也不应过于单一，应当包含公司大多数层级，避免评价结果不符合实际。

除此之外，岗位评价是通过打分的方式进行，因此评价结果受到个人主观影响较大，在选择评委时应当遵循一定原则，具体如下。

公正客观。评委应从岗位分析的全局出发，公正客观地看待岗位评价中的各种问题，立足于当前，对企业利益、部门利益以及个人利益进行平衡，确保评价工作的公平性。

具有影响力。评价委员应是在企业工作较长时间，对企业各项工作有比较全面的了解，具有一定威信影响力的人，例如基层管理者和基层骨干员工。

学习能力强。由于选拔的评委并不是专业人员，因此，必须具备一定的学习能力，能够快速掌握岗位评价的方法、术语及评价技巧。

（2）明确岗位评价委员会的职责

岗位评价委员会主要负责岗位评价工作的组织与执行，决定了岗位评价的效果，因此需要明确岗位评价委员会的具体职责，让每个评价委员会成员心里有数。具体工作职责如表 6-1 所示。

表 6-1　评价委员会具体职责

职责	标准配备
确定评价方案	前面提到了在岗位分析过程中，评价委员个人的主观判断会影响最终的评价结果，岗位评价委员会需要对岗位评价工作进行监督和指导，其主要职责之一就是审核、批准岗位评价方案，对整个岗位评价的工作过程进行监控，保证岗位评价工作的科学性、严谨性和严肃性，尽可能减少人为因素对岗位评价工作的影响

续上表

职责	标准配备
实施岗位评价	岗位评价委员会需要按照前期设置的工作进度要求，把握好评价标准和评价尺度，客观公正地实施岗位评价工作，从而最大限度地减少岗位评价偏差。除此之外，还要确保岗位评价的最终结果能够被企业和大多数员工所接受
受理相关投诉	虽然岗位评价工作是按照严格的流程，并采用科学的评估方法实施的，但是岗位职级的变化可能会引起员工的质疑、不满甚至是极力反对。岗位评价人员应按照正规流程受理员工投诉，对有争议的结果进行复核，无论结果如何都应耐心地向申诉者解释

（3）对评委的要求

评委主要负责评价，对整个岗位评价工作影响较大，岗位评价委员会应当对评委提出具体的要求。

独立评价。评委在对岗位进行评价时可能对评价要素和评价标准的理解可存在一定差异，这种差异在评价前可以通过培训的方式进行消除。而在进行岗位评价过程中，各评委在打分时必须独立进行，不能相互沟通，以免影响评价结果。

保持良好心态。在评价过程中评委应当保持良好的态度，沉着冷静，对评价过程中存在的争议发表有建设性的建议或意见，同时评委应当注重客观事实，不能发表主观的看法。

工作保密。岗位评价涉及员工薪酬和岗位职级变动，影响员工的利益。所以在工作过程中要控制消息传播，避免相关资料泄露。评委在正式评价结果公布前应进行保密，不能泄露与岗位评价相关的事项或信息，避免造成不好的影响。

6.1.3 选择合适的岗位评价方法

岗位评价的方法较多，在前面的章节中主要介绍了通用岗位评价法和国际岗位评价法。这些方法的难易程度不同，分析结果也不同，企业进行岗位评价应当根据自身特点选择适合的方法。

（1）岗位评价方法分类

岗位评价方法可以分为定性评价与定量评价，具体的分析标准如图 6-2 所示。

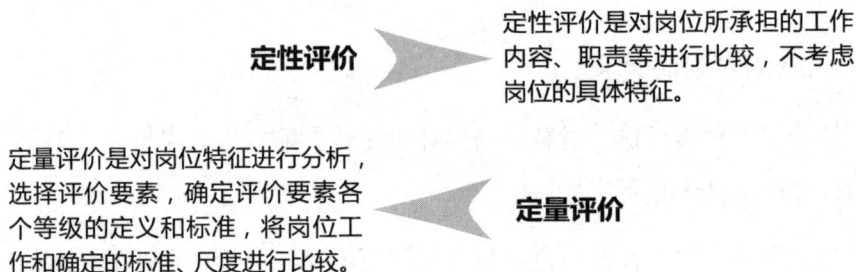

定性评价 → 定性评价是对岗位所承担的工作内容、职责等进行比较，不考虑岗位的具体特征。

定量评价是对岗位特征进行分析，选择评价要素，确定评价要素各个等级的定义和标准，将岗位工作和确定的标准、尺度进行比较。 ← **定量评价**

图 6-2

根据定性评价和定量评价的定义，可以将岗位评价方法进行分类。

◆ **定性评价**：分类法、排序法等。

◆ **定量评估**：岗位参照法、评分法和因素比较法等。

对岗位进行比较的方法分为直接比较法和间接比较法，直接比较法是岗位与岗位间的直接对比，间接比较法是岗位和事先设定的某种标准进行比较。具体分类如下所示。

◆ **直接比较法**：排序法、要素计点法等。

◆ **间接比较法**：岗位参照法、评分法和因素比较法等。

除此之外，国际评价法的共同特征都是根据规定的评价要素及等级标准对岗位进行评价和排序，可以归类为定量评价中的间接比较法。

（2）对比各个岗位评价法

企业要进行岗位评价，就需要选择合适的岗位评价方法。要选择合适的方法，就需要了解各个评价方法的具体特点，适用范围等内容。如果要采用多种方法进行评价，每种评价方法要单独使用，不能混用。

下面对本书前面介绍的岗位评价方法的优缺点及适用范围进行对比介绍，如表6-2所示。

表6-2　岗位评价方法对比

方法	优点	缺点	适用范围
排序法	能尽快确立新的工作岗位等级；能鉴别不合理工资差异	评定人员的组成和各自条件、能力并不一致；缺乏严格、科学评判标准；方法相对简单	适用生产单一、岗位较少的中小企业；适合岗位较少的企业
参照法	节省为岗位评估所花费的时间、精力和成本，且评估的结果具有较高的准确性	标准岗位的选择具有一定难度，其他岗位与标准岗位比较时，也需要一定精确度和说服力	适用于已有岗位排序的小型企业和新增岗位评价
分类法	比较简单；应用灵活，适应性强；对于新岗位的处理较为迅速	岗位等级的划分和界定存在一定难度；较粗糙	适合岗位类别划分清晰的大、中型企业
因素比较法	评价结果较为公正；耗费的时间少；减少了工作量	考评结果受考评人员影响较大；操作复杂，难以进行解释说明	适合大、中型企业管理类岗位
要素计点法	主观随意性较少，可靠性强；评价结果易为人接受；通俗，易于推广	费时，需投入大量人力；有一定技术难度；不完全客观和科学	适合大、中型企业管理类岗位
海氏要素评价法	易于操作和得出较科学的评估结果；具有很强的逻辑性，经得住考验和反复使用；具有指导性和确定性	适用范围过于单一；不太适合于新兴企业的职位评估；片面地强调知识技能、解决问题能力和承担责任能力	适合各类企业和岗位

续上表

方法	优点	缺点	适用范围
美世国际职位评估法	可行性和操作性强；岗位项目细化方法较为科学；有利于提高评估的效率	容易出现生搬硬套，浪费大量的精力和金钱；带有一定的主观性；大小企业评价存在差异	适合各类企业和岗位
翰威特岗位评价法	各要素、权重评价较为客观	对各要素等级要求较为严格	适合各类企业和岗位

6.1.4 岗位评价方案设计

要想岗位评价工作顺利进行，在开展岗位评价工作前就需要设计好岗位评价的方案，使岗位评价工作有章可循。

进行岗位评价，可以选择单一评价方案进行评价，也可以采用多种评价方案进行评价，首先来看岗位评价的要点。

◆ 评价要素的选择

选择评价要素实际上是确定报酬要素，这是岗位评价方案的核心。企业可以选择一种评价方法，使用其规定的评价要素，也可以借鉴一些已有的成熟评价要素，并将自身关注的要素添加进去，开发出适合企业的个性化评价方案。

工作岗位评价要素就相关程度来看，大致可以区分为以下 4 大类。

主要因素。 即高度相关（相关系数在 0.8 以上）或显著相关（相关系数在 0.5 ~ 0.8）的要素。

一般因素。 即中度相关（相关系数在 0.4 ~ 0.5）的要素。

次要因素。即低度相关（相关系数在 0.3 ~ 0.4）的要素。

极次要因素。即相关程度极低或无相关（相关系数在 0.3 以下）的要素。

在确定工作岗位评价要素时，首先应当明确各个要素的重要程度，然后再决定要素的取舍。

在个性化岗位评价方案中，评价要素的数量可以根据企业规模大小、岗位类别多少等因素实际情况进行选择，突出重点要素。

◆　岗位评价指标的设计要求

岗位评价指标也就是进行岗位评价的具体项目，岗位评价需要将评价要素和分级指标进行量化，从而减少评价人员在评价过程中产生的理解误差。岗位评价要素设计时应当遵循以下原则，如表 6-3 所示。

表 6-3　岗位评价要素设计原则

原则	具体介绍
指标界定清晰	在编制评价要素时，应当通俗易懂，含义要清晰，尽量真实客观，定义类可以采用定性描述和定量描述方法，尽量减少评价人员评价过程中可能出现的理解错误或理解困难
唯一性	岗位评价的各要素之间可能存在一定联系，这就要求在设计时尽量避免指标重叠，确保各评价要素的独立性和完整性，避免出现交叉
指标数量适当	在设计评价要素时，要注意考虑岗位分析的数量，数量主要取决于企业岗位的数量以及各岗位在该评价要素上的差异

◆　权重的设计流程

根据权重的不同划分标准，可能会存在不同的结果，但是无论采用哪种权重划分方式，设计流程都应当固定，主要包含以下 5 个步骤，具体介绍如图 6-3 所示。

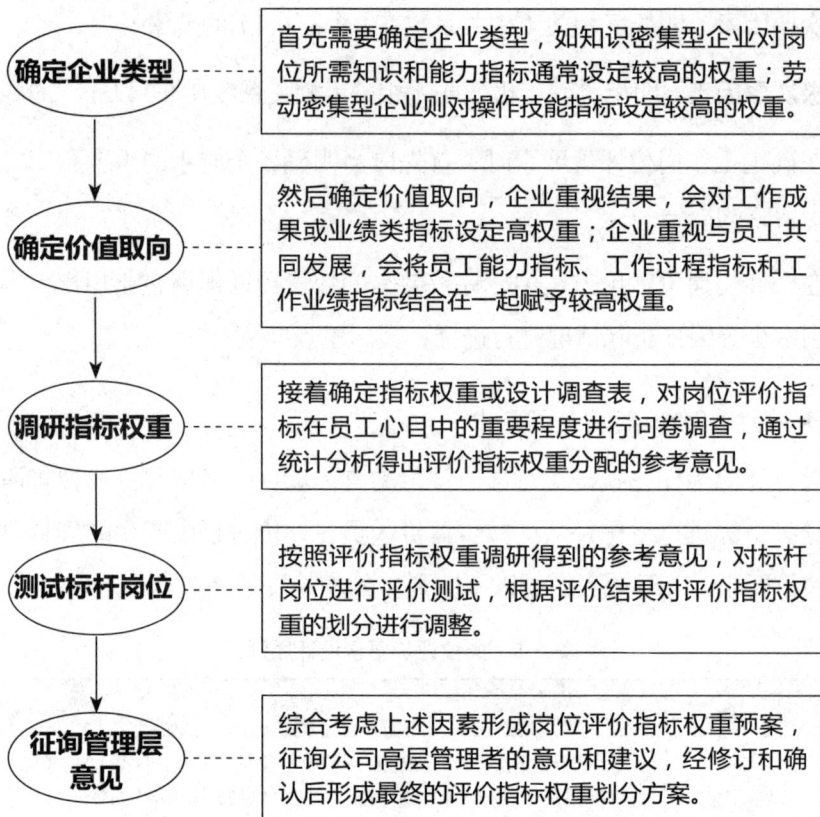

确定企业类型	首先需要确定企业类型，如知识密集型企业对岗位所需知识和能力指标通常设定较高的权重；劳动密集型企业则对操作技能指标设定较高的权重。
确定价值取向	然后确定价值取向，企业重视结果，会对工作成果或业绩类指标设定高权重；企业重视与员工共同发展，会将员工能力指标、工作过程指标和工作业绩指标结合在一起赋予较高权重。
调研指标权重	接着确定指标权重或设计调查表，对岗位评价指标在员工心目中的重要程度进行问卷调查，通过统计分析得出评价指标权重分配的参考意见。
测试标杆岗位	按照评价指标权重调研得到的参考意见，对标杆岗位进行评价测试，根据评价结果对评价指标权重的划分进行调整。
征询管理层意见	综合考虑上述因素形成岗位评价指标权重预案，征询公司高层管理者的意见和建议，经修订和确认后形成最终的评价指标权重划分方案。

图 6-3

除了考虑上述问题外，在制定岗位评价方案时，还需要考虑影响岗位评价方案设计的因素，主要包括如下所示的 5 点。

企业当前的发展阶段。企业所处的发展阶段不同，在评判岗位对公司的贡献以及岗位的价值是不同的。例如，处于高速发展阶段的企业，此阶段的目标主要是扩大市场占有率、使企业高速发展、提升产品质量以及对客户的吸引力，此时对企业贡献最大的是销售、市场拓展、生产以及新产品研发等岗位。

企业业务特点。通常情况下企业的特点决定了企业的发展方向，也决定了岗位评价方案的设计原则。例如，企业为销售型企业，企业战略主要围绕市场，那么岗位评价方案应当重点关注各岗位的销售环节、销售额以及利润率等方面。

岗位评价的成本。岗位评价往往需要收集大量的数据，并需要对数据进行整理筛选，不仅耗费大量的时间和金钱，而且评价的效果也难以保证。企业在考虑进行岗位评价之前，应当考虑时间和金钱成本，同时注重实用性为原则。

评价工作标准。在开展岗位评价工作时需要知道，不同类型的岗位，岗位评价标准、方法、程序等都存在一定差异。在设计评价方案时，应当对岗位评价工作标准进行具体说明，确保岗位评价过程具有公平性，确保评价结果具有可比较性。

企业文化因素。岗位评价是一项复杂的事项，是一次组织变革的过程。不仅如此，岗位评价还与员工的利益相关，要求各级员工积极参与岗位评价方案的设计，在这个过程中让员工对岗位评价工作进行认可，形成一种企业文化，也让评价工作更容易开展。

6.1.5 设计岗位评价相关表单

确定岗位评价方案后，还需要设计岗位评价所需要的表单。主要包括两种，分别是岗位评价评分表和评分汇总表。

岗位评价评分表。该表格主要是用于评委在进行评价过程中进行评分的，如表 6-4 所示。

评分汇总表。评分汇总表是评价结束后，由相关统计人员对所有评委的评分进行统计的表格，如表 6-5 所示。

表6-4　岗位评价评分表

评委编号		岗位评价批次_____					
评价要素与分级指标	权重	岗位1	岗位2	岗位3	岗位4	岗位5	岗位6

表6-5　评分汇总表

岗位名称	汇总得分	初排序号	最终排列序号
岗位1			
岗位2			
岗位3			
岗位4			
……			
岗位n			

6.1.6　做好岗位评价培训工作

岗位评价培训的目的在于提高岗位评价的效率、确保岗位评价的效果，而对专家组进行组织结构调整和岗位设置思想的培训，使他们对各个岗位的职责和性质有一定的了解。

◆　针对岗位评价本身进行培训

培训内容主要是介绍为什么要进行岗位评价、岗位评价的方法、为什么要选择评分法、岗位评价的流程、岗位评价常出现的问题及解决方法、岗位评价的结果与薪资结构的关系等。

在组织培训时，应强调岗位评价针对的是岗位而不是人。岗位评价结果是建立薪酬体系的重要依据，但不是全部依据，从评价得分到最后的薪酬体系还有较长的过程。

除此之外，应重点向专家们解释评价表的因素定义和权重，使各位专家清楚各评价因素的含义和评分分级的标准。

◆ 标杆岗位试打分

专家组对照职务说明书，对标杆岗位的不同因素分别进行打分。通过对标杆岗位的试打分，专家组成员可以熟悉岗位评价的流程。同时，还可以发现问题并及时进行解释，消除专家组成员对评价表中各项指标理解的过大差异，建立合理的打分标准。

在打分过程中如果出现某个因素的打分差异过大，则说明专家评委对该岗位的理解存在较大的差异或分歧，需要重新进行打分。

◆ 介绍岗位评价方案

对岗位评价方案的具体内容进行详细介绍。

一是介绍岗位评价方案的设计原理和理念，逐一解释评价要素和要素分级指标，消除各位评委在理解上的偏差。

二是介绍岗位评价方法从打分、数据整理到最终排序的操作过程和操作注意事项，确保所有评委达成共识。

◆ 解读现有岗位说明书

岗位评价培训工作的一个重要环节就是解读现有岗位说明书，让评委能够掌握各岗位的工作职责、职权以及任职条件等重要内容，从而确保评价打分的准确性。

◆ 强调工作纪律

在岗位评价培训中，需要明确告知评委人员应当遵守的工作纪律，以及注重保密性。

6.2
评价信息实施与反馈

完成了岗位评价的前期准备工作后，接下来就是正式开展岗位评价工作。岗位评价工作主要分为 3 个步骤，如图 6-4 所示。

```
┌──────────┐      ┌──────────┐      ┌──────────┐
│ 实施岗位评价 │      │ 岗位评价的  │      │ 岗位评价结果 │
│  的准备工作 │      │  数据处理  │      │  的最终审定 │
└──────────┘      └──────────┘      └──────────┘
```

图 6-4

6.2.1　岗位评价实施的准备工作

在前面章节介绍了岗位评价与岗位分析的关系，在进行岗位评价时，可以在岗位分析的基础上进行。

通过对岗位的职责、任职条件以及权限内容进行梳理，明确岗位任职原则，了解城市和企业当前状况的岗位评价体系，在这种情况下，就可以通过直接选择标杆岗位展开岗位评价工作。

如果企业没有事先进行系统的岗位评价工作，在评价实施阶段需要完善的工作包含如下所示的内容。

（1）对企业现有岗位体系进行梳理

梳理现有岗位主要是指根据企业规模大小、业务种类和所设置岗位的数量多少对岗位体系进行梳理。岗位体系的梳理是为了明确岗位设置原则、清理合并岗位、规范岗位名称以及对现有职等职级进行审视，具体内容如下。

◆　岗位设置原则

企业的岗位设置往往根据业务发展变化进行增减或更新，在不同的发展阶段，岗位设置的原则可能不同。

①岗位的设置更多地考虑如何完成某项工作，也就是从"事"的角度考岗位的增减。

②也有一部分岗位的设置是从管理幅度与宽度的角度考虑的。

③还有少部分岗位则是因人设岗。

最初设置岗位所考虑的因素，随着不断地发展有的因素已经不复存在了。因此，在岗位评价实施前，需要明确岗位设置原则。

在设置岗位设置原则时，要考虑企业所处行业、发展阶段、业务模型以及企业文化等因素，从而保证岗位评价顺利施行。

◆　清理合并岗位

明确岗位设置原则后还需要对现有岗位进行合并清理，去掉冗余岗位。按岗位类别不同进行分类，对每一类进行清理。

对工作职责、岗位权限相似或交叉的岗位进行重点分析，并结合岗位设置原则进行综合考虑，对类似岗位进行合并。例如，某企业按照销售业绩，将销售人员进行分类，分为初级销售员、中级销售员和高级销售员；按照另一种分类规则，又分为市场销售人员、售后销售人员和调研销售人员。此时，应结合业务流程等因素，对岗位进行合并。

◆ 对岗位名称进行规范

规范岗位名称工作是在清理合并岗位的同时进行的工作。企业中很多岗位的设置都是根据企业自身的工作需要而设置的，不符合企业的整体需要，显得混乱。这样不利于岗位评价的开展，必须进行规范化整理。例如，财务部门中存在文员、财务专员、财务助理等岗位，较为相似，在规范岗位名称时可以统一为财务助理。

除此之外，规范的岗位名称也有利于企业的招聘工作，让外部应聘人员能快速了解岗位职责及工作内容。

知识延伸｜审视职等职级

随着企业的不断发展，原有的岗位变更可能产生新的岗位，在梳理岗位体系时需要对职等职级进行梳理、微调，判断岗位级别划分是否合理。

（2）标杆岗位的选择

对于小型企业，在岗位不是很多的情况下，可以对所有的岗位进行评价。而对于大型企业来说，岗位数量多，结构较为复杂，评价工作费时费力。

为了提高岗位评价工作的效率并取得预期的结果，需要选择一部分岗位职责和岗位任职条件近似的岗位作为标杆岗位进行评价，其他非标杆岗位则通过与标杆岗位进行比较来排列价值顺序。挑选原则如表6-6所示。

表6-6　标杆岗位挑选原则

原则	具体介绍
挑选数量合理	标杆岗位的数量应当结合岗位的工作内容、岗位重要程度以及工作流程等因素确定。建议挑选全部岗位的20%作为标杆岗位。岗位数量过多，起不到提高岗位评价工作效率的作用；岗位数量过少，标杆岗位缺乏代表性，覆盖不够全面，非标杆岗位的价值很难根据标杆岗位的评价结果进行具体衡量

原则	具体介绍
方便比较	标杆岗位是为了岗位评价工作而设定评价基础，为岗位价值体系建立参照系。标杆岗位应选择较长型的岗位，避免选择临时性岗位或是不具代表性的岗位。选择的标杆岗位应当职权鲜明，方便对同一类岗位进行对比
较为全面	标杆岗位应当能够完全覆盖企业的所有岗位，在岗位类别和管理层次上都具有明显的代表性，能够反映所有岗位的职能特征和要求。既不能只选择重要岗位忽略非重要岗位，也不能只选择与业务、营收关系密切的岗位，忽略业务支撑与后勤保障岗位，还要做好层次搭配

（3）岗位说明书的阅读与修订

通过岗位分析后会制定岗位说明书，选择好标杆岗位后，需要对标杆岗位的说明书进行修订。进行岗位说明书的修订需要选择合适的岗位分析方法，最常使用的是访谈法，与标杆岗位的直属上下级进行访谈，对岗位说明书的具体内容进行确定。应注意下3点内容。

组织结构和管理关系。首先分析岗位在组织结构中处于什么位置，看管理关系是否因业务调整而发生变化。组织结构和管理关系的变化会影响岗位的权限调整和员工职业发展通道的设计。

岗位工作主流程。修订岗位说明书时应重点关注岗位工作的主流程，对岗位工作主流程的梳理将影响岗位工作职责和任职条件的调整。

岗位说明书其他要项。按照企业确定的岗位说明书模板，对其他要项进行修订，对岗位名称、直属上下级、管理人数等项目进行调整。

前面提到进行岗位评价的评委应当对目标岗位的岗位说明书有所了解，因此，修订完成后应当向评委介绍岗位说明书，确保评委不对岗位说明书存在理解上的偏差。

（4）确定在何时何地开展评价会议

因为参加评价会议的人员较为广泛，涉及的层级较多，所以要事先与各位评委确定时间，方便其合理安排自己的时间，保证会议的出场率。除此之外还要确定会场环境，确保会议能够成功召开。

评价地点的选择主要有企业内部和企业外部两种，如表6-7所示。

表6-7 评价会议地点

地点	具体介绍
企业内部会议	如果需要评价的岗位和数量较少，可以选择在企业内部开展评价会议。人力资源部门需要事先准备会议室、扩音设备、投影仪、电脑、白板等硬件并对会议室进行功能区划分和布置，划分主持人位置、评委席和数据处理席等。此外，还需做好各项后勤保障工作，根据会议需要准备好相关设备、用具，如笔、纸等。在企业内部举行岗位评价会议时，应确保会场内外安静，确保会议室相对封闭，各种通信工具须关闭，必要时统一保管
企业外部会议	如果评价类别和岗位评价数量较多，可以选择一个生活条件及设施设备齐全的酒店举行岗位评价会议。在企业外部举行岗位评价会议可以最大限度地避免各种外界因素的影响，提高评价工作效率。人力资源部门除了要事先布置会议室和做好信息保密工作外，还需要提前安排好评委的食宿及交通，保证评委的营养和休息。外部举行岗位评价会议需要一定的成本费用，人力资源部门也应事先提交相关预算

（5）评价会议主持人的选择

主持人对于评价会议能否正常举行起着重要的作用，在选择时需要具备以下条件。

◆ **了解评价工作**：会议主持人应当了解评价工作，最好拥有评价经验，了解各个环节。如果有外部咨询公司参与岗位评价，可由外部经验丰富的咨询人员担任；如果由企业内部人力资源部负责，可以选择人力资源部资深工作人员担任。

◆ **熟悉被评价岗位**：会议主持人需要熟悉被评价岗位的基本情况，在评价会议前应认真研读岗位说明书。

◆ **具备控场能力和应变能力**：在岗位评价会议进行过程中，主持人负责宣读岗位说明书，宣布打分结果，组织评委讨论评分结果的合理性。如有争议，主持人应具有现场控制能力和应变能力，按照预案组织讨论或复评。

（6）岗位评价的具体实施

岗位评价会议开始，主持人应当介绍岗位评价工作的意义、注意事项、评价工作的整体流程等，让评委人员心里有数。

岗位评价工作正式实施阶段的具体流程如图 6-5 所示。

①宣读岗位说明书

主持人宣读目标岗位的岗位说明书，评委对照文本进行研读，对其中存在理解偏差的内容向主持人提出，由主持人进行解答，化解差异、统一理解。

②根据要素打分

在评委评分前，主持人可以介绍评价要素的权重、分值范围等信息，但不可用语言继续引导，评委根据评价要素进行匿名打分。

③宣读打分结果

所有评委评价结束后，由现场的工作人员对评价分数进行处理、汇总及核算，最后由主持人宣读评分（有时需要根据要求去掉最高分和最低分）。

④处理争议及复评

在评价过程中评分可能存在差异，导致评价结果无效的情况。主持人应当组织进行复评，对于评委提出异议的岗位，主持人应按照预案组织评委讨论，最终达成一致。不能达成一致的，可以按照事先约定的"少数服从多数"原则进行判定。

⑤确定最终评分

对所有评分结果达成一致后，主持要宣布评分结果，并告知评委结果还需提交审核，并要求评委保密。

图 6-5

6.2.2　岗位评价的数据处理

根据图 6-5 介绍的岗位评价工作实施的具体流程可知，在岗位评价的过程中涉及的数据量较大，如果使用传统的纸质记录方法进行记录和计算，效率较低，而且在计算过程中可能出错。因此，可通过电脑进行记录和计算，并配备相应的工作人员，提高效率。

◆　安排数据处理人员

为了保证评价会议高效进行，不浪费不必要的时间，应根据评委的数量分别配置专门的数据录入人员和数据处理人员，确保数据记录、录入以及处理工作高效进行。

根据实际工作总结，每 8 ～ 10 名评委应配备两名录入人员和两名数据处理人员。除此之外，在岗位评价前应对录入人员和数据处理人员进行培训。在评价会议开始前的准备阶段，应当事先在电脑中利用 Excel 设计好数据录入表格，并设置数据处理公式和数据处理验证公式。如图 6-6 所示为 Excel 制作的评分汇总表模板。

图 6-6

◆ 数据高效录入

为了保证不会因为错误录入导致最终结果出现偏差，每一位评委的打分数据都最好由两位数据录入员分别录入，录入完成后对录入数据进行比较，确保录入的准确性。

◆ 录入数据的处理

数据处理是对录入的数据按照一定规则进行处理，从而获取最终结果。数据处理是根据事先确定的岗位评价规则对收集的数据的有效性进行判断的过程。

在数据处理时，两名数据处理人员应分别根据既定的规则对数据进行处理，通过对比处理结果确定是否处理正确。

常见的方法是去掉一个最高和最低得分，然后对数据进行筛选，最后对筛选出的数据进行方差计算和标准差计算。方差和标准差都反映了数据与平均值的离散程度，数据的离散程度较大，说明评委在岗位评价过程中对评价要素的理解差异较大；数据的离散程度较小，说明评委对岗位评价要素的理解基本一致。

◆ 结果处理

如果数据的离散程度超过了事先规定的数值，数据处理人员应将情况反馈给岗位评价会议主持人，由主持人组织评委复评。

全部岗位评价数据处理完成后，应对评价岗位得分按照由高到低的顺序进行排序，并将最终结果交由主持人当场宣布。

6.2.3 岗位评价终审评定

完成岗位评价工作后，人力资源部门还需要对岗位评价工作获得的数据和各岗位的排序结果进行再次审核。将评价得出的排序与企业的实际情况进行对比，如果存在差异，可以根据实际情况进行微调，使评价结果与企业当前状况相符合。

对于大型企业而言，如果选择了标杆岗位，则评价结果为标杆岗位的评价结果，还需要根据岗位类别对外其他岗位进行排序。这个过程可以由人力资源部完成，也可以再次组织评委进行打分评价，最终形成完整的岗位评价结果。

在所有的岗位评价完成后，人力资源部负责组织岗位评价的人员还要编制岗位评价报告文档，并提交给公司领导审批，审批通过后将评价结果在企业内部进行公示，即可完成整个评价工作。

第七章

岗位分析与职位说明书的应用

通过岗位分析可以制作职位说明书，岗位分析和职位说明书又可以在企业的各项工作中进行实际应用，例如可以用作员工招聘、员工培训以及绩效考核。

7.1
岗位分析与员工招聘

通过岗位分析可以生成职位说明书，职位说明书主要是对岗位进行具体描述，包括岗位职责、工作内容等。当企业因为各种原因需要招聘新员工时，岗位分析和职位说明书可以作为招聘依据。

7.1.1 如何确定招聘信息

在正式开始招聘工作之前，需要确定招聘岗位设置的目的和意义、岗位的职责权限以及任职资格等信息。

◆ 明确岗位设置的目的和意义

岗位设置的目的和意义是招聘前需要重点确认的，岗位设置的目的和意义不明确，求职者难以明确该岗位的具体意义。在设置时，主要需要考虑两个问题。

①企业为何要设置该岗位？

②从事该岗位后，工作结果对企业有何种帮助或提升？

◆ 明确岗位职责与权限

招聘岗位的职责与权限往往是求职者特别看重的，主要包括工作职责、工作内容以及完成工作能够获得的权限。这些内容都关系到具体工作，合理的岗位职责和权限往往能够获得求职者的认同。

◆ 明确岗位工作关系

工作关系主要是指该岗位工作者在工作中需要与哪些部门的员工进行沟通，或是需要与哪些外部人员进行沟通。此外，岗位工作关系中还需要说明该岗位的所属部门，受谁的监督，以及需要监督哪些岗位。

◆ 岗位的任职条件

岗位任职条件是岗位招聘信息中需要重点列明的，因为这关系到求职者自身条件能否与任职条件相匹配。在职位说明书中也列示了各岗位的任职资格以及需要具备的资质。主要包括任职所需的知识技能、学历、工作经验、综合素质、工作能力以及职业道德等。

7.1.2 招聘信息的发布

通常情况下，确定了招聘信息的内容，并进行审核后，就需要将招聘信息发布出去。这样求职者看到招聘信息后，才会向企业投递简历，从而推进招聘工作的开展。

通常企业发布的招聘信息应当包含以下内容。

企业基本信息。 主要包括企业名称、企业性质、经营范围以及企业具体规模等。

招聘岗位信息。 主要包括岗位名称、所属部门、年龄、身体（心理）条件、招聘人数、学历、工作经验、工作职责、工作地点以及其他岗位信息。

其他信息。 包括联系电话、联系人、招聘截止时间、福利待遇、面试地址以及面试注意事项等。

知识延伸 | 常见的招聘方式

较为传统的招聘信息发布方式主要是通过人才市场招聘、在企业附近公示招聘信息以及通过报纸等媒介公示招聘信息。如今互联网较为成熟，大多数企业都是通过互联网发布招聘信息，例如通过人才网等各类招聘平台（如智联招聘、前程无忧等）进行招聘。

下面来看具体的招聘信息。

| 范例解析 | ××企业××软件开发工程师招聘信息

图7-1所示为××企业在互联网上发布的××软件开发工程师的相关招聘信息。

职位描述

公司福利： 交通补贴 加班补助 通讯补贴

职位类型：计算机/互联网/通信
发布时间：2020-04-14
有效日期：2020-04-29
基本要求：年龄不限 ｜ 性别不限
工作地点：成都

职位描述：
岗位职责：1.负责上位机软件开发及部署。2.负责上位机软件功能块设计。3.分析、设计上位机组态软件架构。4.根据项目要求编写上位机软件相应的功能模块。5.对市场无法解决的疑难问题提供软件解决方案、向现场实施人员提供现场调试帮助。6.向市场提供软件技术支持。
岗位要求：1.熟悉C#或者VB.net语言及类库等。2.熟悉使用VS 2008,VS 2010等开发工具。3.熟悉 第三方控件的运用和开发。4.对软件架构及分层模式有一定的理解。5.熟悉一般通讯协议（串口、TCP/IP）程序的编写调试。6.对OPC通讯有一定的理解。7.熟悉sql server，oracle数据库中的一种的应用。8.熟悉编写数据库储存过程，触发器，写的SQL语言能高效运行大型数据库。9.有一年以上的工业组态软件开发经验（优秀大学毕业生可培养，提供C#/.NET上位机软件开发培训）10.高度的责任心及团队协助能力，具有很强的客户服务意识。11.年龄30岁以下，适应短期出差。
薪资福利：年薪8~15万+年终奖+专业培训（需短期出差）

工作地址：

成都▮▮▮▮▮▮▮▮▮▮▮▮▮▮▮

图 7-1

在该岗位招聘信息中主要介绍了职位类型、年龄和性别要求、岗位职责、岗位要求以及工作地址等信息，内容较为全面，求职者能够从中获取需要的信息。

7.1.3　如何甄选应聘人员

招聘信息发布后，企业会收到大量的应聘简历，但企业往往要招聘的人数有限，对质量也有一定要求。因此，需要对应聘人员进行筛选。

（1）简历筛选

判断一份简历是否合格，主要需要判断简历与该岗位的工作规范和要求是否相符，如果符合程度较低，则应当被淘汰。筛选的过程就需要参考岗位分析结果，从以下 5 个方面进行考量。

◆ 简历应当具有一定的层次，能够突出重点，而不是千篇一律地套用模板。

◆ 应聘者的学历、专业等是否符合要求。

◆ 应聘者的工作经验和培训经历是否符合要求。

◆ 招聘岗位所需的技能、经验是否符合岗位需要。

◆ 通过背景调查，了解简历中工作经历、学历以及任职情况等信息的真实性。

（2）面试筛选

简历中表现出的信息（技能、能力等）大多难以实际考量，因此还需要进行面试，对应聘者的各项信息进行核实。主要方法包括笔试、面谈、测试以及考察等。

通过以上两个步骤，基本上就能够完成应聘人员的筛选，不同的企业筛选流程并不相同，这也与企业的性质相关。

7.2
岗位分析与员工培训

除了员工招聘外，员工培训与岗位分析的关系也较为密切。企业要组织员工培训，首先需要确定培训的具体需求，只有具有针对性的培训，才能够起到培训的效果。

7.2.1　明确培训的需求

为了不浪费企业的人力物力，增加企业的负担，切实提升培训质量，确定培训需求十分有必要。要明确培训需求，可以借助岗位分析和职位说明书。因为岗位分析明确了各岗位的具体工作内容，以及各岗位对应的知识、技能和能力要求。

（1）培训需求分析

培训需求分析主要是指在开展培训工作之前，通过一定的方法对企业成员的工作技能、知识以及目标等方面进行研究，从而确定是否需要进行培训，如果需要进行培训，那么培训项目、内容是什么。

培训需求分析与研究主要包含如下所示的一些方面，分别是企业组织分析、工作内容分析以及岗位人员分析，即 Goldstein 分析模型，如图 7-2 所示。

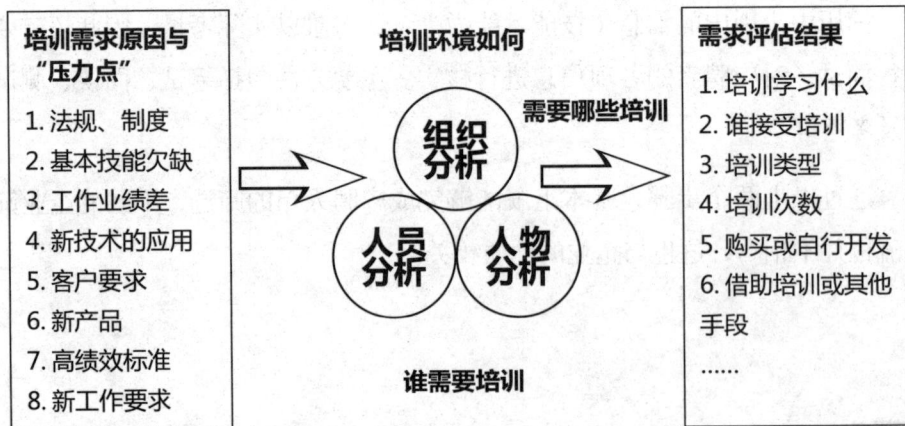

图 7-2

知识延伸｜其他分析模型

除了 Goldstein 分析模型外，还可以使用培训需求差距分析模型、前瞻性需求分析模型、胜任特征模型以及标杆分析模型进行分析，这是使用率较高的五大分析模型。

其中，对人员进行分析主要是分析员工的工作能力、绩效表现等，从而确定需要培训的项目是什么，以及哪些人员需要参加培训。人员分析的要点如下所示。

①某岗位工作者要按照要求完成工作需要具备哪些条件。

②岗位任职者是否具备该岗位规定的知识和技能，是否符合标准。

③工作者的绩效考核情况，其中存在不足的方面。

④如果员工绩效考核不理想，还需要分析绩效不理想的原因。

⑤统计员工绩效考核中能够通过培训弥补的不足之处。

由此，可以看到岗位分析和职位说明书对培训需求分析的影响。

（2）培训需求确认

根据前面介绍的分析模型可以知道，培训需求确认的内容有谁参加培训、培训的内容是什么以及通过培训需要达到什么样的效果。

除此之外，对于员工绩效考核中存在的差距，需要进行具体分析。如果是因为客观原因，则需要及时反馈，并进行调整。如果是员工自身存在问题，则需要考虑是否进行培训。

由员工自身原因导致的绩效差距，并非都能通过培训解决，例如员工心态问题、性格问题导致的工作效率低下，通过培训难以调整。因此，在进行培训需求确认时要注意。

7.2.2　培训方案组成要素

企业要组织培训，就需要制作具体的培训方案，对整个培训过程进行规范和管理。培训方案则是培训目标、培训内容、培训指导者、培训对象、培训时间、培训场所以及培训方法等的整合。确定了培训需求后，还需要确定培训方案的具体内容。

（1）培训内容的选择

针对不同类型的培训人员，设置的培训内容应当不同。这里主要分为两类，分别是新入职员工和企业在职员工。下面分别对这两类人的培训内容进行介绍，如表 7-1 所示。

表 7-1　不同类型员工培训内容的选择

类　　型	培训项目 / 人员	培训内容
新员工培训	企业简介	①企业的基本情况；②内部的组织结构，各部门组成；③企业的发展历程、现状
	企业文化	①企业整体价值观；②企业的目标（长期、短期）；③企业经营理念；④企业的市场定位
	规章制度	①公司管理制度；②员工的行为规范；③各岗位的职位说明书
	薪酬福利	①各个岗位对应的薪酬结构；②企业的相关福利
	知识技能	①从事该岗位工作需要具备的基本技能；②从事该岗位所需的知识；③该岗位员工应具备的基本素质
	职业规划	①评测员工的职业发展潜能；②帮助员工确定职业发展目标；③介绍各职位的发展通道
	其他	①企业考勤方式；②考核方式及申诉途径；③企业内的奖励与惩罚；④企业的请假和休假管理；⑤培训的考核方式
在职员工培训	生产 / 管理人员	①新生产设备使用培训；②新的生产技术培训；③岗位晋升、轮换培训；④生产管理培训；⑤安全生产培训；⑥设备保养、简单维修培训；⑦库存管理；⑧生产异常管理等
	研发人员	①研发相关新知识、技能培训；②项目业务培训；③安全技术培训；④研发工具使用培训

续上表

类　　型	培训项目 / 人员	培训内容
在职 员工培训	人力资源管理人员	①人事管理相关法律法规；②工伤管理相关法律法规；③企业的人员招聘、录用；④企业绩效管理；⑤岗位分析、评价及岗位说明书的编制；⑥劳资纠纷和工伤纠纷处理；⑦企业文化建设等
	财务人员	①国家新政策、要求培训；②财务人员技能提升培训；③部门新岗位工作内容培训；④财务人员综合素质培训；⑤财务人员保密培训

（2）培训指导者的确定

培训指导者是负责培训的重要人员，选择时需要慎重。 培训指导者可以来自企业内部，也可以来自企业外部。

◆ 内部资源包括企业的领导、具备特殊知识和技能的员工。

◆ 外部资源是指专业培训人员、公开研讨会或学术讲座等。

外部资源和内部资源各有优缺点，制订培训计划时应根据培训需求分析和培训内容来确定。

（3）培训方法选择

可供企业选择的组织培训方法有很多，且不同方法的特点各不相同，常见的方法包括讲授法、演示法、案例分析法、讨论法、视听法以及角色扮演法等。

通常情况下为了提高培训质量，达到培训目的，往往需要将各种方法配合起来灵活运用。

（4）培训方案的评估完善

培训方案设计完成并不意味着结束，通常还要进行多次评估和修改。

方案的测评主要包含 3 个方面，具体介绍如下。

◆ 从培训方案本身考察，评测培训方案各要素是否合理，前后是否协调一致。

◆ 从培训对象考察，看培训对象参加培训前后的行为改变与预期是否一致，如果相差较大，则需要针对性地调整。

◆ 从实际效果考量，分析培训受益与成本的大小。若是培训的受益小于投入的成本，则此方案不合理，需要调整；若培训的受益大于投入的成本，则此方案可行。

7.3

岗位分析与绩效管理

绩效管理是指各级管理者和员工为了达到组织目标，共同参与的绩效计划制订、绩效辅导沟通、绩效考核评价、绩效结果应用及绩效目标提升的持续循环过程，绩效管理的目的是持续提升个人、部门和组织的绩效。

7.3.1 岗位分析与绩效考核的联系

绩效管理对企业来说较为重要，考核结果可以为人事调整、薪酬调整以及培训等提供依据。

岗位分析与绩效考核的联系如下所示。

◆ 工作分析是进行人力资源管理的一项基础工作，也是绩效管理工作开展的基础。

◆ 岗位分析得出的岗位职责和工作内容是绩效考核主要参考的内容，如销售人员的主要职责是销售产品，绩效考核标准则是销售量或是销售额。

◆ 岗位职责还能够帮助确认某项工作的重要程度，单项任务占用时间越多，比例越大，则表示该项工作的重要程度越高。

◆ 岗位分析结果中还包含了该岗位的工作联系（包括内部、外部岗位、人员），这主要决定其绩效评估结果由谁负责接收。

◆ 绩效管理也可以作为验证岗位分析是否合理的依据，企业可以根据绩效管理中发现的问题重新优化岗位分析结果。

◆ 企业如果不进行岗位分析或是岗位分析结果不合理，可能导致绩效管理出现问题。

由此可以发现，岗位分析与绩效考核的关系较为紧密，常常需要将两者结合起来分析。

7.3.2　绩效考核指标与标准的确定

绩效考核的过程中，某一岗位的具体表现情况通常使用绩效考核指标来确认和衡量。其中的关键指标则是指该岗位能够影响企业价值的关键因素。

因此，关键绩效考核指标与岗位职责有一定关联。岗位职责通常由岗位分析确定，是一个岗位较为核心的工作内容和特征，最终通过职位说明书进行体现。

如果要通过岗位分析确定关键的绩效考核指标，需要注意表 7-2 所示的两个关键点。

表 7-2　岗位分析确定关键绩效考核指标的关键点

关 键 点	具体介绍
明确岗位职责	通过岗位分析可以确定岗位职责，然后对岗位职责进行具体分析，得出每项职责在实际工作中的工作产出。换句话说，就是该项岗位职责产生了什么具体后果

续上表

关 键 点	具体介绍
确立绩效标准	根据上一关键点中分析出的各项岗位职责的产出结果，从数量、质量、成本以及满意度等方面设置评估标准，使评价指标明确

由此可以看出职位说明书对绩效评估的重要性，职位说明书不仅能够对员工的工作起到指导作用，还能够使绩效考核有据可依，使整个绩效考核工作更加客观。

7.3.3　明确绩效考核关系

明确绩效考核关系主要是指弄清楚绩效考核的考核方式，即由谁进行绩效考核？绩效考核的对象是谁？

被考评者通常容易确定，如果确定了被考评者，那么还需要确定由谁进行绩效考核，即考评者。考评者的确定可以参考3个因素，分别是考评者类型、考评目的以及考评指标和标准。

在以上3个因素中，考评目的是最为关键的，下面列举相应的考核情况进行介绍。

◆　考核员工的综合素质

如果要考评员工的综合素质，则考评者的挑选应当较为广泛。可以由其主管领导进行考核，同时由其同事进行评价，再由其自己进行自评，必要时还可由其下级或是接触的客户等进行综合评价。这种方法综合性较强，也更加全面。

此外，在设计考核指标时也需要注意，应当考虑指标的全面性，不能过于侧重某一点，从而与整体评价的意义相背离。

◆ 考核员工的绩效情况

如果要对员工的绩效情况进行考核，或是为了了解员工的近期绩效提高情况，则可由员工的直接主管上级进行评估考核。这是因为直属上级主管通常对该员工比较了解，有助于绩效考核工作的开展。

这种情况下，考核指标的设计就应当具有一定的针对性，主要针对员工的绩效情况或是绩效变化情况，其他一些次要考评指标则可以弱化或是直接省略。

◆ 其他特殊情况考核

除了前面介绍的两种考评情况外，针对一些特殊岗位或工作职责，可以采取特别的考核方式。

例如，需要对企业对外维修人员的工作情况进行考核，这时直属主管人员了解的情况可能就不够全面，不能真实了解员工对外工作情况。这种情况下则可以通过向其服务的客户了解其工作情况、服务质量情况，从而对其进行评估。

或是要对企业内部负责培训的人员进行评估，直属上级的评价则过于片面，此时可以向其培训的学员了解情况，获取其最真实的工作情况，进行更准确的判断。

以上内容在明确考核关系时，会运用到一些不同的方法，可以分为主管考评、自我考评、同事考评、下属考评和客户考评，下面具体介绍各种方法的特点，如表7-3所示。

表7-3 各种考评方法介绍

方　　法	具体介绍
主管考评	指上级主管对下属员工的考评，这种由上而下的考评，由于考评的主体是主管领导，所以能较准确地反映被考评者的实际状况。但有时也会受主管领导的疏忽、偏见、感情等主观因素的影响而产生考评偏差

续上表

方　　法	具体介绍
自我考评	指被考评者本人对自己的工作实绩和行为表现所作的评价。这种方式透明度较高，有利于被考评者在平时自觉地按考评标准约束自己，但最大的问题是考评结果可能偏高
同事考评	指同事间互相考评，这种方式体现了考评的民主性，但考评结果往往受被考评者的人际关系的影响
下属考评	指下属员工对他们的直接主管领导的考评，一般选择一些有代表性的员工，用比较直接的方法，如直接打分法等进行考评，考评结果可以公开或不公开
客户考评	许多企业把顾客也纳入员工绩效考评体系中，在一定情况下，顾客常常是唯一能够在工作现场观察员工工作的人，此时，他们就成了最好的绩效信息来源

知识延伸｜360°绩效考核法

　　360°绩效考核法主要是对与考核对象相关联的人员进行考核，维度多元化（通常4个或4个以上），主要通过员工自己、上司、同事、下属、顾客等不同主体来了解其工作绩效，适用于对中层以上的人员进行考核，如图7-3所示。

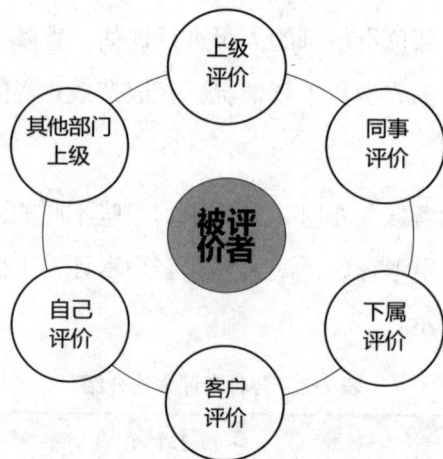

图 7-3

7.3.4 不同职位特性的绩效管理

对于绩效管理工作来说，最大的难度是各个岗位的特征、性质各不相同，因此，其对应的绩效管理也会有所差异。

企业中职位的不同性质大致可以分为3类，具体介绍如下。

①在企业中有的岗位的工作独立性要求较高，要求岗位任职者具有较高的自主性，能够根据自身拥有的知识完成企业工作，例如企业内部的高级管理人员。

②部分工作岗位，岗位独立性要求较低，或是自由度较低，而受控制的程度较高，需要任职者按照规定好的流程，按部就班地完成工作，例如车间加工、流水线生产人员等。

③部门岗位的工作有的是需要任职者独立完成，有的则需要与其他部门或岗位的工作者协同完成，例如人力资源工作者、项目经理等。

那么对于这些职位特性各不相同的岗位，在实际操作中，应当如何确定绩效管理模式呢？

①对于独立性高、自主性强的工作，过分地关注工作过程中的细节并没有太大的意义，因为这类工作的过程没有明确的规定，无法进行量化比较。所以，这类工作通常关注点（绩效管理重点）在于工作结果。

②对于受控制程度高、自由度较低的工作，其工作结果需要关注，更需要关注工作过程中的细节，因此，工作质量和工作结果都需要考量。

③还有部分自主工作与协同工作都包含的岗位，绩效管理的过程中需要考量的点就更多，例如协同能力、工作效率以及工作成果等。

除了前面介绍的这几种，还有一些较为特殊的岗位，其绩效管理模式较为特殊，下面进行具体介绍，如图7-4所示。

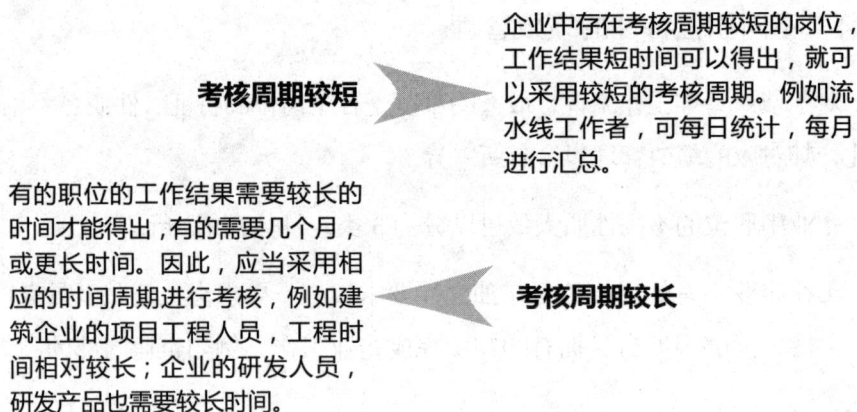

考核周期较短

企业中存在考核周期较短的岗位，工作结果短时间可以得出，就可以采用较短的考核周期。例如流水线工作者，可每日统计，每月进行汇总。

有的职位的工作结果需要较长的时间才能得出，有的需要几个月，或更长时间。因此，应当采用相应的时间周期进行考核，例如建筑企业的项目工程人员，工程时间相对较长；企业的研发人员，研发产品也需要较长时间。

考核周期较长

图 7-4

由此可见，岗位分析与企业绩效管理之间的关系较为密切，人力资源工作者在进行绩效管理时，需要参考岗位分析数据。

第八章

设计岗位评价与薪酬体系

通过岗位评价能够确定各个岗位的价值，对岗位进行排序，这样有利于与企业薪酬产生联系，有助于确定各岗位在薪酬体系中的等级。因此，岗位评价是建立合理薪酬体系的基础。

8.1
岗位评价与薪酬管理

岗位评价立足于岗位，能够方便企业从劳动多样性的角度设计薪酬，依靠价值定待遇，使不同职位之间的比较科学化、规范化，让员工相信公司每个职位的价值都反映了该职位对公司的贡献。

8.1.1 薪酬的构成与相关介绍

薪酬是指员工向组织提供劳务，而获得的各种形式的酬劳。如今，常说的报酬是指广义的报酬，即货币报酬和各种非货币形式的满足和集合。

（1）什么是薪酬

薪酬从字面意思可以分为薪和酬，两者具有不同的含义，但在实际使用过程中通常是连在一起使用的，下面具体对"薪"和"酬"进行介绍。

薪。通常指薪水，可以用现金、物质来衡量的个人回报都可以称之为薪。在进行成本预算或工资计算时的数额也是薪。

酬。通常指报酬，主要是指非经济性报酬，是精神层面的酬劳，不用实物来衡量。例如好的工作环境、有趣的工作以及合理的管理策略等。通常是企业用来吸引和留住人才的手段。

对于一个企业来说，薪酬配比要合理，不能只有薪，而没有酬。如果一个企业没有精神、管理混乱、没有前途，员工就容易缺乏安全感，而更加重视薪资，将双方的关系变为单纯的交换，这样是不好的。

薪和酬应当在企业中同时具备，这样的企业才是正常的、具有发展前景的公司。除此之外，薪和酬也可以称之为外在薪酬和内在薪酬，具体介绍如图 8-1 所示。

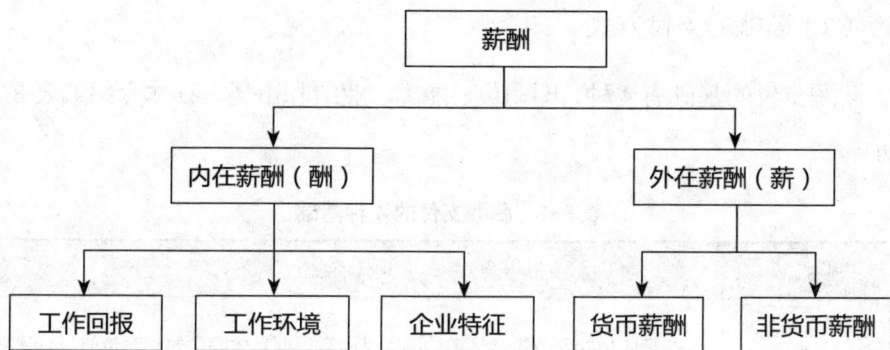

图 8-1

下面具体对内在薪酬和外在薪酬所包含的内容进行介绍。

◆ **工作回报**：工作回报是指工作给员工带来的感受。如工作乐趣、工作的挑战性、工作成就感、个人发展、个人成长以及工作的责任感。员工获得的工作回报对于员工的工作效果和心态有较大影响。

◆ **工作环境**：工作环境主要包含两个方面，分别是实际工作环境、企业的管理和政策等。如合理的政策、舒适的工作环境、便利的通讯、恰当的管理以及合理的工作时间等。工作环境对员工影响较大，企业不仅要做好工作环境的设置，更要做好各项政策、制度的管理，让员工能够更加轻松地工作。

◆ **企业特征**：企业特征主要是指企业所具备的一些特征，能够给员工心理造成影响。如企业文化、企业整体发展、企业地位以及企业品牌等。良好的企业特征能够让员工对企业产生好感，能够有效帮助企业留住员工。

◆ **货币薪酬**：货币薪酬就是企业直接支付给劳动者的薪金，如岗位工资、绩效工资、年限工资、奖金以及红利等，这是劳动者通过劳动获得的最直接的回报。

◆ **非货币薪酬**：非货币薪酬是指劳动者可以享受的企业带来的非货币形式的薪酬，通常非货币形式的薪酬也是吸引应聘者的利器。如各项法定福利、保险、补助、优惠、服务、工作餐以及带薪休假等。

（2）薪酬的支付方式

薪酬支付的基础有 4 种，即职位、能力、业绩和市场，具体介绍如表 8-1 所示。

表 8-1 薪酬支付的 4 种基础

基础	具体介绍
职位	基于职位的薪酬设计是指薪酬支付应当根据具体职位的相对价值。具体来说，就是要对某一岗位履行的义务、承担的责任进行支付，对事不对人
能力	基于能力的薪酬设计则与基于职位的薪酬设计相反，即与员工所处职位无关，无论其从事什么工作，因为具备一定的经验、能力和技能，则需要支付相应报酬。通常企业技术骨干、研发人员等适合这种方法
绩效	基于绩效的薪酬设计是比较常见的，即根据员工的工作结果（工作量）支付薪酬，无论其处在什么岗位，只要绩效好，就能够获得较高的薪酬。通常适合车间生产人员、销售人员等
市场	基于市场的薪酬设计就是在设计薪酬是要参考市场类似岗位的薪酬水平，从而制定适合企业自身的薪酬。一般情况下高于同行业水平有利于企业留住人才

知识延伸 | 薪酬设计的4P原则

前面介绍了薪酬支付的4种方式，这4种方式对应了薪酬设计的4P原则，分别是以市场行情定位——Price；以岗位定级——Position；以个人能力定薪——Person；以绩效定奖——Performance。

8.1.2 岗位评价与薪酬的关系

岗位评价与薪酬的关系较为密切，了解二者之间的关系，有助于企业薪酬体系的建立，让薪酬体系更容易被企业各层员工接受，从而促使企业良性发展。

（1）岗位评价对薪酬的影响

前面介绍到岗位评价主要是针对具体的岗位，而不是针对岗位工作者。因此，可以帮助企业从劳动多样性的角度设计薪酬，依据岗位的具体价值确定待遇。虽然各岗位之间的待遇存在差距，但是差距都比较科学、规范，能够让员工相信每个岗位的薪酬能够反映其对公司的贡献。

通过岗位评价确定各岗位的价值，同时也是对薪酬的基础进行了清晰地限定，避免了因薪酬基础模糊引起员工对薪酬的不信任、甚至怀疑。

通过岗位评价的结论，员工对各个职位之间的薪酬差值更容易接受，对绝对薪酬差距的心理承受能力也随之增强，易于获得薪酬的内部公平感。

知识延伸 | 薪酬的注意事项

薪酬对于企业而言是十分重要的，合理的薪酬制度能够保障企业迅速发展；不合理的制度则可能导致员工消极怠工、产生抵触情绪，从而在企业内部引发混乱。因此，设计薪酬制度时要谨慎，争取让大多数员工认可。

（2）岗位评价对薪酬体系设计的意义

岗位评价作为一项人力资源管理方法，主要通过精细、系统的过程来确定各岗位的相对价值，从而实现对企业中各类岗位进行量化管理。

需要注意的是，岗位评价的结果并不直接用于工资标准的制定，但是岗位评价是薪酬体系的基础，确保薪酬在企业内部能够合理分配，并保证公平公正。

岗位评价确保薪酬体系公平公正主要通过 4 个方面实现，具体表现如图 8-2 所示。

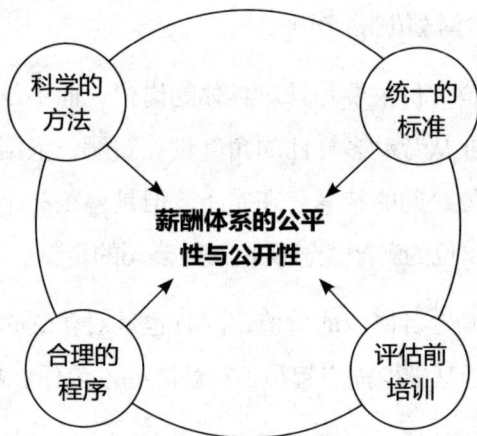

图 8-2

下面具体对以上 4 个方面进行介绍。

科学的方法。 岗位评价在薪酬体系设计中可以引入较为科学的方法，以便克服不同岗位之间，由于工作内容、工作形式以及工作性质的不同而造成岗位价值对比的差异，从而规避薪酬设计过程中的主观性和随意性。

统一的标准。 岗位评价过程中的标准要准确，才能使岗位评价结果的可信度高，在岗位评价基础上涉及的薪酬体系也更加合理。

评估前培训。 岗位评估前进行培训，可以确保参与岗位评估的各个评委能够对评价要素有相同的理解。除此之外，在岗位评价过程中对评委的打分进行严格的控制和检查，确保岗位评价的准确性。这些都能保障薪酬体系的准确和公正。

合理的程序。 整个评价程序是否公平合理在一定程度上决定了企业员工对建立的薪酬分配结果的公平性认知。即评价程序公平合理，则企业员工会认为薪酬设计合理。除此之外，员工参与薪酬体系的建立，也能够提升员工对薪酬体系的认可程度。

8.1.3 岗位评价与薪酬体系设计的关系

要实现薪酬体系的公平、公正，让员工容易介绍，可以借鉴岗位评价。在薪酬体系的设计过程中，岗位评价与薪酬体系涉及主要有如下所示的3方面关系。

（1）岗位评价是薪酬体系的基础

人们通常容易接受同一部门内的纵向岗位差异，例如部门普通员工和部门经理，这样的差异员工往往能够接受。但横向的岗位差异员工却常常难以接受，如不同部门中相似岗位之间的差异。

通过岗位评价，可以在评价过程中选择企业管理者和员工都认可的评价要素对岗位进行评价，从而确定不同部门不同岗位的职等职级。然后，在此基础上建立的薪酬体系，更容易让员工接受。

（2）岗位评价为建立薪酬体系提供重要技术

要想员工能够接受薪酬体系，在设计过程中就要秉承公平、公正原则。这种公平、公正并不是要求所有岗位平等，而是在设薪酬体系设计的过程中要求设计理念和过程保持公平公正、不偏私，具体介绍如图8-3所示。

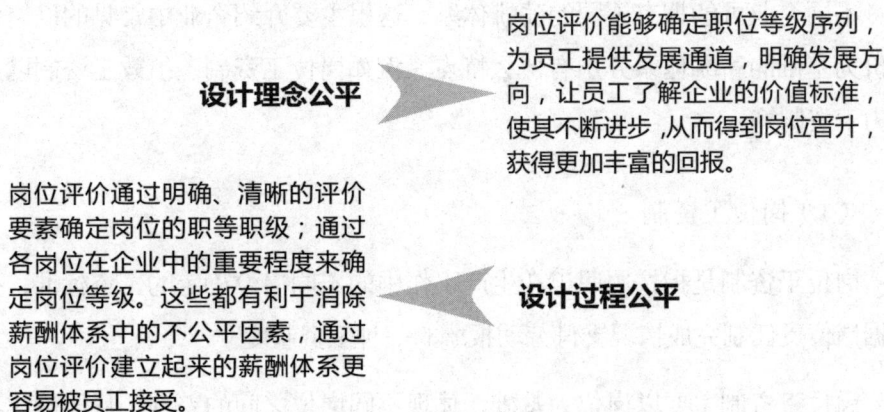

设计理念公平

岗位评价能够确定职位等级序列，为员工提供发展通道，明确发展方向，让员工了解企业的价值标准，使其不断进步，从而得到岗位晋升，获得更加丰富的回报。

岗位评价通过明确、清晰的评价要素确定岗位的职等职级；通过各岗位在企业中的重要程度来确定岗位等级。这些都有利于消除薪酬体系中的不公平因素，通过岗位评价建立起来的薪酬体系更容易被员工接受。

设计过程公平

图 8-3

（3）岗位评价的承接作用

设计薪酬体系时，通常包含图8-4所示的流程。

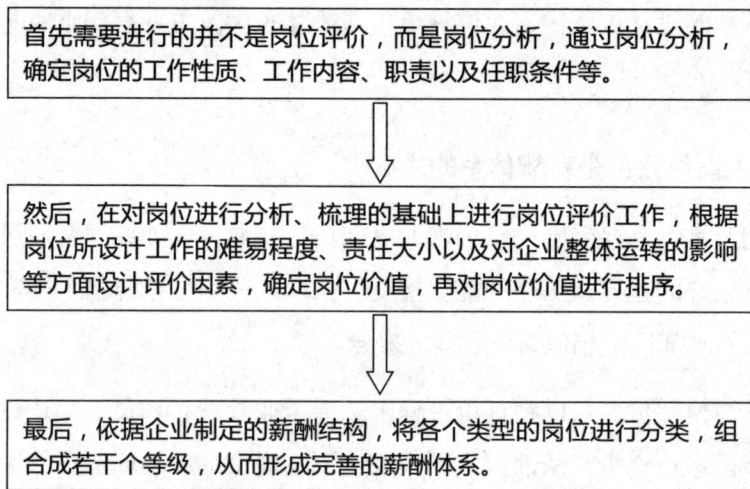

首先需要进行的并不是岗位评价，而是岗位分析，通过岗位分析，确定岗位的工作性质、工作内容、职责以及任职条件等。

然后，在对岗位进行分析、梳理的基础上进行岗位评价工作，根据岗位所设计工作的难易程度、责任大小以及对企业整体运转的影响等方面设计评价因素，确定岗位价值，再对岗位价值进行排序。

最后，依据企业制定的薪酬结构，将各个类型的岗位进行分类，组合成若干个等级，从而形成完善的薪酬体系。

图8-4

通过图8-4所示的薪酬体系的设计流程可知，岗位评价在薪酬体系的设计过程中主要起到惩戒的作用。

8.1.4　以岗位评价为基础的薪酬体系

不同企业可能拥有不同的薪酬体系，这里主要介绍企业中常见的以岗位评价为基础的薪酬体系分别有什么特点。例如岗位工资制、绩效工资制以及能力工资制等。

（1）岗位工资制

岗位工资制是指按照职工在生产工作中的不同岗位确定的工资标准，并根据岗位责任制完成情况支付劳动报酬的一种工资制度。

岗位工资制主要以岗位为基础，体现不同岗位之间的差别，从而确定不同岗位的价值，是一种较为成熟、运行稳定的薪酬制度。岗位工资制的主要特点如下所示。

◆ 岗位工资制按照各工作岗位的评价情况确定工资标准，每个岗位都规定有明确的职责范围、技术业务要求和操作规程等，按照岗位工资制规定的具体办法领取报酬。

◆ 岗位工资制能有效地调节劳动力的合理流向，与企业的专业分工、劳动组织和劳动定员相统一，通常情况下员工工资的变动只受到岗位变动的影响。

◆ 岗位工资制能使职工在能力最强、贡献最大的时候，得到相应的报酬。因此，它不仅符合劳动力消耗补偿规律，及时体现按劳分配原则，同时还能激励工人奋发向上，促进企业经济效益提高。

（2）绩效工资制

绩效工资制由计件工资制演变而成，是一种以岗位为基础的薪酬制度。绩效工资制度的基本特征是将雇员的薪酬收入与个人业绩挂钩。企业中通常会听到提成、绩效以及奖金等，这些都可以视为绩效工资。

绩效工资的特点如下所示。

◆ 将员工收入与工作绩效挂钩，能够在一定程度上鼓励员工为企业创造更多效益，同时又不增加企业的固定成本。

◆ 合理的绩效工资体系能够让员工在创造更高效益的过程中不断提升工作能力、改进工作方法，促进发展。

◆ 这种方法能够提高员工的积极性，让当期绩效不好的员工反思总结，不断提升，实现整体进步。

◆ 在行业不景气时，虽然绩效较低，但基本工资成本较低可以减少企业压力，避免出现裁员的情况，提高员工的安全感；当经济复苏时，公司也有充足的人才储备。

（3）能力工资制

能力工作制是以劳动者自身综合能力为主要指标反映劳动质量差别、确定职工的工资等级和标准的工资制度。

这种工资制度认为员工只有掌握了一定的技术、具备一定知识水平和工作能力，才能承担相应的工作职责，为企业做出贡献。能力工资制的特点如下所示。

◆ 以能力确定工资标准，不同的能力等级对应不同的工资标准，与任职者所处的岗位关系不大，只要员工具备的知识和能力达到了企业预设的等级标准，就可以获得相应的报酬。

◆ 在这种制度下，企业通常希望员工不断提升自己的知识、技能水平和相应的工作能力，也有企业帮助员工进行职业规划。

◆ 为了确保能力工资制的公平公正，需要建立能力评价系统，对员工的能力和知识进行量化的评价和考察。

（4）结构工资制

结构工资制也叫作组合工资制，主要是根据职工的职务、工龄、基本生活需要和实际劳动成果等因素在工资总额中所处地位来确定其比重，从而组成复合工资的一种工资制度。结构工资制的特点如下所示。

◆ 工资结构是能够反映劳动差别的主要素，即与劳动结构相对应，并紧密联系成因果关系，劳动结构有几个部分，工资结构就有几个相对应的部分，并随前者变动而变动。

◆ 结构工资制各组成部分各有各的职能，并分别计酬，可从劳动的不同方面和角度反映劳动者的贡献大小，发挥工资的各种职能作用，具有比较灵活的调节功能。

◆ 有利于实行工资的分级管理，从而克服"一刀切"的弊病，能够从多个方面了解员工的能力、特点。

◆ 这种结构使得工资制适应性较强，能够应用于多种行业，适用范围广泛，具有较高的说服力。

8.2
薪酬体系设计全解

薪酬体系对于企业来说十分重要，良好的薪酬体系能起到牵引和激励的作用，帮助企业员工不断进步。在薪酬体系的设计过程中，需要系统全面的思考，才能设计出科学合理的薪酬体系。

8.2.1　设计薪酬体系的目的

在开始薪酬体系设计之前，首先需要了解什么是薪酬体系，设计薪酬体系的目的是什么。

薪酬体系是组织为人力资源管理整个系统的一个子系统，它向员工传达了在组织中什么是有价值的，并且为向员工支付报酬建立起了政策和程序。

设计薪酬体系的目的具体如表 8-2 所示。

表 8-2　设计薪酬体系的目的

目的	具体介绍
发现人才，奖励优秀	优质资源永远向优秀人才倾斜，好的薪酬机制要让强者更强。通常情况下，有能力的员工在企业长期工作中，必然已经得到相应的晋升和薪酬调整的机会，已经获得了相应的回报，而剩下的员工则是容易被替换的平庸员工。与其费力留住平凡的员工，不如对于长期服务的员工，设立相应的长期服务奖，鼓励其创造更大的贡献
吸引关键人才	薪酬体系应当具备 3 个原则，对外具备竞争力，对内具备公平性，对个体具备激励性。在设计员工薪酬时，我们必须尊重市场的规律，以确定薪酬的标准，使之具备吸引力和竞争性

续上表

目的	具体介绍
基本安全保障	在员工与企业的关系中，员工通常缺乏安全感，因此，员工需要企业能够提供必要的保障，例如基本工资、保险以及签订合同等。这样员工才能安心工作，为企业创造价值
价值肯定	许多企业的岗位价值并不完善，岗位分级过于简单，这样就容易导致工作重要性不同的两个岗位，却有同样的职级，获得同样的收入，贡献较大的一方必然会心里不平衡。因此确定薪酬制度时，要考虑各岗位的价值
形成利益共同体	很多企业的员工对企业漠不关心，认为企业和自己并没有多少关联，无论企业经营状况有多好，自己的收入也不会改变，这样长此以往，必然会出现问题。要让员工感觉公司经营良好，自己也会有好处，那样员工会更加努力工作。特别是针对高管人员，设计薪酬时要考虑分红甚至股份的设计，都是为了将中长期的利益结合起来，形成利益共同体

薪酬体系设计需要突显公平，这是进行其他薪酬设计的基础。例如企业的人事专员会将自己的收入与同部门其他岗位进行比较，如果他认为相较于其他岗位，他获得了公平的工资，就会感到内部公平。

也可能将自己的薪酬与其他组织中的专员相比较。如果她认为相对于其他组织中的类似工作，自己的薪酬也是公平的话，她就感到了外部公平性。

除此之外，薪酬系统应当是动态的，因为企业永远处于变化中，应当根据需要随时调整薪酬体系。

8.2.2 薪酬体系设计的原则和基本步骤

薪酬体系的设计并不是凭空臆想，需要遵循一定的原则，还要对薪酬体系设计的基本步骤有所了解，下面分别进行介绍。

薪酬作为分配价值形式之一，设计时应当内部公平性、外部公平性、与绩效相关性等原则，才能保证制定的薪酬体系能够被大多数员工接受，具体介绍如下。

内部公平性。按照承担的责任大小、需要的知识能力的高低以及工作性质要求的不同，在薪资上合理体现不同层级、不同职系、不同岗位在企业中的价值差异。

外部竞争性。企业的薪酬体系应当在行业中具有一定的竞争性，能够吸引到企业外的优秀人才。

与绩效相关性。企业制定的薪酬体系中，员工的薪酬应当与企业、团队和个人绩效相关联，并且通过考评将员工的绩效表现在薪酬中，让员工感受到自我公平。

可承受性。在设计薪酬体系时还要考虑企业的承受能力，薪酬水平应当与企业的经营状况保持一致，不能为了薪酬而导致企业运营困难。应当在企业能够接收的范围内，适当用工资成本的增加创造更多经济价值，实现可持续发展。

合法性。薪酬体系的设计应当在符合国家和相关地区法律法规的情况下进行制定。

可操作性。要想提升可操作性，整个薪酬体系要简洁明了、浅显易懂，易于推广，让员工能够理解设计者想要表达的含义，从而根据薪酬体系规范自己的行为。

灵活性。当企业处在不同的发展阶段，面对不同的情况，需要对薪酬体系进行相应的调整，以适应当前的变化，因此需要具备灵活性。

适应性。薪酬体系应当能够适应企业的特点、性质以及行业特点等，并满足这些因素的要求。

在进行薪酬体系设计之前，首先要明确薪酬体系设计的基本步骤，如图8-5 所示。

第一步：薪酬调查

实事求是的薪酬调查，才能使薪酬设计做到有的放矢，解决企业的薪酬激励的根本问题，做到针对薪酬个性化和有针对性地进行设计。主要包含3个方面，分别是企业薪酬现状调查、薪酬水平调查以及薪酬影响因素调查。

第二步：确定薪酬原则和策略

在充分了解企业目前薪酬管理的现状的基础上，确定薪酬分配的依据和原则，以此为基础确定企业的有关分配政策与策略，例如不同层次、不同系列人员收入差距的标准，薪酬的构成和各部分的比例等。

第三步：职位分析

职位分析是薪酬设计的基础性工作，主要明确部门职能和职位关系。

第四步：岗位评价

通过比较企业内部各个职位的相对重要性，得出职位等级序列。

第五步：薪酬类别的确定

根据企业的实际情况和未来发展战略的要求，对不同类型的人员应当采取不同的薪酬类别。

第六步：薪酬结构设计

薪酬的构成因素反映了企业关注内容，因此采取不同的策略、关注不同的方面就会形成不同的薪酬构成。通常包括职位层级、职系、绩效以及员工的技能和资质

图 8-5

如图 8-5 所示为一个完整的薪酬体系设计流程，从最初的薪酬调查，到最终的薪酬结构设计，都是进行薪酬体系设计所需的。按照合理的流程设计薪酬体系，才能够提升薪酬体系的可靠性。

8.2.3 如何进行薪酬调查

薪酬调查，就是通过一系列标准、规范和专业的方法，对行业内相关职位进行分类、汇总和统计分析，形成能够客观反映市场薪酬现状的调查报告，为企业提供薪酬设计方面的决策依据及参考。

（1）薪酬调查的基本介绍

薪酬调查的主要内容如下所示。

◆ 了解企业所在同行业的工资水平，是薪酬调查的一项重要内容。

◆ 了解本地区的工资水平，不同地区因为生活费用水平、生产发展水平不同，工资水平可能差别较大。

◆ 调查工资结构。

◆ 帮助查找企业内部工资不合理的岗位。

◆ 了解工资动态与发展潮流。

薪酬调查有多种实用的薪酬调查方法，如下所示。

◆ 通过各种渠道查询同行业企业的薪酬信息，可以公开查询，也可以与目标企业进行协商。

◆ 部分企业在招聘时会协商薪酬待遇，一些人才交流也会发布一些岗位薪酬参考数据，也能够获得薪酬数据。

◆ 有一些专业的人力资源机构会为企业提供薪酬调查，通过这些专业机构调查可以大幅减少调查的工作量，而且获得的数据可信度较高。

薪酬调查对企业来说具体有些什么作用呢？

◆ 帮助企业制定新招聘员工的起点薪酬标准。

◆ 帮助查找企业内部工资不合理的岗位。

◆ 帮助了解同行业企业调薪时间、水平、范围等。

◆ 了解当地工资水平并与本企业比较。

◆ 了解工资动态与发展潮流。

可以看出，薪酬调查的作用与调查内容是相对应的，这也是企业比较感兴趣的信息。

（2）薪酬数据的整理

通过薪酬调查获取的数据通常是比较杂乱的，其中有许多无用的数据，因此需要对收集到数据进行整理。

①判断调查对象岗位与本企业岗位的相似度或匹配度，将岗位职责差别较大的岗位舍弃掉。

②在判断岗位匹配度时，还应当进行地域匹配、行业匹配以及任职资格匹配，对搜集的数据进行修正，修正系数通常在 0.8 ～ 1.2 进行选择。

◆ 如果某一调查结果明显低于企业所在地，修正系数选择 1.2。

◆ 如果某一调查结果略微低于企业所在地，修正系数选择 1.1。

◆ 如果某一调查结果与企业所在地基本持平，修正系数选择 1。

◆ 如果某一调查结果略微高于企业所在地，修正系数选择 0.9。

◆ 如果某一调查结果明显高于企业所在地，修正系数选择 0.8。

调查结果的数据需要修正的，选择以上对应的修正系数。薪酬数据调查结果 × 修正系数。通过修正的数据才是适合进行分析的数据。

（3）薪酬数据的分析

许多人力资源工作者好不容易收集到薪酬数据，却不知道该怎么分析。这里主要介绍一种数据处理方法——数据排列法（薪酬分位法）。

数据排列法可以分为四分位、十分位、百分位等，如果数据量不大，则可以采用四分位；如果数据量较大，可采用十分位；如果数据量特别大，则可以采用百分位等。

分位值就是把一组薪酬数据按照一定的百分比进行统计分析，就拿薪酬四分位来说，就是把数据从高到低进行排列，然后计算出 25%、50%、75% 的数值。

例如对某个岗位，通过 10 种不同渠道获取的薪酬数据，已按照顺序进行排列，如表 8-3 所示。

表 8-3

序号	1	2	3	4	5	6	7	8	9	10
薪酬	3 200 元	3 300 元	3 350 元	3 400 元	3 400 元	3 550 元	3 550 元	3 600 元	3 600 元	3 600 元

下面以 4 分位为例，介绍 25%、50% 和 75% 的值。

①共 10 个数，中间有 9 个间隔，每个 4 分位间有 9÷4=2.25 个数字。

②第一个分位——25% 分位的值

1+2.25×1=3.25，表示在第三个数与第四个数的 0.25 处的数值，即 3 350+0.25×（3 400−3 350）=3 362.5

③计算第二个分位——50% 位置的值（中位值）

1+2.25×2=5.5，表示在第五个数与第六个数的 0.5 处的数值，即 3 400+0.5×（3 550−3 400）=3 475

④计算第三个分位——75% 位置的值（中位值）

1+2.25×3=7.75，表示在第七个数与第八个数的 0.75 处的数值，即 3 550+0.75×（3 600−3 550）=3 587.5

根据计算的结果就可以得到相应的结论。

◆ **25 分位值**：表示有 25% 的数据小于此数值，反映市场薪酬较低端水平。

◆ **50 分位值**：表示有 50% 的数据小于此数值，反映市场薪酬中等水平。

◆ **75 分位值**：表示有 75% 的数据小于此数值，反映市场薪酬较高端水平。

人力资源工作者可以根据分析结果，了解本公司该岗位的薪酬处在什么区间，从而知道如何进行调整。

除了手动计算各个分位值的方法，还可以通过 Excel 中的函数进行快速计算，速度更快、准确度更高。

在 Excel 中可以通过 QUARTILE() 函数快速计算四分位值；通过 PERCENTILE() 函数可以快速计算百分位值。

下面以使用 Excel 计算四分位值为例进行介绍。

| 范例解析 |　通过Excel快速计算四分位值

还是以前面介绍的某个岗位通过10种不同渠道获取的薪酬数据为例。首先启动Excel，在工作表中输入获取的薪酬数据，选择存放25%分位值的单元格，这里选择B6单元格，单击"公式"选项卡"函数库"组中的"插入函数"按钮，在打开的插入函数对话框中的"搜索函数"文本框中输入"QUARTILE"，单击"转到"按钮，双击"选择函数"列表框中的"QUARTILE"选项，如图8-6所示。

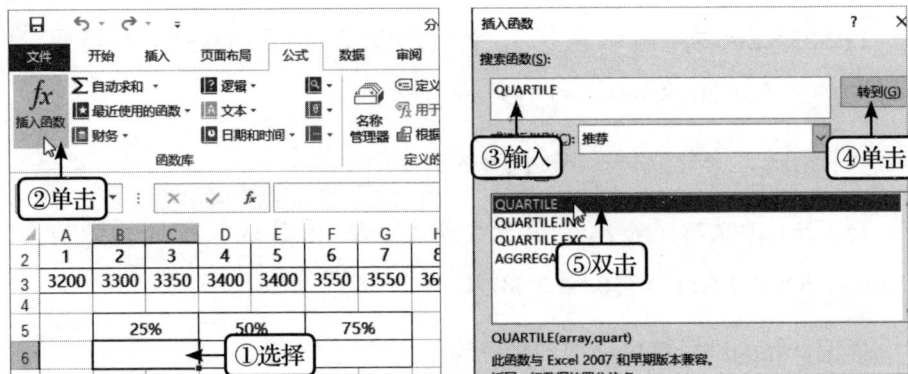

图 8-6

在打开的"函数参数"对话框中单击"Array"参数框右侧的▣按钮，选择获取的薪酬数据，然后在"Quart"参数框中输入文本"1"，最后单击"确定"按钮，即可返回工作表中，在B6单元格中即可查看25%分位值，如图8-7所示。

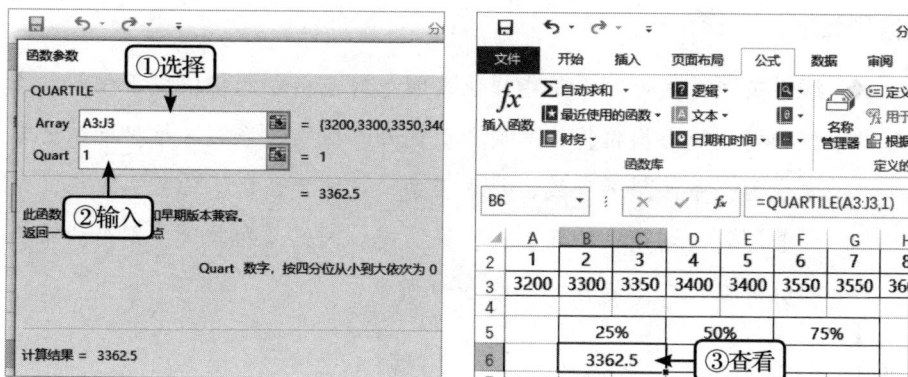

图 8-7

用同样的方法，分别修改"Quart"参数框的值为"2"和"3"，即可计算出50%和75%的分位值，计算结果如图8-8所示。

图 8-8

通过上述案例的计算结果可知，25%的分位值为3 362.5；50%的分位值为3 475；75%的分位值为3 587.5，计算结果与手动计算结果相同。

8.2.4　选择合适的企业薪酬线

企业薪酬线的确定需要结合多个方面的因素进行考量，主要包括企业当前发展阶段和企业所在行业的特点，从而确保薪酬设计与企业当前的发展状况不违背。

岗位价值与薪酬之间的关系，可以是线性的，也可以是非线性的，两者的区别如下。

◆ **线性关系**：线性关系是指岗位薪酬与对应岗位的价值成正相关，岗位的薪酬随着岗位价值的提升而提升。线性关系在二维坐标中通常表现为一条倾斜的直线，斜率较小，说明岗位之间的差距较小，企业管理较为均衡；斜率较大，说明岗位间的差距较大，则企业希望积极进取，向上晋升，如图 8-9 所示。

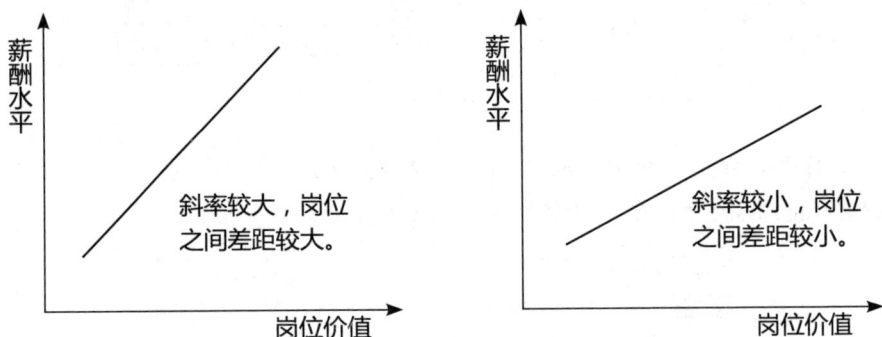

图 8-9

◆ **非线性关系**：非线性关系的岗位价值与岗位薪酬不成正相关，岗位价值的提高与岗位薪酬的提高比率并不相同。主要存在两种模式，一种是岗位价值较低的薪酬增长快，岗位价值高的增长速度慢，促使企业更均衡；另一种是岗位价值较低的薪酬增长慢，岗位价值高的增长速度快，使企业员工积极向上努力，有助于保留高质量人才，如图 8-10 所示。

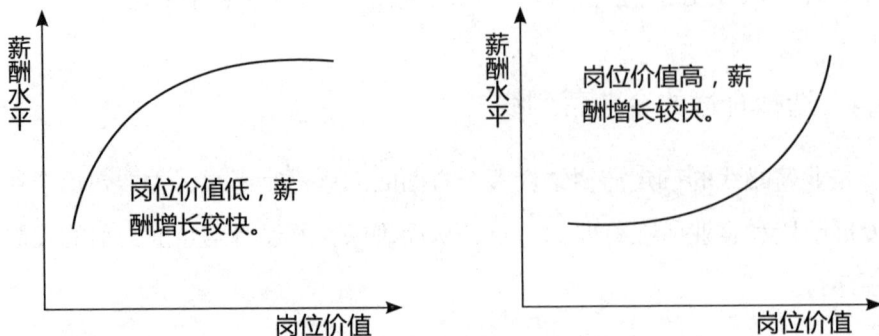

图 8-10

通过上面介绍的两种关系，企业在设计薪酬体系时，可以根据企业当前的状况和对人才结构的需求情况，选择合适的薪酬关系。

8.2.5 薪酬结构设计的要点

薪酬结构设计是薪酬系统设计中的重要工作，薪酬结构设计主要包括制定薪酬政策线、确定职等数量等多方面工作。通常情况下，薪酬调查结束之后，管理者就需要根据内外因素打造薪酬结构的设计。

下面具体介绍薪酬结构设计的四大要点。

（1）确定薪酬整体范围，确定最大和最小值

管理者与人力资源工作者要根据薪酬调查得来的详细数据，并且结合企业实际情况，确定整个薪酬体系的最高薪酬和最低薪酬。

在此过程中，人力资源工作者还需要考虑区域及行业人力资源市场供求状况以及判断薪酬水平发展趋势，让今后若干年企业所有人员工资水平都不会超出这个范围。

（2）确定薪酬职等数量

根据岗位评估结果以及外部薪酬调查数据，企业所有岗位可以划分为若干职等，薪酬等级的数目应当适中。

职等的划分则要结合当前岗位所在层级状况，岗位层级差别较大的尽量不要归在一个职等，将岗位评估价值相近的岗位归入同一个职等。职等数量往往需要考虑表8-4所示的因素。

表 8-4　设置值等数量要考虑的因素

因素	具体介绍
企业的规模和结构	企业规模越大、管理层级越多，薪酬职等数目就应该相对多些；反之，企业规模越小、机构越是扁平化，那么薪酬职等数目就越少
岗位工作性质、工作复杂程度	假如企业的岗位工作性质差异性大，工作复杂程度高，那么就应多设立薪酬等级；反之如企业的岗位工作性质差异性小，工作复杂程度低，就应当少设薪酬等级
企业薪酬策略	如果企业员工薪酬差异比较大，薪酬等级就要越多；如果企业员工薪酬差异小，则薪酬等级就要越少

（3）设计薪酬数值

薪酬等级确定之后，还要根据薪酬政策线，确定各职等的薪酬中位值。管理者可以根据典型岗位市场薪酬数据，结合岗位评估数值以及公司薪酬策略，制定出每个职等工资中位值。

各职等中位值确定以后，就可以计算得出职等薪酬增长率。各职等薪酬增长率等于两个相邻职等中位值差额除以较低等级薪酬中位值。

通常情况下，各职等薪酬增长率应该保持一致，如果差别较大，应对职等薪酬中位值数据进行一定调整，让各职等薪酬增长率大致相同，以此来体现薪酬的内部公平。

（4）确定薪酬职级数量

有时候同一职等中对应较多的岗位，为了能够预留足够的晋升空间，应设置较多的薪酬职级数量。

薪酬职级可以成等差数列，也可成等比数列，具体介绍如下。

◆　通常情况下，等比设计级差为 5%～10%。

◆　等差设计的级差可以分为 5～10 级，应当根据企业策略，并结合薪酬职等进行设计。

8.2.6　如何设计薪酬等级表

薪酬等级表是薪酬设计的基础文件，应当要求企业内所有的岗位都有对应的等级。设计薪酬等级表有 3 种形式：等比薪酬等级表、等额薪酬等级表和系数薪酬等级表。

（1）等比薪酬等级表

等比薪酬等级表即各薪级之间岗位工资是按比例增长的，这种薪酬等级表适合薪酬等比调整需要。

◆ 根据薪酬调查结果以及公司制定的薪酬策略，估算企业在未来较长时间内，岗位工资可能的最高值和最低值。

◆ 根据最高值和最低值的差距、外部薪酬调查数据以及公司拟采取的薪酬策略，确定不同职等薪酬差距，一般情况下，职等之间薪酬增长在 30% ～ 60% 之间。

◆ 根据公司薪酬调整策略，确定薪级增长率，一般为 3% ～ 6%，较小的增长率可以实现频繁晋级激励，但需要更多的薪级来保证相邻职等的重合度，一般情况下，职等重合度为 25% ～ 50%。

等比薪酬等级示例如表 8-5 所示。

表 8-5　等比薪酬等级

职等 职级	一等	二等	三等	四等	五等	六等	七等	八等
1	2 200	2 860	3 718	4 833	6 283	8 168	10 619	13 805
2	2 310	3 003	3 904	5 075	6 598	8 577	11 150	14 495
3	2 426	3 153	4 099	5 329	6 927	9 006	11 707	15 220
4	2 547	3 311	4 304	5 595	7 274	9 456	12 293	15 981

职级\职等	一等	二等	三等	四等	五等	六等	七等	八等
5	2 674	3 476	4 519	5 875	7 638	9 929	12 907	16 780
6	2 808	3 650	4 745	6 169	8 019	10 425	13 553	17 619
7	2 948	3 833	4 982	6 477	8 420	10 946	14 230	18 500
8	3 096	4 024	5 232	6 801	8 841	11 494	14 942	19 425
9	3 250	4 226	5 493	7 141	9 283	12 069	15 689	20 396
10	3 413	4 437	5 768	7 498	9 748	12 672	16 474	21 416
11	3 584	4 659	6 056	7 873	10 235	13 306	17 297	22 486
12	3 763	4 892	6 359	8 267	10 747	13 971	18 162	23 611
13	3 951	5 136	6 677	8 680	11 284	14 669	19 070	24 791
14	4 148	5 393	7 011	9 114	11 848	15 403	20 024	26 031
15	4 356	5 663	7 361	9 570	12 441	16 173	21 025	27 332
16	4 574	5 946	7 729	10 048	13 063	16 982	22 076	28 699
17	4 802	6 243	8 116	10 551	13 716	17 831	23 180	30 134
18	5 042	6 555	8 522	11 078	14 402	18 722	24 339	31 641

职等薪酬增长率：30%　　　职级薪酬增长率：5%

（2）等额薪酬等级表

等额薪酬等级表是指各职等职级之间的增长是一个固定值，职等之间的增长额越来越大。具体示例如表8-6所示。

表8-6　等额薪酬等级

职级\职等	一等	二等	三等	四等	五等	六等	七等	八等
1	2 200	2 400	2 800	3 400	4 200	5 200	6 400	7 800

职等 职级	一等	二等	三等	四等	五等	六等	七等	八等
2	2 300	2 600	3 100	3 800	4 700	5 800	7 100	8 600
3	2 400	2 800	3 400	4 200	5 200	6 400	7 800	9 400
4	2 500	3 000	3 700	4 600	5 700	7 000	8 500	10 200
5	2 600	3 200	4 000	5 000	6 200	7 600	9 200	11 000
6	2 700	3 400	4 300	5 400	6 700	8 200	9 900	11 800
7	2 800	3 600	4 600	5 800	7 200	8 800	10 600	12 600
8	2 900	3 800	4 900	6 200	7 700	9 400	11 300	13 400
9	3 000	4 000	5 200	6 600	8 200	10 000	12 000	14 200
10	3 100	4 200	5 500	7 000	8 700	10 600	12 700	15 000
11	3 200	4 400	5 800	7 400	9 200	11 200	13 400	15 800
12	3 300	4 600	6 100	7 800	9 700	11 800	14 100	16 600
13	3 400	4 800	6 400	8 200	10 200	12 400	14 800	17 400
14	3 500	5 000	6 700	8 600	10 700	13 000	15 500	18 200
15	3 600	5 200	7 000	9 000	11 200	13 600	16 200	19 000
16	3 700	5 400	7 300	9 400	11 700	14 200	16 900	19 800
17	3 800	5 600	7 600	9 800	12 200	14 800	17 600	20 600
18	3 900	5 800	7 900	10 200	12 700	15 400	18 300	21 400
级差	100	200	300	400	500	600	700	800

（3）系数薪酬等级表

系数薪酬等级表与前面介绍的两种表格不同，前两种等级表会给出具体的薪酬数据，而系数薪酬等级只会给出相应的系数，需要乘以薪酬基数才会得出薪酬数据，具体如表8-7所示。

表 8-7　等系数薪酬等级

职级＼职等	一等	二等	三等	四等	五等	六等	七等	八等
1	1.00	1.20	1.60	2.20	3.20	4.60	6.60	9.40
2	1.05	1.27	1.70	2.34	3.40	4.88	7.00	9.86
3	1.10	1.34	1.80	2.48	3.60	5.16	7.40	10.32
4	1.15	1.41	1.90	2.62	3.80	5.44	7.80	10.78
5	1.20	1.48	2.00	2.76	4.00	5.72	8.20	11.24
6	1.25	1.55	2.10	2.90	4.20	6.00	8.60	11.70
7	1.30	1.62	2.20	3.04	4.40	6.28	9.00	12.16
8	1.35	1.69	2.30	3.18	4.60	6.56	9.40	12.62
9	1.40	1.76	2.40	3.32	4.80	6.84	9.80	13.08
10	1.45	1.83	2.50	3.46	5.00	7.12	10.20	13.54
11	1.50	1.90	2.60	3.60	5.20	7.40	10.60	14.00
12	1.55	1.97	2.70	3.74	5.40	7.68	11.00	14.46
13	1.60	2.04	2.80	3.88	5.60	7.96	11.40	14.92
14	1.65	2.11	2.90	4.02	5.80	8.24	11.80	15.38
15	1.70	2.18	3.00	4.16	6.00	8.52	12.20	15.84
16	1.75	2.25	3.10	4.30	6.20	8.80	12.60	16.30
17	1.80	2.32	3.20	4.44	6.40	9.08	13.00	16.76
18	1.85	2.39	3.30	2.88	6.60	9.36	13.40	17.22
级差	0.05	0.07	0.10	0.14	0.20	0.28	0.40	0.46

岗位分析和评价与人力资源配置

企业要想快速发展，实现战略目标，就离不开人力资源，其原因是人力资源是企业人力发展战略的实际执行者。因此，做好企业人力资源配置，能促进企业发展。

岗位分析和评价与人力资源规划

人力资源规划是通过对企业未来的人力资源需要和供给状况的分析及估计，运用科学的方法进行组织设计，对人力资源的各个环节进行职能性策划，制定企业人力资源供需平衡计划，以确保组织能够在需要时获得各种必需的人力资源。

9.1.1 人力资源规划的主要内容

优秀的人力资源是何企业都需要，此外还需要对人力资源进行合理的规划和配置。所以如何选择、使用、培养和留住优秀人力资源是每个企业都需要了解的。企业的人力资源部门的重要职责就是进行企业人力资源规划，并且通常人力资源规划与企业的各项人事制度相关联。

人力资源规划的主要内容如下所示。

晋升规划。有计划地提升有能力的人员，给予员工合理的晋升通道，让员工能够不断寻求进步，追求自我价值的实现。在晋升规划中，既要避免员工职位频繁变动，造成员工的不安，又要防止职位一成不变，让员工丧失动力，看不到个人发展前途，影响员工积极性和能动性的发挥。

补充规划。合理填补企业在一定时期内可能出现的职务空缺，避免企业因某一职位空缺而出现工作无法继续进行的情况。除此之外，合理补充可能出现空缺的岗位也有利于员工参与工作，积极锻炼，同时为企业发展提供充足的准备性人才。

培训规划。与补充规划不同，为长期所需弥补的职位空缺事先准备具有一定资历的人员，对其进行专业知识、相关技能等的培训，确保企业未来用人需求。同时，调动员工积极性，将企业发展与个人发展有机地联系起来。

除此之外，还可以对企业现有人员进行培训，使之成长为企业需要的更高级的人才。

调整规划。即通过有计划的人员内部流动，合理调整组织内人员在未来职位的分配。结合员工的能力、兴趣等多方面因素制定职业发展规划，有利于员工多方向发展，激发其潜在能力，使企业工作充满活力，为企业发展奠定基础。

薪酬规划。薪酬规划的前提是确保未来的薪酬成本不超过合理的支付限度。在薪酬规划中，企业应争取建立一套具有激励性、富有挑战性的薪酬分配体系，使薪酬切实成为调动员工积极性强有力的经济杠杆，促使员工创造更加丰厚的效益，实现良性循环，促使企业发展。

人事规划。企业中并不可能所有人都适合当前岗位或企业，因此企业要做好规划，对于不胜任当前岗位的员工进行培训或转岗；对不符合现有任职条件或缺乏工作能力的要进行辞退。企业不能只招聘而不解聘，这样不利于企业的发展与建立良好的人员年龄结构。

要做好人力资源规划，就需要对企业现有的人力资源情况进行清查，了解企业人力资源现状，才能在此基础上进行改进。

9.1.2　人力资源规划的一般流程

对人力资源规划的内容有所了解后，就可以开始进行人力资源规划，首先需要了解人力资源规划的一般流程，具体介绍如图 9-1 所示。

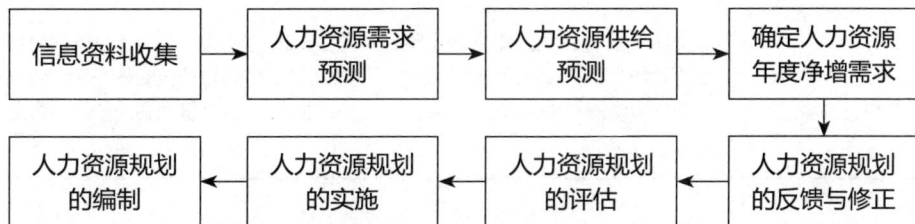

图 9-1

193

下面对具体流程进行介绍。

（1）信息资料收集

前面介绍了做好人力资源的规划，就要对企业现有的人力资源情况进行清查。在开展人力资源规划工作时，需要收集的信息主要有两部分，分别是企业内部信息和企业外部信息。

- ◆ **内部信息**：内部信息主要包括企业的战略规划、发展现状、职位空缺情况以及各部门工作计划等。
- ◆ **外部信息**：外部信息主要包括企业所处行业的发展状况、行业经济情况、竞争情况、人才市场情况以及核心技术发展情况等。

了解这些情况是为了更好、更有针对性地进行人力资源规划工作，提高工作效率。

（2）人力资源需求预测

根据企业的人力资源状况对企业的人力资源需求进行预测，主要可以分为3个步骤，具体介绍如表9-1所示。

表9-1　人力资源需求预测流程

流程	具体介绍
短期预测	短期人力资源预测通过企业以往的年度数据或年度生产计划等大概了解企业的人力资源状况，做短期预测
中、长期预测	中长期预测通常与企业的发展战略相关联，因此，企业的中、长期人力资源规划需要参照企业的发展战略情况进行制定
得出总预测和各岗位预测	这是人力资源预测最重要的步骤，首先根据企业的现有人力资源情况分析企业的薪酬竞争力；再结合外部数据，预测市场热门岗位和企业核心岗位短期和中期人力资源流失情况；最终得出企业人力资源需求总量和各岗位人力资源的需求情况

（3）人力资源供给预测

人力资源供给预测主要对企业的人力资源供给情况进行预测，预测流程主要分为3个步骤，如图9-2所示。

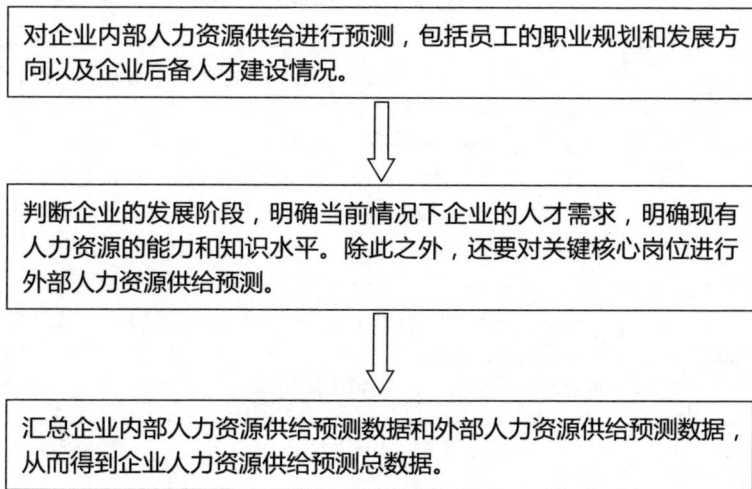

对企业内部人力资源供给进行预测，包括员工的职业规划和发展方向以及企业后备人才建设情况。

判断企业的发展阶段，明确当前情况下企业的人才需求，明确现有人力资源的能力和知识水平。除此之外，还要对关键核心岗位进行外部人力资源供给预测。

汇总企业内部人力资源供给预测数据和外部人力资源供给预测数据，从而得到企业人力资源供给预测总数据。

图9-2

（4）确定人力资源年度净增需求

通过前面的供给预测和需求预测，可对两组数据进行比较，从而测算不同类别和不同岗位的人力资源净需求。

人力资源的净需求不仅包括人员的数量，还包括需求人员的素质、能力等。这样的人力资源净需求不仅有助于进行人力资源分析，还有利于进行人才的招聘与配置。

（5）人力资源规划的编制

人力资源规划的编制较为复杂，编制过程中涉及企业的发展策略、年度工作计划和人员净需求等。人力资源规划通常包括编制时间（周期）、工作目标、背景分析以及人力资源相关信息，具体介绍如表9-2所示。

表9-2 人力资源规划的内容

内容	具体介绍
编制时间（周期）	要确定人力资源规划时间的长短，根据人力资源规划时间的长短，可以分为短期人力资源规划（一年左右）和长期人力资源规划（3～5年）
工作目标	人力资源规划要有具体的目标，并且要与企业发展目标和年度目标相联系
背景分析	背景分析主要是指进行人力资源规划的背景，或是在收集到的数据的基础上进行分析，对企业的现状进行说明。主要需要考虑企业当前人力资源供需状况和存在的问题，以及规划的人力资源供求情况
具体规划内容	这部分是人力资源规划的主体工作，人力资源工作具体内容包括人力资源总规划、主要工作内容、工作执行人以及工作监督人。除此之外，规划内容还包括执行时间和预算

（6）人力资源规划的实施

人力资源规划的实施是一个实际操作的过程，此过程主要考验企业的是协调能力和人力资源工作者的组织能力。实施过程中主要需要注意以下3点内容。

◆ 人力资源规划正式实施前需要与企业的相关部门进行充分沟通、协调，充分做好准备工作，避免出现纰漏。

◆ 人力资源规划的实施应当由专人负责，实施过程中遇到的问题应当及时与人力资源部门负责人进行协调。

◆ 要确保人力资源工作按照既定的时间进行，不能出现拖延、走形式等情况。

（7）人力资源规划的评估

在实施人力资源规划过程中要经常向人力资源部门汇报规划的实施情

况，方便人力资源部门对规划进行监督和评估。人力资源规划的汇报和评估主要包括以下 3 个方面。

◆ 人力资源规划实施过程中的问题和解决方法。

◆ 人力资源规划实施的进度和效果。

◆ 评估前期规划实施的效果，对现实和规划的差距进行了解，在此基础上指导实施人员对后续工作的开展和实施进行改进。

知识延伸 | 人力资源规划反馈与修正

反馈和修正是必不可少的环节，获得评估结果后要及时进行反馈，对规划内容进行调整和改进，使其符合企业当前情况。

9.2
岗位分析和评价与岗位设计

岗位设计又叫工作设计，是把工作的内容、工作的资格条件和报酬结合起来，目的是满足员工和组织的需要。岗位设计是否得当对于激发员工的积极性，增强员工的满意感以及提高工作绩效都有重大影响。

9.2.1　岗位设计的主要内容

岗位设计合理能够使员工在工作中更加轻松，可以减少工作中的重复和单调，充分提升员工的工作积极性和工作效率。岗位设计工作的主要内容如表 9-3 所示。

表 9-3　岗位设计的主要内容

内容	具体介绍
工作任务设计	通过工作设计明确岗位的工作内容，设计时要充分考虑工作类别、难易程度和复杂程度。要使工作设计合理，还要考虑整体性和自主性
岗位任职条件设计	任职条件设计包括岗位任职者所需特征设计和工作环境设计。岗位任职者所需特征设计是对岗位任职者所需具备的知识、能力等方面的设计；工作环境设计主要是对岗位工作活动所处的环境特点、最佳环境条件等方面的设计
工作职责设计	工作职责的设计包括岗位的责任、权限、工作方法和协作与沟通要求
工作关系设计	指岗位任职者在工作中所发生的人与人之间的联系，既包括上下级之间的管理和汇报关系，也包括横向沟通与协作关系
工作成果设计	指岗位完成任务的具体成果，这些成果包括数量、质量、效率与效益。工作结果常作为岗位绩效评价的标准，企业据此对岗位任职者进行奖惩
任职者反应	主要指任职者对岗位工作及工作结果奖惩的态度，可以从岗位工作满意度、员工出勤率等方面体现

通过以上内容可知，岗位设计的主要目的是为企业人力资源管理提供依据，保证人尽其才，不会出现人力资源浪费的情况，也为员工创造出更多能够发挥自身能力的机会，提高工作效率，并提供有效管理的环境保障。

9.2.2　岗位设计的具体流程

要使岗位分析达到预期的效果，使岗位与工作者相匹配，在设计时应按一定步骤进行。

岗位设计的流程如图 9-3 所示。

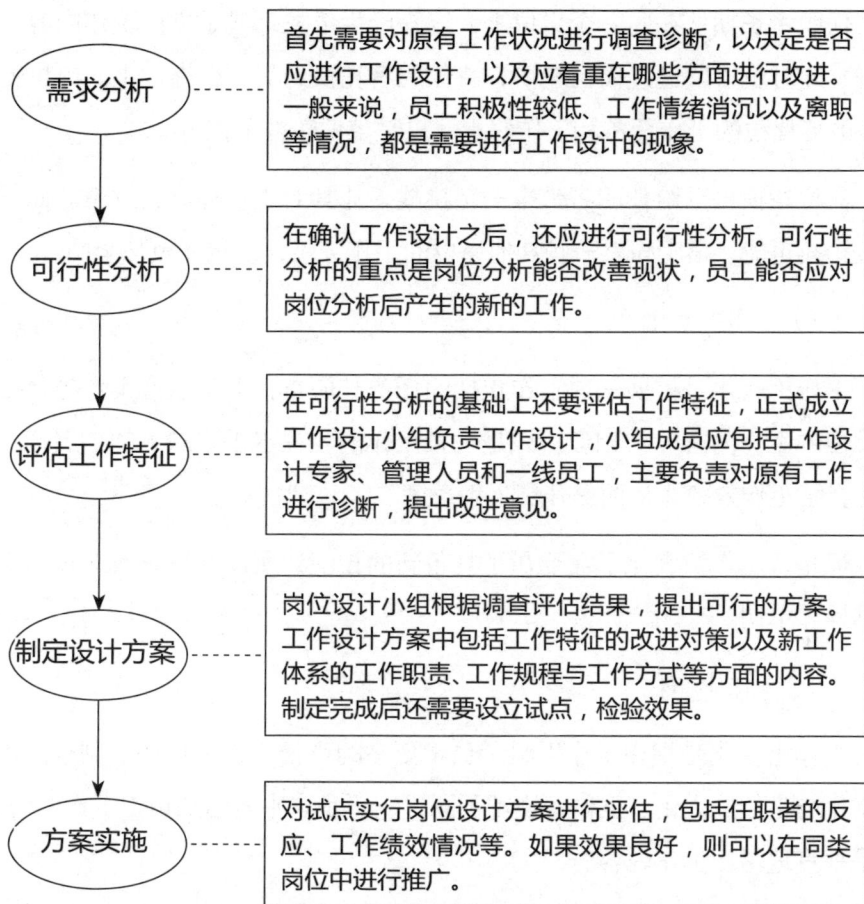

需求分析	首先需要对原有工作状况进行调查诊断，以决定是否应进行工作设计，以及应着重在哪些方面进行改进。一般来说，员工积极性较低、工作情绪消沉以及离职等情况，都是需要进行工作设计的现象。
可行性分析	在确认工作设计之后，还应进行可行性分析。可行性分析的重点是岗位分析能否改善现状，员工能否应对岗位分析后产生的新的工作。
评估工作特征	在可行性分析的基础上还要评估工作特征，正式成立工作设计小组负责工作设计，小组成员应包括工作设计专家、管理人员和一线员工，主要负责对原有工作进行诊断，提出改进意见。
制定设计方案	岗位设计小组根据调查评估结果，提出可行的方案。工作设计方案中包括工作特征的改进对策以及新工作体系的工作职责、工作规程与工作方式等方面的内容。制定完成后还需要设立试点，检验效果。
方案实施	对试点实行岗位设计方案进行评估，包括任职者的反应、工作绩效情况等。如果效果良好，则可以在同类岗位中进行推广。

图 9-3

9.2.3　岗位设计方法介绍

岗位设计的方法有多种，可在岗位设计过程中选择使用，下面介绍 4 种常用的岗位设计方法。

（1）工作轮换

工作轮换属于工作设计的内容之一，指在组织的不同部门或在某一部门内部调动雇员的工作，目的在于让员工积累更多的工作经验。

任职者长期处在同一个岗位上，容易产生倦怠，或是觉得工作内容过于单一，此时就可以通过岗位轮换，将任职者轮换到另一个岗位上。岗位轮换并不改变岗位的工作任务和工作职责，只是定期轮换工作者。

岗位轮换可以给任职者带来一定挑战，让其对工作充满新鲜感。此外，岗位轮换也能让员工积累一些其他岗位的工作经验，使技能更加全面。

（2）工作扩大化

工作扩大化是扩展一项工作包括的任务和职责，但是这些工作与员工以前承担的工作内容非常相似，只是一种工作内容在水平方向上的扩展，能够提升员工工作效率，从而提升员工满意度。

但是，工作扩大化不需要员工具备新的技能，所以并没有改变员工工作的枯燥和单调。

（3）工作丰富化

工作丰富化是指在工作中赋予员工更多的责任、自主权和控制权。工作丰富化与工作扩大化、工作轮换都不同，它不是水平地增加员工工作的内容，而是垂直地增加工作内容。

工作丰富化会使员工承担更多重的任务、更大的责任，员工有更大的自主权和更高程度的自我管理，还有对工作绩效的反馈。

工作丰富化需要员工积极参与，鼓励员工思考并提出意见，从而针对任职岗位进行再设计，让工作内容更加丰富，员工在获得使命感和责任感的同时，也更有利于实现企业的目标。

（4）工作专业化

工作专业化是指将工作进行分解，分解为单一的、标准的工作内容，使各个工作项目更加有针对性。这种方法适合多个岗位共同完成一项任务的工作，例如生产流水线、工厂零部件加工等。

工作专业化的特点如下。

◆ 将工作分解、细化，让工作更有针对性，可以最大限度提升任职者的工作效率。

◆ 工作专业化对岗位任职者的相关专业和技能要求低，因此能够节约用于招聘、人员培训的费用。

◆ 要实现工作专业化，就需要制定各项工作的工作流程和操作步骤，方便对任职者的工作质量和绩效进行考评。

◆ 因为工作专业化，容易出现任职者觉得工作乏味、枯燥，造成离职率较高，要解决这种情况，可以采取岗位轮换的方式，提升员工的新鲜感。

◆ 要想让员工能够适应工作专业化，应当赋予员工一定的责任感和自主权，定期向员工反馈业绩，并进行适当的鼓励和奖励。

知识延伸｜岗位设计的具体作用

　　岗位设计主要是对岗位的具体内容进行确定，岗位设计的作用主要有3点，分别是①通过岗位设计了解企业内部的战略目标，有利于合理分配企业资源；②能够让岗位的工作内容、方法以及流程等与任职者相匹配；③能够减少任职者不良心理反应，提高员工积极性，让员工与企业融为一体。

9.3
岗位分析和评价与定编定员

　　定编定员是企业人力资源管理的基础，能够有效防止企业在人员招聘方面的盲目性，促进企业不断地改善劳动人事组织，使企业结构简化，避免人浮于事、效率低下的现象，提高劳动生产率。

9.3.1 定编定员的基本原则

定编定员主要解决企业各个工作岗位应当配备怎样的工作人员，以及应当具体配备多少人。通过对企业用人进行规定，促使企业用最少的人，办较多的事，提高效率。定编定员需要遵循以下原则。

（1）以企业当前状况为基准

岗位定编定员不能凭空臆想，要根据企业短期目标和长期战略，以计划时期内企业的各项经营管理目标作为首要依据。

定编定员不是只确定各岗位的人数，还要从质量上确定企业的用人标准，从而提高企业各项活动的效率。

（2）岗位结构优化

定编定员不仅要符合企业当前的发展状况，还要符合人力资源发展的规律。在保证能够实现企业经营目标的前提下，还要参考国家标准、行业标准以及竞争企业的相关信息，结合企业的管理水平、技术水平和人员素质等确定编制数量。

然后根据岗位任职条件，采取相应的方法进行定员，常见的方法有竞聘、双选等。

（3）协调各类人员的比例关系

定编定员工作中较为重要的一点是根据企业当前的特点协调好各类人员的比例关系，这样有助于了解各岗位的人员需求。

常见的比例关系主要包括图 9-4 所示的 6 种。

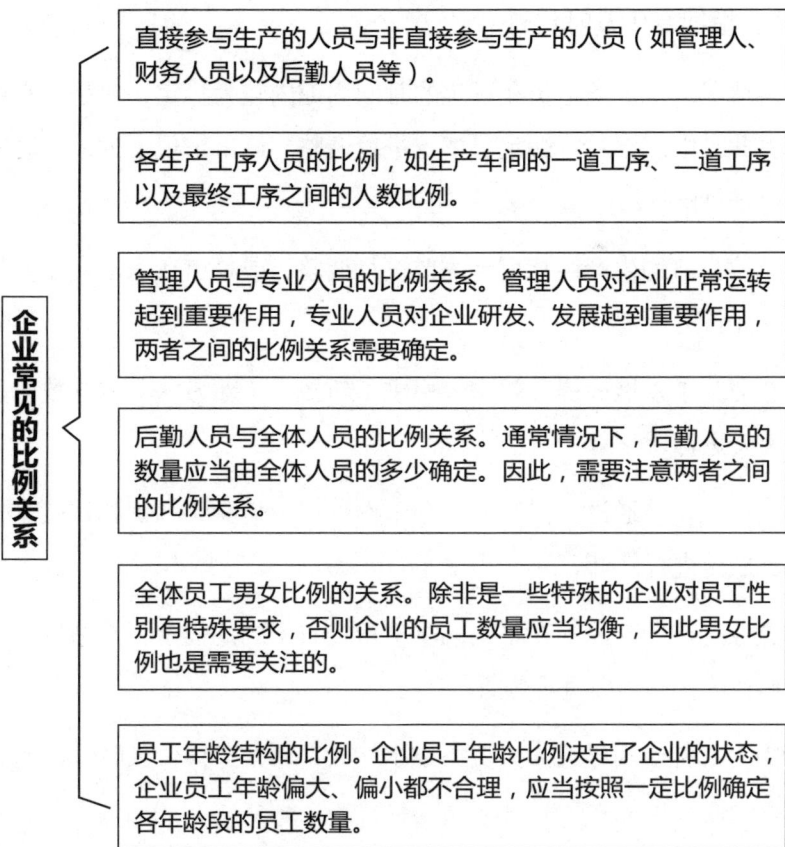

企业常见的比例关系

- 直接参与生产的人员与非直接参与生产的人员（如管理人、财务人员以及后勤人员等）。

- 各生产工序人员的比例，如生产车间的一道工序、二道工序以及最终工序之间的人数比例。

- 管理人员与专业人员的比例关系。管理人员对企业正常运转起到重要作用，专业人员对企业研发、发展起到重要作用，两者之间的比例关系需要确定。

- 后勤人员与全体人员的比例关系。通常情况下，后勤人员的数量应当由全体人员的多少确定。因此，需要注意两者之间的比例关系。

- 全体员工男女比例的关系。除非是一些特殊的企业对员工性别有特殊要求，否则企业的员工数量应当均衡，因此男女比例也是需要关注的。

- 员工年龄结构的比例。企业员工年龄比例决定了企业的状态，企业员工年龄偏大、偏小都不合理，应当按照一定比例确定各年龄段的员工数量。

图 9-4

（4）拟定定编定员需具备的条件

定编定员是一项难度较高的工作，需要具备专业性和技术性，除此之外还要了解企业的各个方面。进行定编定员工作的人力资源工作者需要具备相关能力，才能确保定编定员工作科学合理地进行。

◆ 了解管理相关工作和知识。

◆ 了解企业的相关业务和技术。

◆ 对企业的各个岗位有一定了解。

（5）根据变化及时修订

通常情况下，定编定员在一定的时间周期内较为稳定，但是也有可能发生变化，此时则需要对定编定员情况进行调整。通常出现下列情况时需要对定编定员进行修订。

①企业当前的生产经营目标需要进行调整，或是市场需求发生变化，需要对相关业务进行增减。

②企业为了发展或提升效率，引进了新技术（新方法），导致当前的定编定员需要进行调整。

③岗位工作者通过一段时间，在工作过程中自身的知识和技能水平大幅提高，就应当进行修订。

④企业生产的产品，在不同的季节市场有不同的需求，季节性变化大，例如旅游业等，则需要进行修订。

⑤因为各种原因导致人力资源成本增大，例如某岗位长时间没有招聘到合适的人员。

（6）有利于员工发展

定编定员工作在开展的过程中还需要考虑员工当前的职业发展情况，保证员工能够拥有足够的培训和学习时间，这样有助于员工提升自身的能力和技能。

当员工能力提升后，才能够更好地服务于企业，为企业创造更大的收入，实现可持续发展。因此，如果企业能够帮助员工做好职业规划，明确发展方向，对企业自身也是有利的。

9.3.2　常用定编定员的方法介绍

根据企业的性质不同，所从事的工作内容不同，相应的选择定编定员的方法也不同。下面具体介绍 5 种常见的定编定员方法。

（1）劳动效率定员法

劳动效率定员法是指根据生产任务和员工的劳动效率以及出勤等因素来计算岗位人数的方法。

利用效率定员法确定定员，有利于保证公司的劳动效率，克服人浮于事的现象。这种定员方法主要适用于有劳动定额的岗位，特别是以手工操作为主的工种，因为其所需人数不受机器设备数量等因素的影响，所以劳动效率定员法有两种形式，分别是产量定额和时间定额，具体介绍如下。

◆　产量定额

产量定额的计算公式如下。

定员人数 = 计划期生产任务总量 ÷（员工劳动定额 × 出勤率）

| 范例解析 |　产量定额定员人数

某企业每人每年需要生产轴承4 685 000件，每个工人每日的产量定额为16个，年均出勤率为95%。那么应当如何计算工人的定员人数？

根据上述公式，要计算定员人数，需要先计算员工劳动定额。

员工劳动定额=产量定额×一年的工作日

一年的工作日=365天/年—104天/年（休息日）—10天/年（法定休假日）

根据以上内容即可计算定员人数。

定员人数=4 685 000÷[16×（365−104−10）×95%]≈1 228人

可以得出在以上情况下，企业的定员人数为1 228人。

◆ 时间定额

时间定额的计算公式如下。

定员人数 ＝ 生产任务 × 时间定额 ÷（工作时 × 出勤率）

| 范例解析 |　时间定额定员人数

某企业每人每年需要生产轴承4 685 000件，单位产品的时间限额为0.5小时，每个工人每日工作8个小时，年均出勤率为95%。那么应当如何计算工人的定员人数？

根据上述公式，即可计算定员人数。

定员人数＝4 685 000×0.5÷[8×（365−104−10）×95%]≈1 228（人）

可以得出在以上情况下，企业的定员人数为1 228人。

对比两个案例，虽然一个是按产量定额，一个是按工时定额，但计算结果相同。这是因为按产量定额，每天生产16个轴承，按工时计算每天生产8/0.5个轴承也是16个，所以计算结果相同。

（2）设备定员法

设备定员法根据机器设备的数量、设备开动班次和工人看管设备的定额来计算定员人数。

设备定员法主要适合以机器设备操作为主的工种，特别是有大量同类型设备的岗位。如机器制造企业的各类机床，冶金企业的高炉、平炉、转炉、炼焦炉以及轧钢机等岗位。

设备定员法计算公式如下所示。

基本定员人数＝（同类型设备开动台数 × 单机定员标准 × 该型设备平均开动班次）÷ 出勤率

（3）岗位定员法

根据工作岗位的多少以及岗位工作量大小等因素来确定定员人数。适合使用连续生产装置或设备组织生产的企业，以设计不操纵设备又不实行劳动定额的辅助生产人员和服务人员。主要适合在设备开动的时间内，必须由单人看管或多岗位多人共同看管的场合。

岗位定员法的主要计算公式如下。

定员人数 =（同岗位数 × 岗位定员标准 × 班次）× 轮休系数 ÷ 出勤率

（4）比例定员法

比例定员法是一种依据相关人员之间的比例关系来计算确定员工数额的方法。如果某类人员的数量是随着职工总数或另一类人员总数的增减而增减的，就可找出它们之间的变化规律，确定它们之间的比例关系，则这种比例关系便具有标准的性质，可以作为计算定员的依据。

例如人力资源管理人员和企业员工总数的关系、直接生产人员与非直接生产人员之间的关系都可以用比例定员法确定。

比例定员法的计算公式如下所示。

某一种人员的定员数 = 服务对象人数 × 定员的标准比例

| 范例解析 |　比例定员法确定人力资源管理人员人数

某企业拥有员工共有5 000人，该公司将按照管理人员:其他员工=1:50的比例确定管理人员的人数。应当如何计算呢？

人力资源管理人员=5 000×（1:50）=100（人）

因此，经过企业人数和比例进行计算，该企业总共需要的人力资源管理人员人数为100人。

（5）预算控制定员法

预算控制定员法主要通过人力资源成本预算货币率，对部门人数和岗位定员进行控制。这种方法并不对企业或岗位的具体人数进行限制，部门负责人对本部门的业务目标、岗位设置和员工人数负责，在获得批准的预算范围内，自行决定各岗位的具体人数。

预算控制定员法的一般步骤如图9-5所示。

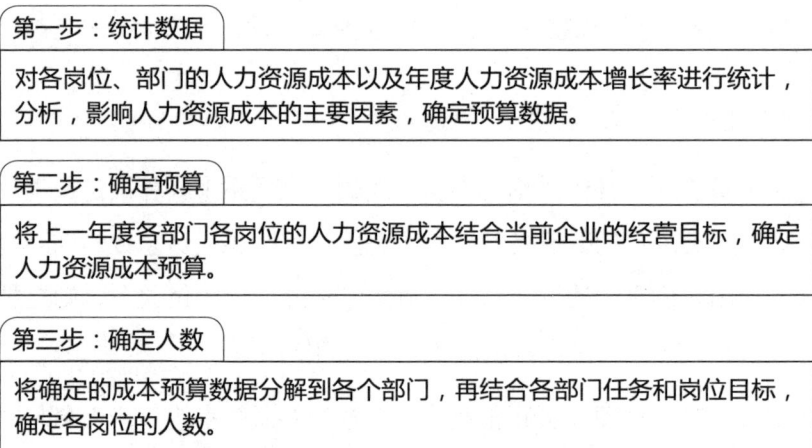

第一步：统计数据

对各岗位、部门的人力资源成本以及年度人力资源成本增长率进行统计、分析，影响人力资源成本的主要因素，确定预算数据。

第二步：确定预算

将上一年度各部门各岗位的人力资源成本结合当前企业的经营目标，确定人力资源成本预算。

第三步：确定人数

将确定的成本预算数据分解到各个部门，再结合各部门任务和岗位目标，确定各岗位的人数。

图 9-5

知识延伸｜定编定员方法选择注意事项

在工作中，通常是将各种办法结合起来，参照行业最佳案例来制定企业的岗位人数。不同性质的岗位往往采取不同的方法，在企业的实际运用过程中应该区别对待。

9.4
岗位设置表的编制

岗位设置就是根据实际工作需要，科学、系统化地进行职位的合理配置，以满足企业正常运营的需要。在进行岗位设置的过程中会涉及岗位设计表，这里将进行具体介绍。

9.4.1　岗位设置基本原则

在了解如何编制岗位设置表之前，需要了解岗位设置的基本原则，以便让编制的岗位设置表符合企业状况，不浪费人力资源。

岗位设置基本原则如表 9-4 所示。

表9-4　岗位设置的5个基本原则

原则	具体介绍
符合岗位最低数目原则	岗位数量要尽可能的少，这样能够使所有的工作尽可能地集中，避免分散。每一个人、每一个岗位的工作人员都应该承担很多责任
岗位最有效配合原则	在岗位职责中添加除开主要职责的其他职责，对其他相关岗位的工作进行支持，实现各岗位之间的合理配合
发挥最积极的作用原则	每个岗位都应当在组织设置里面，发挥最大作用，每个岗位应当具有其独立的主要职责，除此之外，还应具有部分或者支持性工作，发挥各岗位的最大作用
各岗位与其他岗位协调原则	这是指各岗位的工作职责应当协调，不能出现相互交叉，从而避免一项工作存在两个主要负责人，难以明确主要责任；除此之外，也不能出现一项职能没有人负责的情况
符合经济、科学和系统原则	岗位设置较多，从事这项工作的人就较多，企业需要支付的薪酬也较多；但如果设置较少，出现一项工作没有人负责的情况，这也是不利于企业发展的

在进行岗位设置时，人力资源工作者要特别注意，应当遵循上述的 5 个原则，避免因岗位设置不完善，导致企业运行混乱，影响企业的发展和内部团结。

9.4.2 部门职位设置表

部门职位设置表是指按照各个部门、各个单位的职位分别制作的表。在企业内部，通常每个部门一张表，主要用来介绍部门内的岗位和工作职责等。此外，公司的高层，例如公司总经理、各个副总或者总监之间的分工也要有一张岗位设置表。

例如，公司共有9个部门，那么公司就应当有10张表。分别是各部门一张，高层一张。

对于一些包含下属部门、分公司或地区公司的大型企业，其子公司可能和总公司相似，需要两个层次：一个层次就是分公司的领导要有一张表；另外分公司各个部门要有一张表。

岗位设置表和岗位说明书不同，岗位说明书列示的内容较为详细，但岗位设置表只写主要职责。

下面来看部门岗位设置表。

| 范例解析 |　总经办岗位设置表

总经办岗位设置表

部门名称	总经办		
部门职位总数	12	部门总人数	18
职位名称	职位人数	主要职责	
主任	1	建立完善公司行政及人力资源管理体系，负责公司行政管理、公关宣传、企业文化以及总务后勤等方面的工作	
后勤主管	1	负责公司车辆、办公用品、环境卫生、餐饮、物业等后勤保障的管理与服务	
行政内勤	1	负责公司行政综合事务管理与服务	

企划	1	负责公司宣传策划工作
司机班长	1	公司车辆及司机管理
司机	7	完成各项出车任务及车辆维护保养
行政主管	1	负责公司行政管理工作
企管主管	1	负责公司企业管理方面的工作
信息建设	1	负责公司信息化及网络建设
行政外勤	1	负责公司公共关系工作
文化宣传	1	负责公司企业文化建设工作
企管员	1	负责公司企业管理信息统计分析等工作
备注		

从上表中可以发现，岗位设置表中通常包含岗位名称、岗位人数以及主要职责等信息。人力资源工作者在编制岗位设置表的时候可以参考上述表格，快速制作本公司各部门的岗位设置表。

9.4.3　岗位设置总表

岗位设置总表就是将企业各部门的岗位进行统一排列，形成一张综合、全面的表格。岗位设置总表中的内容较为简单，主要包括岗位编号、岗位部门、岗位名称以及岗位人数等（通常不包括岗位职责）。

总表包含的主要信息如下。

岗位编号。为了使岗位更加规范，每个岗位应设置对应的岗位编号。例如部门编号为 AC，岗位编号从 01 开始，则该部门第一个岗位的编号为 AC-01。这样编号有利于实现计算机化、信息化管理的时候比较方便。

岗位部门。每家企业都由若干个部门组成，不同的岗位也分别隶属于各个部门。因此，要明确各岗位对应的部门。

岗位名称。 岗位名称可以来自各个部门的岗位设置表，这样就不容易出现表述不统一的情况。

下面具体介绍岗位设置总表的制作。

| 范例解析 |　**某企业的岗位设置总表**

岗位设置总表

部门名称	编号	岗位名称	职位人数（人）
公司高层	PL-GC-001	董事长	1
	PL-GC-002	执行总裁	1
	PL-GC-003	总经理	1
	PL-GC-004	副总经理	1
			董事长不计，合计 3 人
董事长办公室	PL-DS-001	董事长助理	2
	PL-DS-002	董事长秘书	1
			合计 3 人
总经办	PL-ZG-001	主任	1
	PL-ZG-002	后勤主管	1
	PL-ZG-003	行政内勤	1
	PL-ZG-004	企划	1
	PL-ZG-005	司机班长	1
	PL-ZG-006	司机	7
	PL-ZG-007	行政主管	1
	PL-ZG-008	企管主管	1
	PL-ZG-009	信息建设	1
	PL-ZG-010	行政外勤	1

续上表

总经办	PL-ZG-011	文化宣传	1
	PL-ZG-012	企管员	1
	合计 18 人		
人力资源部	PL-RL-001	经理（兼）	1
	PL-RL-002	招聘培训员	1
	PL-RL-003	薪酬绩效员	1
	PL-RL-004	员工关系员	1
	合计 4 人		
客服部	PL-KF-001	经理	1
	PL-KF-002	客服员	2
	合计 3 人		
财务部	PL-CW-001	经理	1
	PL-CW-002	会计	1
	PL-CW-003	出纳	3
	合计 5 人		
审计监察部	PL-SJ-001	经理	1
	PL-SJ-002	审计员	1
	合计 2 人		
项目部	PL-XM-001	经理	1
	PL-XM-002	副经理	1
	PL-XM-003	预算员	1
	PL-XM-004	资料员	1
	PL-XM-005	技术员	2
	合计 6 人		
营销部	PL-YX-001	经理	1
	合计 1 人		

续上表

保安部	PL-BA-001	经理	1
	PL-BA-002	保安	50
	合计 51 人		
生产管理部	PL-SC-001	经理	1
	合计 1 人		
外联部	PL-WL-001	经理	1
	PL-WL-001	外联员	2
	合计 3 人		
		职能部门总计	100

9.5
落实企业岗位管理办法

岗位管理是以组织中的岗位为对象，科学地进行岗位设置、岗位分析、岗位描述、岗位监控和岗位评估等一系列活动的管理过程。企业岗位管理办法则是将岗位管理相关内容进行整合，形成的文书。

岗位管理主要包含 4 个部分的内容，分别是岗位管理标准、岗位管理定级评价、岗位管理调整与管理以及岗位管理落实与反馈，下面分别进行介绍。

岗位管理标准。 结合企业的发展战略、企业文化以及核心能力等来确定各岗位的认知标准。

岗位管理定级评价。 通过定级评价，将任职者的能力与岗位任职要求进行比较，评估岗位从业者与岗位任职条件的差距，方便后期进行弥补。

岗位管理调整与管理。 将评价结果依据相关标准分别对应，以实现人才有序调整与规划。

岗位管理落实与反馈。将岗位管理标准具体明确落实，岗位管理结果的落实主要指企业依据任职者评价结果，对应调整。

下面通过具体的岗位管理办法进行分析。

｜范例解析｜　岗位管理办法

第一章 总则

第一条 为使公司合理使用、组织人力资源，达到人岗匹配，人尽其才，规范公司员工调动管理，特制订本办法。

第二条 本办法适用于除董事会成员、总经理以外的所有员工。

第二章 定编及岗位设定

第三条 公司人力资源部根据企业总体经营目标和要求，提出公司人员规模和人力资源需求规划，报公司领导批准实施。

第四条 人力资源部会同各部门科学合理地划分企业组织职务，明确职务的相互关系，建立清晰的职务层次、顺序。

第五条 编制职务说明书体系，明确每个职位的工作性质、任务、难易程度、权限、责任大小以及任职条件。

第三章 岗位聘用原则

第六条 坚持任人唯贤、优化组合结构。

第七条 公司调配方案与个人业务专长和意愿相结合。

第八条 实行自上而下的逐级聘用制度，并由人力资源部门统一办理聘用手续。

第九条 岗位聘用期限须短于或等于员工劳动合同期限。

第四章 岗位聘用管理

第十条 公司实行岗位聘任制管理，公司在职位出现空缺或新增职位，部门需调整、重组，管理人员轮调的，人员超编需调整分流，聘期届满等情况下，组织符合条件的员工参与岗位竞聘，上岗员工与公司协商一致签订岗位聘任书的，以此明确员工的具体工作岗位。具体条件与竞聘岗位由人力资源部统一发布通知与执行办法。

第十一条 岗位聘任书由人力资源部统一发给。岗位聘任书中明确岗位补贴、岗位职责、工作地点、聘用起始日期以及其他有关事项，岗位补贴根据公司的工资架构及职级制度来确定补贴标准。

......

第五章 岗位调整

第十四条 岗位异动分为平调、轮调、升调、下调、临调、借调。

第十五条 员工岗位发生异动、原工作岗位聘期结束的，应视情况重新签订岗位聘任书。

......

上面案例中介绍的管理办法，主要介绍了定编及岗位设定、岗位聘用原则、岗位聘用管理以及岗位调整。除此之外，在总则中对岗位管理办法制定的目的进行了介绍，可供参考。

第十章

岗位分析和评价与组织结构

岗位分析和评价为组织结构设计提供了相关信息和重要依据，而组织规划对企业的战略目标和发展壮大起到了至关重要的作用。因此，了解岗位分析和评价与组织设计是很有必要的。

10.1
岗位分析和评价与组织结构设计

组织结构设计就是对组织的组成要素和它们之间连接方式的设计，它是根据组织目标和组织活动的特点，划分管理层次、确定组织系统、选择合理组织结构形式的过程。需要注意，岗位分析和评价与企业组织设计是相辅相成的，能够起到完善企业管理的作用。

10.1.1　组织结构设计的主要内容

通过组织设计可以将企业的任务、流程、权力和责任重新进行有效组合和协调，从而适应企业的发展。

关于组织结构设计，首先需要了解的是组织结构设计的主要内容，具体介绍如下。

职能设计。职能设计是指企业的经营职能和管理职能的设计。企业作为一个经营单位，要根据自身的战略目标和具体任务设计经营、管理职能。同时，对于企业内部存在的不合理职能，还需要进行调整，如果调整后仍然不适合，就需要取消。

框架设计。该部分是企业进行组织设计的主要内容，框架设计就是在企业内部根据企业结构设计大体框架，框架设计决定了企业的整体格局。内容简单来看就是纵向的分层次、横向的分部门，如图 10-1 所示。

协调设计。协调设计是指协调方式的设计，通过框架设计就大体确定了企业层级和部门，相当于进行了简单分工。协调方式的设计就是研究分工的各个层次、各个部门之间如何进行合理的协调、联系、配合，以保证其高效率配合，发挥管理系统的整体效应。

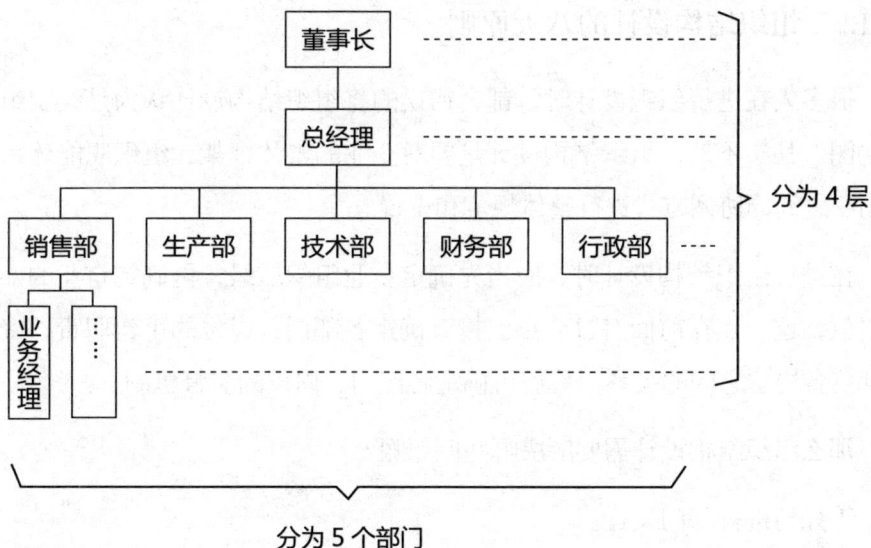

图 10-1

规范设计。规范设计就是管理规范的设计。管理规范设计是指企业应当具备的规范和准则，也就是对企业规章制度的设计。管理规范保证了各个层次、部门和岗位都在统一的要求和标准下进行工作或协作。

人员设计。人员设计就是管理人员的设计。企业结构设计和规范设计都要依托于管理者，因为结构设计和规范设计最终都要落实到具体的人，由管理者进行执行。所以，按照组织设计的要求，必须进行人员设计，配备相应数量和质量的人员。

激励设计。激励设计就是设计激励制度，对管理人员进行激励，其中包括正激励和负激励。正激励包括工资、福利等，负激励包括各种约束机制，也就是所谓的奖惩制度。激励制度既有利于调动管理人员的积极性，也有利于防止一些不正当和不规范的行为。

10.1.2　组织结构设计的八大原则

很多人在进行组织设计时，都会错误的将组织结构设计认为是绘制组织结构图。其实不然，组织结构设计是要对企业的整体框架、组织职能体系以及组织之间的协调方式进行整体规范和设置。

在进行组织结构设计时，应当先确定企业组织层级，再确定企业的部门和岗位，这一点在前面有过介绍。接着确定各部门、岗位的工作职责，确定各部门各岗位之间的关系，最后再确定各部门、岗位的监督机制。

那么组织结构设计需要解决哪些问题呢？

①如何进行部门设置。

②确定部门与部门之间、岗位与岗位之间的协作关系。

③确定企业管理和汇报关系，明确基本管理模式。

④明确权力的划分情况，是高度集中还是较为分散。

⑤明确管理者的管理层次和有效领导员工的数量。

⑥明确企业的规章制度和管控措施。

那么要解决这些问题，岗位分析与评价能够为组织结构设计提供哪些帮助呢？

岗位分析。 在进行岗位分析时，会首先进行信息收集，收集到各岗位工作信息有助于解决部门设置、专业化分工、管理层级划分和职权体系建立等一系列问题，能对组织设计工作起到支持作用。

岗位评价。 在进行岗位评价的过程中，为了保证评价工作的公平合理，通常会制作统一的评价要素和评价标准。实质上是对企业战略目标的强化，也更加明确了所设置的部门和岗位的功能与职能、贡献和价值。

由此可见，组织结构设计与岗位分析与评价工作关系密切，不能脱离岗位分析和评价工作，在进行组织结构设计时，应遵循以下 8 项原则。

（1）适配企业战略

组织结构代表了企业的整体架构，目的是促进企业良性发展。因此，企业组织结构应当服务于企业整体战略，与战略相适应，成为实现战略目标的载体。

不仅如此，与战略目标相契合的组织结构更有利于企业整体气质、文化的建立，对外形成良好印象。

然而，战略目标并不固定，时常会随着外部市场的变化、企业内部的变化以及战略目标的达成等而变化，这就要求组织结构也要随着战略目标的变化而变化。

因此，只有企业明确了长期战略目标，在此前提下，才能比较容易地进行组织结构设计，达到组织结构与战略目标的高度适配。企业战略与组织结构特征关系如表 10-1 所示。

表 10-1　企业战略与组织结构特征关系

企业战略	外部环境	当前目标	组织结构
战略防守	稳定	防守和稳定	高度规范化、集权化，监督控制严密
攻守兼备	变化	稳定和灵活	高度规范化，适度集权控制，存在部分分权业务，规范化要求低
战略进攻	动荡	灵活	主动分权，低规范化，部门结构松散
反应型战略	动荡	抵御	被动反应，效率低下，被动分权管理

（2）与企业生命周期匹配

企业处在不同的发展周期，对组织结构设计有不同的要求，因此选择的组织结构模式也不相同。企业的发展阶段可以大致分为 5 个，分别是初创期、成长期、成熟期、衰退期和转折期。企业不同发展阶段与组织结构设计的关系如表 10-2 所示。

表 10-2　企业发展与组织结构特征关系

要求\n周期	专业化	部门化	指挥系统	管理幅度	集权	分权	规范化	组织结构模式
初创期	低	低	简单	大	高	低	低	直线制
成长期	较低	较低	较复杂	较小	较高	较低	较高	集团化
成熟期	高	高	复杂	小	低	高	高	矩阵化
衰退期	较高	较高	复杂	小	较高	较低	较低	直线制
转折期	低	高	简单	大	高	低	较高	直线制

知识延伸｜组织结构模式介绍

　　组织结构模式是指企业组织结构的特点和对权利的把控程度。组织结构模式包括直线制、职能制、直线职能、事业部制、模拟分权制以及矩阵制等，具体介绍如表 10-3 所示。

表 10-3　组织结构模式介绍

项目	具体介绍
直线制	特点是企业各级行政单位从上到下实行垂直领导，下属部门只接受一个上级的指令，各级主管负责人对所属单位的一切问题负责。直线制只适用于规模较小、生产技术比较简单的企业
职能制	各级行政单位除主管负责人外，还相应地设立一些职能机构。要求行政主管把相应的管理职责和权力交给相关的职能机构，各职能机构就有权在自己业务范围内向下级行政单位发号施令
直线职能	把企业管理机构和人员分为两类，一类是直线领导机构和人员，按命令统一原则对各级组织行使指挥权；另一类是职能机构和人员，按专业化原则，从事组织的各项职能管理工作
事业部制	事业部制是分级管理、分级核算、自负盈亏的一种形式，实行单独核算、独立经营、公司总部只保留人事决策、预算控制和监督大权，并通过利润等指标对事业部进行控制

续上表

项目	具体介绍
模拟分权制	模拟事业部制的独立经营、单独核算，而不是真正的事业部，是一个"生产单位"。有自己的职能机构，享有尽可能大的自主权，负有"模拟性"的盈亏责任，能调动生产经营积极性，达到改善企业生产经营管理的目的
矩阵制	在组织结构上，既有按职能划分的垂直领导系统，又有按产品（项目）划分的横向领导关系的结构

（3）客户导向

对于营利性企业而言，市场行情与客户数量、满意度是其生存和发展需要重点考量的。此时，组织结构的设计目标是以提高产品（服务）质量、客户满意度和市场占有率为重心，努力达到和满足客户需求。

以客户为导向的组织结构设计就是要以客户需求为基准，结合企业所处行业的特点，设计出符合企业发展，具有较高灵活性的组织设计，更容易被接受。

（4）分工协作

这里的分工协作是指企业在进行组织结构设计时，应当注重分工协作，通过不同方向的专业人员相互协作，不仅能够提升组织结构设计的效率，还能够有效降低培训成本和生产运营成本。

需要注意的是，企业的生产经营活动不是孤立的，各职能部门、各岗位在专业化分工的前提下，更需要强调部门之间、岗位之间的协调与配合，从而提高工作效率，实现工作目标。否则，组织结构设计的成果将会显得零散，缺乏整体性，也就不适合企业。

（5）精简高效

精简高效原则是企业进行组织结构设计需要遵守的，通过精简高效原则可以使企业运营效率大大提升。精简高效原则主要包括以下内容。

◆ 各部门和岗位的设置应当精简。

◆ 企业各部门、岗位的管理关系要明确。

◆ 各个岗位的工作职责要明确，不重叠、不遗漏。

除此之外，要想组织设计工作更加高效，进行组织设计的团队也应当进行精简，避免队伍人员冗余，有的工作没人做，有的工作却有多个人在做，这一点需要注意。

（6）确定管理幅度和管理层次

组织结构设计应当拥有合理的管理幅度和管理层次，下面分别对其进行介绍。

◆ **管理幅度**：管理幅度是一名领导者直接领导、监督和管理的下属人员数。

◆ **管理层次**：管理层次是组织的最高主管到作业人员之间所设置的管理职位层级数。

通常在企业规模一定的情况下，管理幅度和管理层次成反比。管理幅度越大，需要管理的人数就越多，因此管理幅度是有限的。在实际操作中管理幅度并没有明确的硬性规定，可以按照以下标准施行。

①高层管理者的管理幅度以 3 ～ 6 人较为适宜。

②中层管理者的管理幅度以 5 ～ 9 人较为合适。

③基层管理者的管理幅度可以限定为 7 ～ 15 人。

（7）责任、权利、利益对等

企业的组织结构设计需要建立在岗位分析和评价的基础上，各个岗位的责、权、利要明确，不能出现职责和权利的重叠或盲区。

通常情况下明确职责、权利和利益可以减少各部门之间不必要的争执、摩擦，有利于加强企业与员工的联系，让员工为身为集体的一份子而感到自豪，有利于提升员工工作的积极性和自主性。

而在企业运行过程中，权力分配是十分重要的，企业通常存在集权式（高层完全掌握权力）和分权式（中层和基层具有一定的经营决策权）两种模式。

在实际操作中，企业规模的不断扩大，就应当伴随着权力的划分，否则会造成管理困难、工作开展困难等问题。因此，在组织结构设计时，应明确哪些权利需要集中、哪些权利有必要分散，集权和分权的设计一定要控制在合理的范围内。只有这样，才能确保既不能影响组织运营效率，又不能挫伤中层、基层管理者和员工的工作积极性。

（8）风险控制

企业在经营过程中难免遭遇风险，有的风险可以通过培训进行规避，但有的风险却难以规避。因此在做好自我约束和培训的同时，还应当建立健全企业风险控制系统。

此外，在进行组织设计时，为保证组织结构设计的公平性，也应当单独建立完善的监控系统，进行风险控制。

10.1.3　组织结构设计的重点

组织结构设计应当围绕企业的长期战略目标，并参考企业所处发展阶段进行具体设置。在进行组织结构设计时，应当重点关注 5 个方面，如图 10-2 所示。

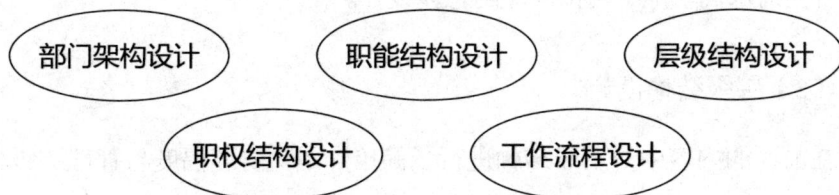

部门架构设计　　职能结构设计　　层级结构设计

职权结构设计　　工作流程设计

图 10-2

下面分别对这 5 个方面进行具体介绍。

（1）部门架构设计

部门架构设计是指对各部门内部进行设计，相当于进行部门横向设计。部门架构设计主要包括 3 方面的内容，如表 10-4 所示。

表 10-4　部门架构设计的主要内容

项目	具体介绍
设立职能部门	设立职能部门需要参考企业的整体目标和业务目标，同时还要遵循分工协作原则、最少部门原则以及客户导向原则
设计横向关系	设置好各职能部门后，还需要确定各职能部门之间的横向关系，主要包括沟通协作和监督制约，有利于调节各部门之间的关系，并且明确各部门的目标
设计部门内部结构	部门内部结构设计的主要原则是进行二级职能部门划分以及岗位设置

设置部门内部结构时涉及的岗位设置需要对应开展岗位分析预评价工作，才能使岗位设置科学合理，符合当前企业的发展状况。

（2）职能结构设计

职能结构设计工作与岗位分析和评价工作的关联较大，岗位分析和评价的工作成果能够有效避免职能交叉、职能重叠、职能冗余、职能缺失、职能割裂、职能分散以及职能错位等问题。

除了了解职能结构设计与岗位分析和评价的关联外，还需要知道职能结构设计是对部门功能、岗位职能的总体设计。

（3）层级结构设计

在前面的内容中对层级结构进行了简单介绍，管理幅度与管理层级相对应，管理层次越多，相应的管理幅度就越小。

对于管理幅度来说，管理幅度越大，可以相应的减少管理层次，使组织趋于扁平化。扁平化组织结构的优缺点如表 10-5 所示。

表 10-5　扁平化组织结构的优缺点

优缺点	具体介绍
优点	①由于层次少、信息的传递速度快，可以使高层尽快地发现信息所反映的问题，并及时采取相应的纠偏措施。 ②由于信息传递经过的层次少，传递过程中失真的可能性也较小。 ③较大的管理幅度，使主管人员对下属不可能控制得过多，从而有利于下属主动性和首创精神的发挥
缺点	①主管不能对每位下属进行充分、有效的指导和监督。 ②每个主管从较多的下属那儿取得信息，众多的信息量可能淹没了其中最重要、最有价值的信息，从而影响信息的及时利用等

管理幅度过小，会导致层级过多，可能会造成越级指挥、多级指挥的情况，使组织结构趋于锥形，其优缺点如表 10-6 所示。

表 10-6　锥形组织结构的优缺点

优缺点	具体介绍
优点	较小的管理幅度可以使每位主管仔细地研究从每个下属那儿得到的有限信息，并对每个下属进行详尽地指导
缺点	①影响信息从基层传递到高层的速度，使信息在传递过程中失真。 ②可能使各层主管感到自己在组织中的地位相对渺小，从而影响积极性的发挥

要想使组织层级结构适配，就需要合理安排岗位工作任务，明确岗位职责，明确各个岗位在企业中的贡献和价值。

（4）职权结构设计

职权设计就是全面、正确地处理企业上下级之间和同级之间的职权关系，将不同类型的职权合理分配到各个层次和部门，明确规定各部门、各种职务的具体职权，建立起集中统一、上下左右协调配合的职权结构。

职权结构设计的关键点在于对职责、权利和利益的设计，这一点在前面也有过介绍，其中设计的难点在于如何平衡这3者的关系，关键是3者的关系应当对等、合理，才能使企业发展。此外，通过岗位分析和评价，可以为职权结构设计提供有用的信息。

（5）工作流程设计

工作流程设计的目的是将企业的各个部门和各个岗位进行衔接，从而形成一个整体，实现整体效率的提升，和工作条理的规范性。

工作流程设计的主要任务是明确各部门、各岗位的分工，规定跨部门和多岗位的协作流程与规则。工作流程设计的具体效果如下。

◆ 企业建立完善的工作流程可以明确各部门、各岗位的工作任务，从而合理配置人力资源。

◆ 监控工作过程，取得良好的工作结果，也能够帮助企业控制风险，降低运营成本，提升服务质量，最终提高客户满意度和企业的市场竞争能力。

岗位分析和评价与工作流程设计的关系较为密切，可以为企业工作流程设计提供丰富的数据、资料和信息。

10.1.4　了解组织结构设计的步骤

组织结构设计是一项较为复杂的工作，需要结合企业的具体情况，并参考岗位分析与评价结果进行具体设计。组织结构设计通常可以分为3个步骤，如图10-3所示。

图 10-3

下面分别对这 3 个步骤进行具体介绍。

（1）选择最佳的组织结构模式

要选择合适的组织结构模式，首先需要对组织结构的影响因素进行分析，主要包括 4 个因素，具体如表 10-7 所示。

表 10-7　组织结构的影响因素

因素	具体介绍
企业环境	企业面临的环境特点，对组织结构中职权的划分和组织结构的稳定有较大的影响。如果企业面临的环境复杂多变，有较大的不确定性，就要求在划分权力时给中下层管理人员较多的经营决策权和随机处理权。如果企业面临的环境是稳定的、可把握的，对生产经营的影响不太显著，则可以把管理权较多地集中在企业领导手里
企业规模	一般而言，企业规模小，管理工作量小，为管理服务的组织结构也相应简单；企业规模大，管理工作量大，需要设置的管理机构多，各机构间的关系也相对复杂
战略目标	企业在进行组织结构设计和调整时，只有对本企业的战略目标及其特点，进行深入地了解和分析，才能正确选择企业组织结构的类型和特征
信息沟通	信息沟通贯穿于管理活动的全过程，组织结构功能的大小，在很大程度上取决于它能否获得信息、信息是否足够以及能否及时地利用信息

总之，在进行组织结构设计时，必须认真研究上述四个方面的影响因素，并与之保持相互衔接和相互协调，究竟主要考虑哪个因素，应根据企业具体情况而定。

（2）组织结构模式的详细设计

在对影响组织结构的因素进行分析后，即可选择合适的组织结构模式。之后就需要按照组织结构设计原则对企业的部门结构、职能结构以及职权结构等进行设计，最终形成符合实际要求的组织结构。

（3）组织结构实施方案的制定

组织结构设计完成后通常都会在企业中进行运用，取代之前的组织结构，因此在使用之前可能需要进行风险分析，确定当前的组织结构是否存在影响企业运营的风险。

在完成风险分析后，在此基础上确定组织结构实施部署方案，提前做好各项应对措施。

下面来看某公司具体的组织结构实施方案

| 范例解析 |　××公司组织结构实施方案

一、指导思想

为实现公司的经营目标，优化管理流程、推进功能组合，以规范机构设置、强化管理职能、提高办事效率为重点，建立规范有序、管理科学、运转协调、以人为本，符合现代企业制度需要的组织架构。

二、设置原则

坚持高效、简洁、有序的原则；坚持适应公司体制改革的原则；坚持符合现代企业制度的原则。

三、部门设置

根据公司发展的需要，公司内设董事长、总经理、副总经理、董事长助理、综合管理办公室、综合财务部、施工项目部、经营科、技术质安科一共九个部门。

四、公司组织架构图

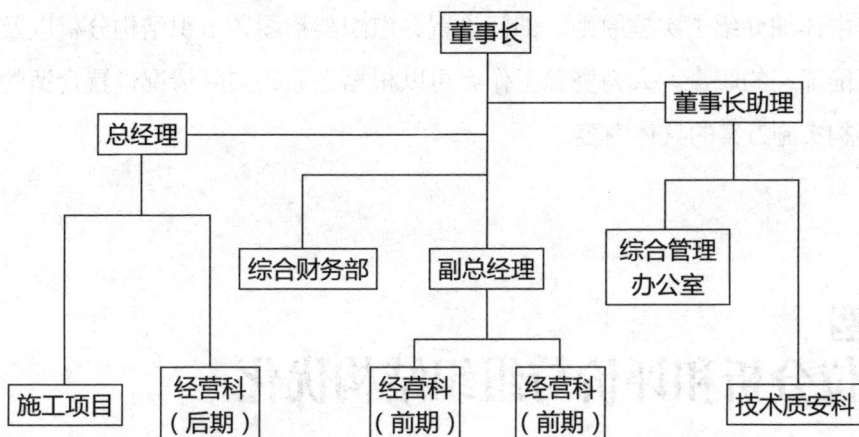

```
                              董事长
                                │
                                ├──────────────董事长助理
                                │                    │
         总经理──────────────────┤                    │
            │              │     │      │             │
            │          综合财务部  副总经理  综合管理     │
            │                      │      办公室        │
            │                      │                    │
   ┌────────┤          ┌───────────┤                    │
施工项目  经营科     经营科      经营科              技术质安科
        （后期）   （前期）    （前期）
```

五、公司组织结构分析

（一）决策层为董事长和总经理

集中精力致力于企业战略规划、重大项目运作以及资源整合方面。对公司的重大事情如公司的发展方向、战略决策、方案设计等做出决策，其中董事长拥有公司的最高决定权。

……

六、公司主要职能部门职责

（一）综合管理办公室职责

1.负责公司日常行政、后勤保障及办公设施、设备的采购及管理工作。

……

七、公司领导及主要岗位职能和职责

（一）总经理：领导制定公司战略，进行经营规划；根据战略要求进行资本运作和资源整合；对各部门预算和业务进行终审和管理；重要岗位的人事和组织管理。在董事长领导下，其主要工作如下：

……

上述案例是 × × 公司的组织结构实施方案的部分内容，组织结构实施方案中详细介绍了实施原则、部门设置、组织架构图、组织结构分析以及主要职能部门的职责。人力资源工作者可以根据企业的实际情况设置合适的组织结构实施方案的具体内容。

10.2
岗位分析和评价与组织结构优化

企业进行岗位管理，首先需要构建组织结构，然后在企业不断发展的过程中还需要对组织结构进行不断的调整和优化。

一个初创企业通常都能按照自身的需要设置组织结构，之后还需要对部门功能进行设置、对岗位职责进行细化以及明确从事该岗位需要具备的任职条件。

10.2.1　组织结构优化时机选择

企业在经营过程实际上是一个发现问题并解决问题的过程。企业发展过程中出现沟通不畅、职权不明、管理效率低下以及员工对企业产生不满情绪等情况，说明企业当前存在问题。

人力资源部门应当对企业存在的问题进行分析，了解是企业文化、企业管理制度等出现问题，或是企业的组织结构出现问题，与当前企业发展状况不匹配。

作为人力资源工作者，应当经常审视企业现有的组织结构是否与企业当前或未来的发展形势相匹配，如果出现问题就应及时调整。下面具体介绍岗位结构优化时机的选择要点。

◆　企业战略发生巨大变化

对于企业而言，战略发生调整，组织结构也应当随之进行调整，否则就可能不适合公司当前情况。

通常情况下，企业的业务结构发生变化会导致企业战略变化，包括业务收缩与扩张、拓展新业务以及关闭某项业务等。例如某企业推出了A、B、C三种产品，投放到市场后，A和B产品的销售情况良好，C产品经过长时间的促销、推广都未见起色，于是需要收缩该产品。此时就涉及企业生产和销售的调整，应当减少C产品的生产、研发和销售人员，重点支持A和B两种产品，因此需要进行组织结构优化。

◆　企业所处发展阶段发生变化

前面介绍到，企业的发展阶段主要包括5个，分别是初创期、成长期、成熟期、衰退期和转折期，处在不同发展时期的企业对应的组织结构应当是不同的。

例如当企业处在初创期，企业需要快速发现市场需求并制定相应的发展战略，此时组织结构较为简单，有利于消息快速传递和工作任务的传达。而当企业不断发展壮大，到达成熟期，简单的组织结构就不适合企业的发展了，会导致监督和控制的职能缺失。因此，企业应当细化组织结构，加强监督和内部控制，才能适应新阶段的发展。

◆　组织人事或管理模式发生变化

在企业中，组织结构的基础是员工，需要员工来根据组织结构进行工作和监督。因此，当企业的人事或者管理模式发生变化时，就需要对企业的组织结构进行调整和优化，是指与企业当前状况相适应。

例如企业为了加强内部管理，引进了新的管理体系，那么为了使这种管理体系能够更好地发挥作用，就需要对企业当前的组织结构进行调整，让组织结构与管理系统相匹配。

◆ 外部市场或竞争对手发生变化

企业的组织结构是为了促使企业更好的发展，促进企业战略实现。当企业对应的外部市场发生变化或是竞争对手的关系发生变化时，则可能需要调整组织结构。

例如某家电企业所处的市场对于家电的需求量直线攀升，供不应求，那么，公司面对这种情况就需要调整公司生产部门的人员占比，加强企业的生产能力，积极进取，占领市场，这时就需要对应的调整组织结构。

◆ 组织结构本身存在问题

组织结构本身存在问题是指企业的组织结构设置不够完善，存在一些需要改进的地方。例如企业组织结构臃肿，协调困难，沟通不畅，决策缓慢，导致公司内耗严重，影响公司发展，则需要调整、优化组织结构。

例如企业经常存在决策由上向下传递时，在传递过程中信息出现错误，导致下级员工错误理解决策内涵，或是上层在收集信息时，信息由下向上传递的过程中出现失真，或是基层的信息被其上级进行修改等情况。这就需要简化企业结构，让信息的上下流通更加顺畅、准确。

◆ 组织人浮于事，官僚作风

企业在发展过程中不断壮大，但也会存在一些问题不利于企业发展。如企业解雇不合理，员工的数目超过了工作数目，导致部分员工白拿薪水，或者组织结构复杂，导致办事推诿，相互搪塞、应付，面对这些情况则需要优化组织结构。

例如某企业需要两个部门进行协同工作，两个部门的负责人对此事进行了多次讨论却没有结果，形成结果后却又没有按照结果进行施行，最终使该项工作不了了之，只得应付了事。这种情况就是典型的官僚作风，影响企业发展，因此需要对企业结构进行优化。

人力资源工作者在日常工作中需要留意企业的各种状况，并知道如何对企业存在的问题进行分析，一旦发现企业的组织结构存在问题，则需要积极反应，及时解决。只有这样才能促使企业改进不足，不断发展。

10.2.2 组织结构诊断具体步骤

在对组织结构进行优化或调整之前，首先需要知道企业组织结构存在的问题，才能对症下药。要发现企业组织结构的问题，可以通过组织结构诊断的方式进行了解。

组织结构诊断的步骤通常包含以下 5 个，如图 10-4 所示。

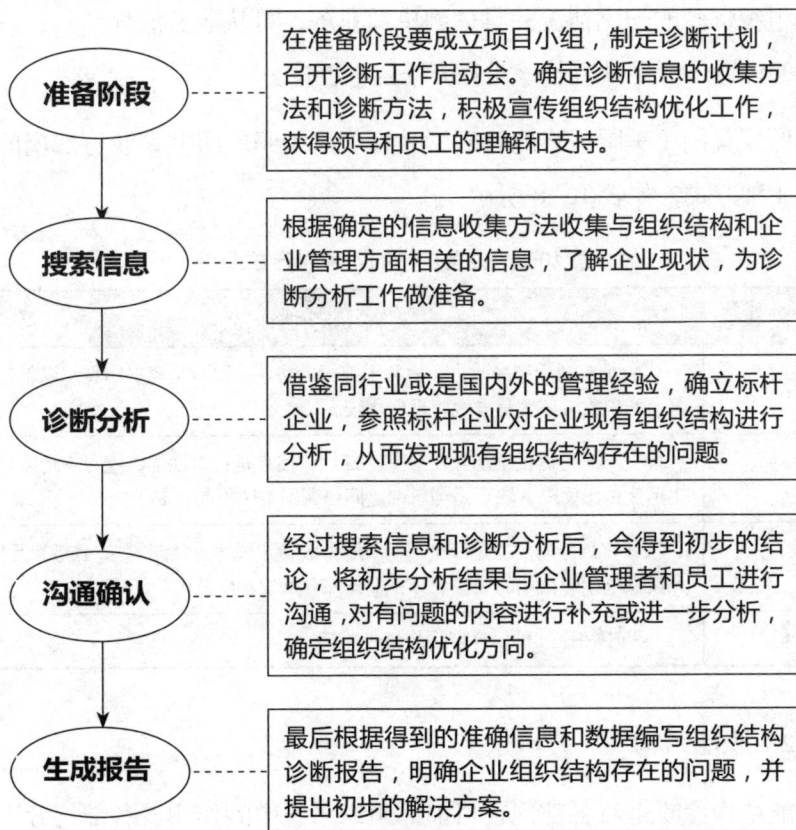

步骤	说明
准备阶段	在准备阶段要成立项目小组，制定诊断计划，召开诊断工作启动会。确定诊断信息的收集方法和诊断方法，积极宣传组织结构优化工作，获得领导和员工的理解和支持。
搜索信息	根据确定的信息收集方法收集与组织结构和企业管理方面相关的信息，了解企业现状，为诊断分析工作做准备。
诊断分析	借鉴同行业或是国内外的管理经验，确立标杆企业，参照标杆企业对企业现有组织结构进行分析，从而发现现有组织结构存在的问题。
沟通确认	经过搜索信息和诊断分析后，会得到初步的结论，将初步分析结果与企业管理者和员工进行沟通，对有问题的内容进行补充或进一步分析，确定组织结构优化方向。
生成报告	最后根据得到的准确信息和数据编写组织结构诊断报告，明确企业组织结构存在的问题，并提出初步的解决方案。

图 10-4

10.2.3 组织诊断的四个维度

组织结构建立的根本目标是为了实现企业的战略目标，组织的发展战略对组织结构的设计具有决定性的影响，组织结构必须随着组织的重大战略调整而调整。

在对组织结构进行诊断时，通常从以下 4 个维度展开，分别是业务结构、职能结构、层次结构和职权结构。

（1）业务结构

企业内部存在多项业务时，业务结构的诊断主要是分析各项业务的分工结构及组织资源的配比情况。具体到单项业务，可从业务流程切入，诊断组织部门的设置是否足以覆盖该业务流程且不重叠。

按照罗宾斯（美国著名的管理学教授）对组织的研究，业务部门的划分有以下 4 种方式，如表 10-8 所示。

表 10-8　业务部门的 4 种划分方式

划分方式	具体介绍
按产品划分	优点是有利于产品改进、有利于部门内协调，缺点是容易出现只以部门利益至上的现象，还容易导致管理费用较高
按地区划分	即把某一地区的业务集中于某一部门，优点是针对性强，能对本地区环境变化迅速作出反应，缺点是与总部之间协调困难（不易控制）
按顾客划分	按顾客划分的前提是每个部门所服务的特定顾客有共同需求，且数量足够多。如某家电生产公司的销售划分：零售部、批发部以及出口部等
综合标准	实践中往往几种划分方法结合在一起

（2）职能结构

职能结构诊断是对各部门在目前的组织系统中的作用、各部门分工、隶属、合作关系是否明确等进行分析，判断企业现有组织结构中各部门职能是否缺失、交叉、冗余以及职能错位等。

此外，还要确定职能部门是否定位清晰，是否有明确的使命，只有这样才能确定职能结构是否合理。

（3）层次结构

管理层级是随着组织规模的扩大和关系的复杂化而产生的，与规模、管理幅度密切相关。管理幅度是指一个主管人员能直接有效地管辖的下属人数，管理幅度与层次呈反比关系。

在诊断组织层次结构时，需要先理清企业现有的组织结构，可以参考企业的组织结构图，而对于那些管理不完善的企业，可能不存在组织结构图，就只能依靠管理人员进行分析判断、梳理，构建组织结构图。

（4）职权结构

职权结构是指各部门、各层次在权利和责任方面的分工和相互关系。职权可以分为3种，具体介绍如下。

直线职权。上下级之间的指挥、命令关系，也就是我们通常说的"指挥链"。

参谋职权。组织成员向管理者提供咨询、建议的权力，该职权源于直线人员对专业知识的需要，如财务、质量、人事和公关等。

职能职权。参谋部门或参谋人员拥有的原属直线人员的一部分权力。该职权是直线人员由于专业知识不足而将部分指挥授予参谋人员，使他们在某一职能范围内行使指挥权。职能职权只有在其职能范围内才有效，是一种有限指挥权。

在对职权结构进行审视的过程中，通常需要把握两个要点：一是授权是否合理；二是信息沟通是否顺畅。

10.2.4 组织结构诊断内容和信息收集方法介绍

企业进行组织结构诊断的目的是了解企业的现状，发现存在的问题，为组织结构分析打下基础。下面具体来看组织结构诊断内容和信息收集方法详解。

（1）组织结构诊断内容

组织诊断主要包括组织目标诊断、组织结构诊断和组织资源诊断，下面分别进行介绍。

◆ 组织目标诊断

组织目标不仅包括企业战略目标，还包括在达成战略目标过程中分解的阶段性目标以及各项工作目标。组织目标诊断的步骤如图 10-5 所示。

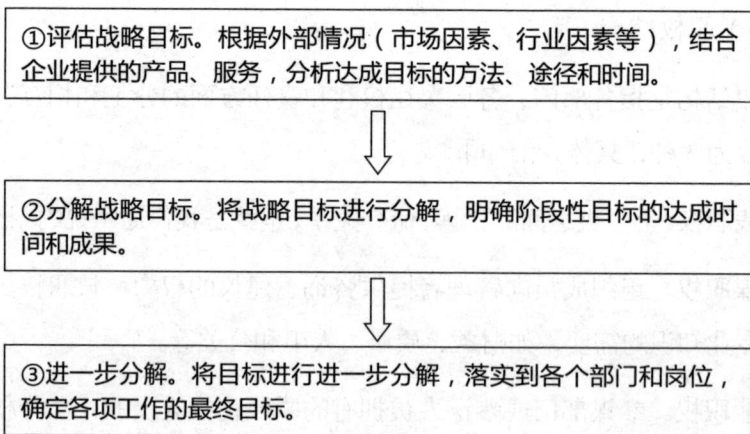

```
┌─────────────────────────────────────────────┐
│ ①评估战略目标。根据外部情况（市场因素、行业因素等），结合      │
│ 企业提供的产品、服务，分析达成目标的方法、途径和时间。        │
└─────────────────────────────────────────────┘
                        ▼
┌─────────────────────────────────────────────┐
│ ②分解战略目标。将战略目标进行分解，明确阶段性目标的达成时      │
│ 间和成果。                                    │
└─────────────────────────────────────────────┘
                        ▼
┌─────────────────────────────────────────────┐
│ ③进一步分解。将目标进行进一步分解，落实到各个部门和岗位，      │
│ 确定各项工作的最终目标。                          │
└─────────────────────────────────────────────┘
```

图 10-5

在进行年目标诊断的过程中，要明确各项目标的完成期限和考核标准，将工作责任落实到实处。

◆ 组织结构诊断

组织结构诊断主要包括以下内容。

①诊断企业现有的组织结构是否合理。

②现有的组织结构是否会导致内部冲突。

③现有的部门（岗位）设计、工作设计、组织管理流程和工作流程是否合理。

通过组织结构诊断，能够发现管理中存在的问题，有利于确定优化方向。

◆ 企业内部资源诊断

企业内部资源诊断的主要目的是了解企业内部的资源情况，为组织结构优化工作提供保障。企业内部资源诊断的主要内容如下。

①组织知名度、组织能力、组织伦理、社会责任、商业信誉、品牌价值。

②组织价值观和组织文化。

③薪酬福利状况、绩效管理状况、培训与发展状况。

④职业生涯管理状况、人事政策、制度问题、员工关系。

（2）信息收集方法介绍

在企业内部进行组织结构诊断，目的是了解企业的当前状况，要实现这一目标就需要准确、全面地收集与组织结构分析的相关信息。进行组织结构信息收集的方法主要有如下所示的一些。

查阅资料法。查阅资料法主要是对企业现有的资料进行查阅，从而对组织结构相关信息进行了解。例如，通过阅读岗位说明书和组织结构图了解企业的组织结构和管理关系。

目标观察法。与观察法相似，主要通过对目标工作流程、岗位等进行观察从而获取需要的信息。例如，通过观察企业中指令、指示从上到下的传递过程，从而获取与组织结构层级有关的信息。

目标访谈法。目标访谈法与访谈法相似，都是通过访谈的方式获取想要的信息。例如，可以通过访谈法与上下级两个岗位的工作者进行访谈，了解岗位职责权限、管理权限以及绩效管理情况。

问卷法。通过问卷调查的形式，向目标人员了解组织结构存在的问题，并进行总结归纳，方便进行组织结构分析。

10.2.5 组织结构诊断分析方法

人力资源工作者通过各种方法收集到足够的信息，并对企业组织管理的现状有了充分了解后，下面就要对企业的组织结构进行分析了。

常见的组织结构诊断分析方法有以下 6 种。

职能分析法。基于战略的职能分析是在对企业战略进行初步明确的基础上，对为实现企业的战略目标所要完成的职能进行详细的、深入的分析、分解。基于现状的职能分析主要是在所有的部门职责、岗位职责的基础上，分析该部门、岗位是否已充分履行了自己的现有职能，现有职能是否与企业的战略要求相一致。

资源分析法。资源分析法主要分析企业的资源在各岗位之间的分配情况，对于投入的资源，应当根据其职能和贡献进行对照分析从而得出企业资源分配是否合理。对于完成职能过程中产生的信息资源，企业应通过组织设计进行信息回收。

职权分析法。职权分析法主要通过分析层级、部门、岗位之间的职权分配来发现企业组织结构中存在的问题。组织诊断者主要应着重分析职权在层级之间分配是否既有利于高层控制又能激发基层员工的工作积极性，职权分配是否适应企业产品或服务的市场特点、技术特点、人员特点，职权分配是否过于集权或分权等。

流程分析法。流程分析法就是逐个分析流程效率，了解企业内各单位的协调水平，并分析进行流程整合的可能性，引入流程管理思想，按照流程的连续性，以流程为导向来设计组织框架。

贡献分析法。贡献分析法主要是从产出上来分析的，这种方法对于分析业务部门的设置，尤其是独立核算的业务部门的设置非常有用。

标杆分析法。通过对行业内领先的竞争对象（标杆企业）进行分析与对比，从而发现企业自身组织管理存在的不足。此外，还可以借鉴标杆企业来设置部门或岗位，再造业务流程或管理流程。

在实际操作中可以选择一种合适的方法进行分析，也可以根据实际需要，选择多种方法进行组合分析。

10.2.6 组织结构诊断报告的编制

组织结构通常是在组织结构诊断工作完成后进行编制的，目的是将组织结构诊断的结果以书面的形式进行展示，方便进行组织结构优化或是进行存档。

编制组织结构诊断报告，主要需要了解其具体应该包含哪些内容，相关介绍如下。

◆ **企业核心业务分析**：是指组织结构诊断报告中首先应当包含对已有的主要业务的分析结果。

◆ **组织设计原则**：通过查阅资料法、问卷法等方式获取企业的组织设计原则，在组织结构报告中进行展示。

◆ **企业组织结构存在的问题**：通过组织结构诊断，找到企业组织结构中存在的问题，加以整理，这对组织结构优化有较大的帮助作用。

◆ **总结与建议**：通过组织结构诊断，能够发现企业组织结构存在的问题，人力资源工作者可以就此进行总结并提出合理建议。

下面来看具体的组织结构诊断报告。

|范例解析| ××企业组织结构诊断报告

1.核心业务价值链分析

组织是为了达到共同目标，通过分工和协调结合起来的人员的集合形式。组织工作是以组织目标为依据，将实现组织目标必须进行的各项业务活动加以分类组合，划分为不同的管理层次和部门，并将各类活动所必需的职责、职权授予各层次、各部门的组织成员以及规定这些层次和各部门之间的相互配合关系。

1.1 价值链分析法的基本原理

价值链分析法，即运用系统性方法来考察企业各项活动及其相互关系，从而寻找使企业价值增值的业务活动。价值链分析的核心是将企业的所有资源、价值活动与企业的战略目标紧密连接起来，以价值增值为目的，形成一套简明而清晰的结构框架。新的价值链是组织工作下一步的基础。

......

2.组织设计的原则

组织设计的目的不仅为了保证核心价值活动的顺利开展，而且还为了保证这些活动组成的价值链使企业的价值增值。

企业要想能有效地履行组织职能，进行组织工作，就必须懂得和遵守现代组织的基本原则。

2.1 目标统一原则

企业组织的每一部分都要实现有关任务的分目标，为完成组织统一的总目标而努力。如果组织缺乏统一的目标，那么这个组织就毫无意义。组织工作也要以企业的战略目标为出发点，并为目标的实现提供保障。假如企业面临发展机遇，要开拓新的市场，组织就可以增设新的部门以应付业务的增加；而一旦市场不景气，企业决定采取收缩战略，组织就必须压缩编制，精简机构。

......

3.集团当前的主要组织结构问题的诊断与分析

集团的组织结构基本情况介绍：

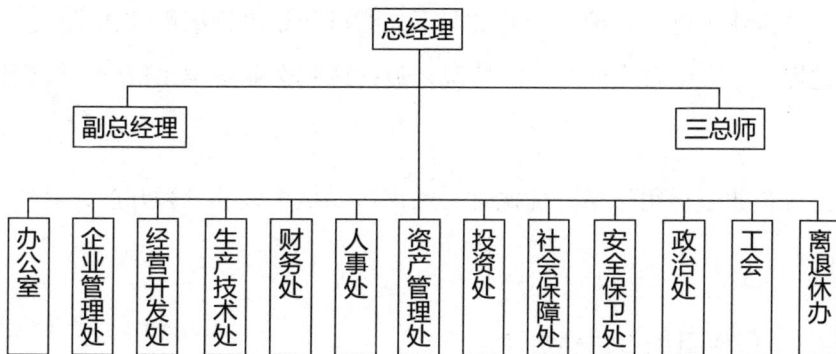

```
                    ┌──────┐
                    │ 总经理 │
                    └──────┘
         ┌────────────┼────────────────────┐
     ┌──────┐                          ┌──────┐
     │副总经理│                          │三总师 │
     └──────┘                          └──────┘
  ┌──┬──┬──┬──┬──┬──┬──┬──┬──┬──┬──┬──┐
 办 企 经 生 财 人 资 投 社 安 政 工 离
 公 业 营 产 务 事 产 资 会 全 治 会 退
 室 管 开 技 处 处 管 处 保 保 处    休
    理 发 术       理    障 卫       办
    处 处 处       处    处 处
```

3.1 部门职能诊断和分析

基本职能诊断根据公司的核心价值链分析，确定了公司的核心业务活动。将这些业务活动汇总、分类就形成了公司的基本职能，将某些职能职权授予某些部门就形成公司的职能部门和职权部门。

......

4.组织结构问题诊断总结与建议

经过以上的分析可以得出，公司组织结构在现有的体制下基本满足了公司的现有需要，但也有些不足。将以上存在的问题以及调整建议汇总如下：

......

通过观察范例中的组织结构诊断报告可以发现，该诊断报告在内容上与规范的诊断报告较为契合。主要内容如下所示。

①首先描述了核心业务价值的分析。

②然后介绍了组织设计的原则。

③接着展示的是企业当前的组织结构存在的问题，并进行分析。

④最后对组织结构存在的问题进行总结分析，提出合理化的建议。

10.2.7　组织结构优化

在对企业进行了合理诊断的情况下，即可开始进行组织结构优化。在优化的过程中还应结合企业的实际情况，最终达到企业科学系统化的管理思维模式。

在对企业进行组织结构优化时，通常可以从 3 大部分来开展，具体介绍如下。

（1）保持组织机构稳定性

要保持组织机构的稳定性，需要从以下 3 个方面进行考量。

要能够稳定现时的经营生产管理活动，要求组织机构应具有一定时期的稳定性。能够从旧的机构平稳过渡到新的机构，人员的岗位调整能顺利平稳过渡到新的部门和岗位。

不适应的原有岗位人员能平稳的离职，不会因为个别人员的离职而给企业带来负面影响，也不会因为个别人的离职带走人员，导致员工对企业产生没有信心的思想变化。

组织机构是否具备稳定性，主要取决于组织结构优化调整时是否做好以下 3 点工作。

◆ 是否适应企业发展需要和管理科学的基本要求

在企业发展的过程中，企业的规模或企业产品市场占有率发生变化时是否需要进行内在调整，通常表现在以下两个方面。

①随着企业发展，虽然规模在不断扩大，企业人员在不断增多，但是企业内部却出现效率提升不明显的现象，而且企业内部不协调，经常出现意见

时相互推诿，难以达成一致，需要领导进行协调。

②企业的员工部门和岗位结构不能够适应企业发展需求，部门内部各岗位容易出现工作中职权不明，不知道该做什么，不知道一项工作该谁做的问题，对待工作较为消极。

◆　是否在合适时间

组织结构优化调整是否在合适的时间，可以从以下 4 方面考察。

①需要判断企业当前的状况是否已经到了不得不进行调整的时间了，如果不进行调整则会影响到企业的发展。

②是否在恰当的时机里进行调整或优化，进行组织结构优化是否提前了解企业管理水准、人员心态和人员素质等，做到胸有成竹。

③是否会因为机构调整长时间打乱企业的原来正常的经营生产秩序，调整后是否能有助于企业在今后的发展更加顺畅。

④是否能促进快速提升经营业绩、管理水准，通过短暂的业绩损失，换来今后长期的企业发展。

◆　是否有合适的人才

合适的人才主要包含以下 3 个方面。

①是否有合适的人才或外部的机构来进行调整优化工作。

②是否能够广泛发现企业的人才，并且最大限度的发挥现有人才的价值，发掘人才的潜力。

③能否引进企业需要的人才，最大限度地合理使用人才。

（2）分工要清晰

进行组织结构优化需要在现有的基础上对不协调的关系进行改进，有效避免日后可能出现的摩擦。协调过后，结果应当表现为部门职能清晰、权责对应，能够进行评价考核，能够有效协调部门间的管理联系和工作程序，使公司的管理制度能够有效实施。

（3）部门、岗位设置与人才培养和发展相结合

在进行部门和岗位调整、优化时，不能不考虑人员关系，也不能只考虑人员关系，应当主要以企业需要来设置岗位，而不能因为私人情感或为了照顾人情而设置。

综合考虑现有人员的能力、品行以及企业发展所需要的能力和潜力，对于符合企业需要的、品行良好的员工，可以适当与部门和岗位设置相结合，起到人尽其才的作用。

第十一章

岗位分析和评价与任职资格管理

前面章节介绍了岗位分析与评价对企业的员工招聘、培训、考核以及薪酬体系等有所帮助。然而，要想形成一定的体系，就需要建立任职资格管理体系，这样更有利于建立人力资源管理体系。

11.1
任职资格管理的具体介绍

任职资格是指为了保证工作目标的实现，任职者必须具备的知识、技能、能力和个性等方面的要求。任职资格管理需要根据任职资格标准对该位任职者的资格进行规范化管理。具体包含以下 4 方面的内容，如图 11-1 所示。

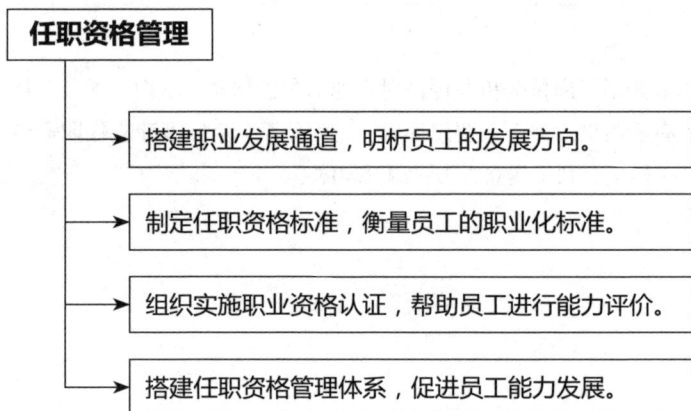

```
任职资格管理
    ├──→ 搭建职业发展通道，明析员工的发展方向。
    ├──→ 制定任职资格标准，衡量员工的职业化标准。
    ├──→ 组织实施职业资格认证，帮助员工进行能力评价。
    └──→ 搭建任职资格管理体系，促进员工能力发展。
```

图 11-1

11.1.1 任职资格管理基础知识

任职资格管理的目的是规范企业岗位的任职标准，不仅有利于发现岗位任职者的匹配程度，还可以通过一系列机制的约束和引导，促使员工产生职业行为，更好地履行职责，促使员工和企业共同发展。

要想高效开展任职资格管理，就需要对任职者的潜力进行挖掘，这就会涉及著名的冰山理论。

冰山模型是美国著名心理学家麦克利兰于 1973 年提出的一个著名的模型，就是将人员个体素质的不同表现划分为表面的"冰山以上部分"和深藏的"冰山以下部分"。

◆ **"冰山以上部分"**：包括基本知识、基本技能，是外在表现，是容易了解与测量的部分，相对而言也比较容易通过培训来改变和发展。

◆ **"冰山以下部分"**：包括社会角色、自我形象、特质和动机，是人内在的、难以测量的部分。它们不太容易通过外界的影响而得到改变，但却对人员的行为与表现起着关键性的作用。

企业在进行人员招聘的过程中，大多是考察应聘者"冰山以上部分"，也就是员工具备的知识和技能，而对"冰山以下部分"的软性素质考察较少，但这部分却是对员工影响较大的。

需要注意，员工具备的所有素质决定了其在实际工作中的表现。图 11-2 所示为冰山模型示意图。

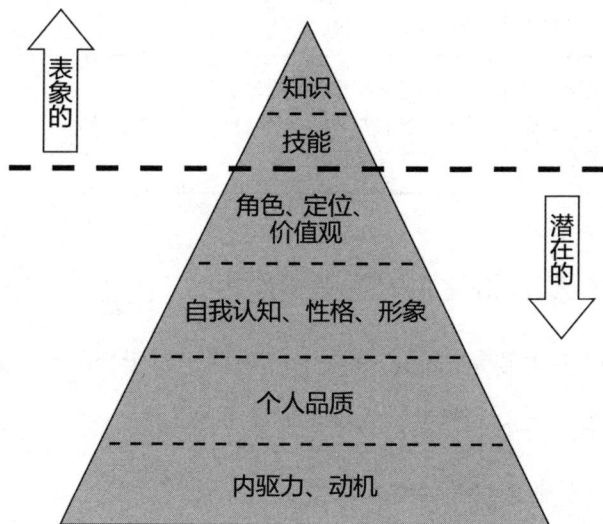

図 11-2

通过上图可以得出，冰山模型应当由 6 个部分组成，分别是知识、技能、社会角色、自我概念、特质以及动机构成。具体介绍如表 11-1 所示。

因此选拔人才时，不能仅局限于对技能和知识的考察，而应从应聘者的求职动机、个人品质、价值观、自我认知和角色定位等方面进行综合考虑。

表 11-1　冰山模型六大组成部分介绍

层级	具体介绍	内容
知识	指个人在某一特定领域拥有的事实型与经验型信息	如表达能力、组织能力、决策能力、学习能力等
技能	指结构化地运用知识完成某项具体工作的能力，即对某一特定领域所需技术与知识的掌握情况	如管理知识、财务知识、文学知识等
社会角色	指一个人基于态度和价值观的行为方式与风格	如管理者、专家、教师等
自我概念	指一个人的态度、价值观和自我印象	如自信心、乐观精神等
特质	指个性、身体特征对环境和各种信息所表现出来的持续反应。品质与动机可以预测个人在长期无人监督下的工作状态	如正直、诚实、责任心等
动机	指在一个特定领域的自然而持续的想法和偏好（如成就、亲和、影响力），它们将驱动、引导和决定一个人的外在行动	如成就需求、人际交往需求等

11.1.2　建立任职资格体系的意义和作用

　　任职资格体系主要是对员工能力进行管理，对于企业优化和开发人力资源有十分重要的作用，主要可以表现为以下 5 点。

　　◆　为内部人才选拔提供衡量依据

　　企业在不断发展的过程中，肯定会面临人员不足，管理人才缺乏的局面。传统的人才选拔方式通常是基于员工的绩效考核，对于难以进行量化考核的岗位却难以进行选拔，如人力资源管理、行政管理等。

　　因此在人才选拔的过程中，往往是那些能具体量化的工作，最容易获得提升的机会。而从事支撑性工作的人才，则会被埋没。

然而，建立任职资格体系则可以较好地规避这些问题，该体系建立在一整套的标准基础上，有若干个要素，这些要素中既有投入，也有过程，还有最终的结果，全流程都兼顾到。此外有一套可操作的选拔标准作为依据，可以最大限度地避免由主观意识所带来的失误。

◆ 有助于人才梯队的建立

企业在发展过程中，容易出现需要某一方面的人才时，总是不能快速找到，从而会错过很多很好的业务机会。这就是因为企业没有建立良好的人才梯队，不利于企业的发展。

任职资格管理在每一个领域内设定了若干个级别，每一个级别又有若干个标准。只有通过某一个级别的认证后，才能获得该级别的任职资格。而当该级别出现空缺或者工作量需要的时候，可随时从该级别中具有资格的人中提拔出来，从而形成了一个强势的后备人才梯队。

◆ 明确员工成长、发展通道

企业中的员工通常都希望获得晋升，得到发展，从而实现自己的价值，并获取相应的报酬。但有的员工并不知道应当朝哪个方向发展，不知道应当如何提升自己，不仅浪费了自己的时间，得到的回报还比较少。

通过建立任职资格管理体系则可以解决这个问题，任职资格体系一开始就建立了一系列的标准和发展的方向，让员工从一开始就知道自己的发展方向，从而帮助员工明确自己努力的方向并能通过客观衡量的标准，让员工的工作更有成效。

让员工按照前人成功的路径和方法做事，可以最大限度内避免一件工作反复多次也无法获得一个正确结果的情形。同时通过资格的认证，还能知道自己的差距，明确自己改进的方向和重点，因此员工在成长的道路上会更加高效。

◆ 有助于确立培训课程开发体系

很多公司为了新入职的员工能够快速适应工作岗位或是希望员工能够提升自身能力，都会组织员工进行培训。尽管通过问卷、访谈等方式了解到培训需求，并建立课程体系。但因为没有分级分类的标准，导致需求零散，建立起来的课程体系也难以形成一个系统。

在任职资格体系中拥有一套知识、技能到行为的标准，为培训工作提供了依据，从而方便了解各部门、各岗位的培训需求。在此基础上逐步建立培训课程开发体系，有针对性地开展培训。

◆ 有利于建立更公平的薪酬体系

企业在进行薪酬体系建立时，可能会存在一定困惑，难以匹配员工的任职资格，导致建立的薪酬体系缺乏公平性。

而建立任职资格体系，则可以直接明确员工所属的层级，避免了人为因素的影响，这样的薪酬体系才更为公平，员工也更容易接收。

11.2
明确员工职业发展通道

基于员工任职资格管理的员工职业发展通道，是为了提升员工的能力，这与岗位所在部门没有直接联系，只要从事工作相似的岗位，都可以划分到同一个职业发展通道中。

而在传统的职业生涯发展通道中，员工通常只有从一个岗位向上一个岗位定向发展，图11-3所示为专业人员职业生涯发展通道和管理人员职业生涯发展通道。

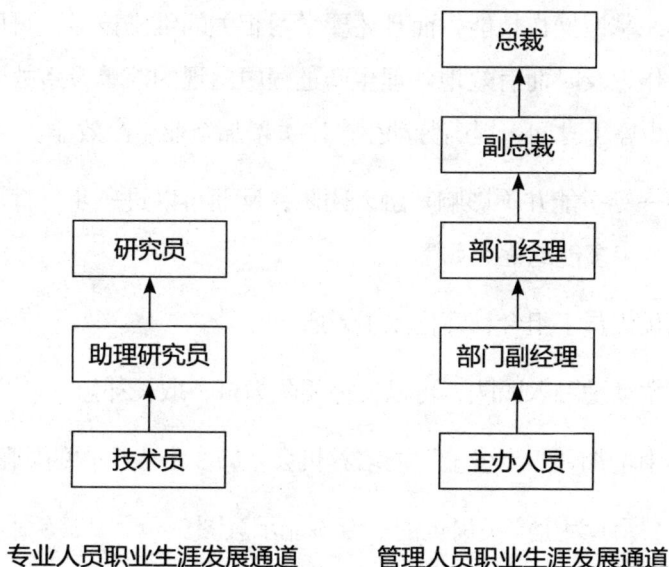

```
                                              ┌──────────┐
                                              │   总裁   │
                                              └──────────┘
                                                   ↑
                                              ┌──────────┐
                                              │  副总裁  │
                                              └──────────┘
                                                   ↑
        ┌──────────┐                         ┌──────────┐
        │  研究员  │                         │ 部门经理 │
        └──────────┘                         └──────────┘
             ↑                                    ↑
        ┌──────────┐                         ┌──────────┐
        │ 助理研究员│                        │部门副经理│
        └──────────┘                         └──────────┘
             ↑                                    ↑
        ┌──────────┐                         ┌──────────┐
        │  技术员  │                         │ 主办人员 │
        └──────────┘                         └──────────┘
```

专业人员职业生涯发展通道　　　**管理人员职业生涯发展通道**

图 11-3

11.2.1　职业生涯通道的横向设计

员工的横向职业发展通道主要是通过两种方式实现：生产类员工主要是通过一专多能的方式来实现；管理类员工主要是通过岗位轮换的方式来实现。下面进行具体介绍。

（1）生产类岗位的一专多能

在企业的发展过程中，需要员工不仅能够做好本职工作，还要能够掌握一些交叉的能力。例如企业中的生产型员工，不仅要求熟练掌握本岗位的专业技能，还要能够了解和掌握上下游岗位的工作。这样既丰富自身的技术内容，又增强自己的岗位选择、岗位适应能力。员工实现一专多能，事实上是拓宽自身横向职业发展通道。

一般说来，生产型员工在其岗位上要实行操作与检修能力合一，即操作员工除了熟练掌握操作技能，而且还要学习相关的维修技能，可以自己独立或与团队合作，及时而有效地处理生产过程中出现的简单设备故障、流程难题，从而减少停工时间，提高劳动生产率，增加企业生产效益。

员工的一专多能并不影响其融入团队，反而可以进一步发挥团队优势。生产类岗位一专多能的优点如下。

①可以优化员工组合，简化派工矛盾。

②个人主动地融入团队，可以发挥团队力量，取长补短。

③工作中增加"一专多能"的培养机会，减少个人工作的局限与窘迫。

图 11-4 所示为生产类岗位的一专多能示意图。

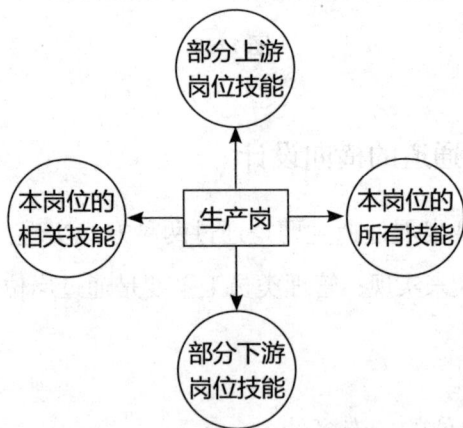

图 11-4

在企业中，完成特殊的项目、在同一工作团队中改变角色或者寻找服务顾客的新方式等，都可以被视为同一岗位条件下的能力拓展与不转换岗位的员工横向职业发展。

（2）管理类岗位的岗位轮换

对于企业内的管理岗位，可以通过横向的岗位轮换实现管理人员能力的提升。

岗位轮换制是单位有计划地让职工（干部）轮换担任若干种不同工作的做法，从而达到提高适应性和开发职工多种能力、培养复合型人才以及管理人才的目的。从员工层面看，可以丰富员工的工作经历、经验、培养、拓宽员工的业务能力，为员工走向更高的管理岗位创造条件。

要想岗位轮换工作能够成功实施，需要遵循一定的原则。

◆ 首先是个人自愿的原则，即进行岗位轮换，应当得到对应的岗位工作者的认可，否则容易产生抵触或不满的情绪。

◆ 岗位轮换也需要把握一定的时机，应当在员工的职业早期，如果员工在某一岗位上停滞较长时间，容易产生惰性，不利于轮换工作。

◆ 岗位轮换应当选择企业中的中低级职位，这样不会因为岗位轮换出现问题，对企业造成较大影响。

◆ 进行岗位轮换的两个岗位应当有一定的关联，避免岗位间的专业壁垒难以突破，通常可以是在上下游岗位间进行。

◆ 在周期与范围上要适度控制，过于频繁与规模过宽的员工轮岗必然增加企业成本，造成冲击。

从企业和员工的综合层面看，岗位轮换有利于企业发现某具体岗位所需要的员工，也有利于员工找到自己满意的岗位，通过不断地比较、磨合、双向选择，实现员工与岗位匹配度的合理化，有利于增强员工新岗位的胜任力、增加员工就业的安全感。

岗位轮换工作虽然看似简单，但在实施工作中容易出现各种问题，导致岗位轮换失败或是达不到预期。这就需要在进行轮换之前明确目标，了解岗位轮换的具体流程，如图 11-5 所示。

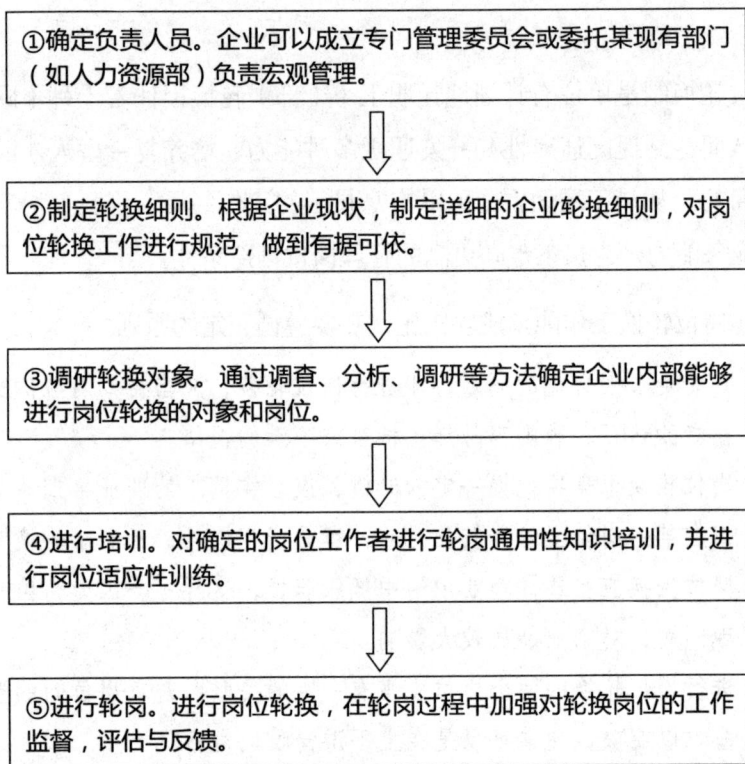

①确定负责人员。企业可以成立专门管理委员会或委托某现有部门（如人力资源部）负责宏观管理。

⬇

②制定轮换细则。根据企业现状，制定详细的企业轮换细则，对岗位轮换工作进行规范，做到有据可依。

⬇

③调研轮换对象。通过调查、分析、调研等方法确定企业内部能够进行岗位轮换的对象和岗位。

⬇

④进行培训。对确定的岗位工作者进行轮岗通用性知识培训，并进行岗位适应性训练。

⬇

⑤进行轮岗。进行岗位轮换，在轮岗过程中加强对轮换岗位的工作监督，评估与反馈。

图 11-5

不同的企业对于岗位轮换的近期和远期要求都不相同，因此在实际操作中需要考量企业的内外部环境、员工的构成情况以及企业的发展阶段等因素，让岗位轮换与当前阶段的企业更适合。

11.2.2　双重职业生涯通道设计

传统的职业通道是组织中向较高管理层的升迁之路，而双重职业通道主要用来解决某一领域中具有专业技能但并不期望或者不适合正常升迁程序调到管理部门的员工的职业发展问题。

在职业理论中将职业类型分为了 8 种，分别是技术职能型、管理型、独立型、稳定型、创造型、服务型、挑战型和生活型。通常企业中的晋升通道都只包含管理层级，这显然是不合理的，对于不同职业类型的员工来说就显得较为单一。

　　双重职业通道设计的基本理念是职业技术人员没有必要因为其专业技能的提升从事管理工作，技术专家的贡献是组织需要的，而且应该得到组织的承认。图 11-6 所示为技术人员职业发展双通道示意图。

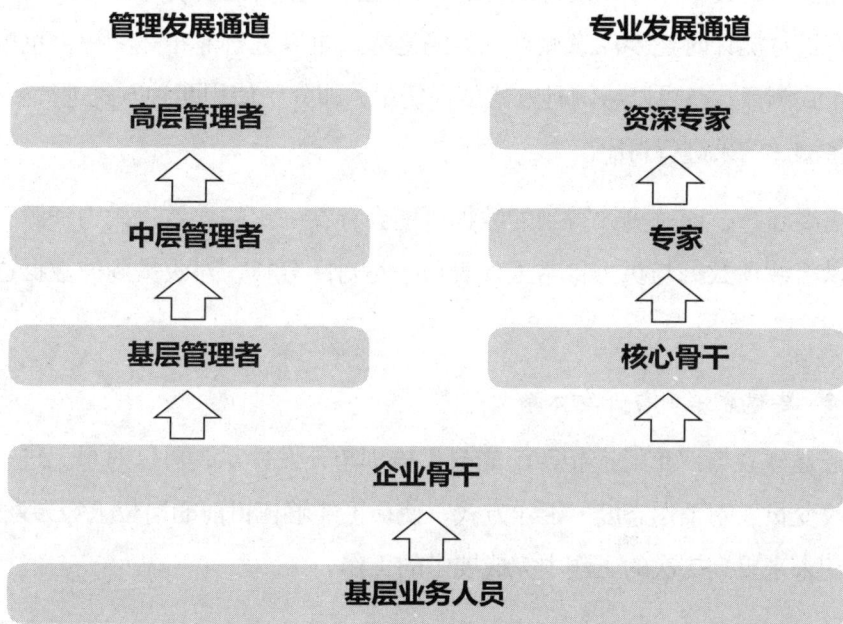

图 11-6

　　了解双通道的基本结构后，还需要了解建设双通道需要具备的条件，企业才能够建设真正适合自身的双重通道。

◆　分析职业基本信息

　　建设双重通道首先需要进行职位分析，分析内容包括职位类别、岗位直接上下级、工资等级以及可转换职位等。同时还要对岗位进行准确描述，了解各岗位的工作内容、工作标准等。

　　然后确定该职位任职的最低要求，主要包括工作经验、工作技能、专业要求以及特殊能力要求等。

◆ 拥有基本素质测评记录

在建立双通道之前，需要对员工的个人特点、职业兴趣以及气质特征等进行测评，对员工优劣势进行全面了解和分析，然后对员工绩效作职业规划。

在测评的过程中需要注意测评工具的选择，主要需要参考测评的具体内容。在进行测评时还要注意测评工具的选择，可以进行非正式测评，也可以进行正式测评，还可以将两种方式结合使用，即分别使用两种方式进行测评，然后将测评结果进行对比。

需要注意，通过测评得到的数据可能会存在一定的误差，人力资源工作者可以将测评数据与员工日常工作表现进行对比分析，对收集到的数据进行校正。

◆ 要建立培训与开发体系

通过建立与双重通道相匹配的员工培训与开发体系，可以对员工进行培训，改变员工的工作态度、工作方式，使员工能够在目前的岗位上努力发展，以及在未来更高层次的工作中完成要求的工作。

此外，通过培训还能让员工加深对双重通道的了解，更容易接受和明确发展方向。

◆ 制订人力资源规划

根据企业目前的职位特点、人员分布情况以及企业层级，需对不同晋升通道的晋升规划进行确定，包括晋升条件、晋升比例以及晋升时间等。

此外，还要注重企业各职位梯队建设，对于企业中职等较高的职位，需要根据现有的人员状况确定后备人员，避免出现人员需求断流现象，影响企业的运转。

◆ 建立职业生涯管理制度

职业生涯管理制度中应当包含企业关于职业管理的相关理念，这是重要的前提。此外，还应当明确双重通道建设的实施步骤、具体涉及的企业员工以及不同通道的晋升方法。

> **知识延伸 | 网状职业生涯通道**
>
> 网状职业生涯通道是一种建立在对各个工作岗位上的行为需求分析基础上的职业发展通道设计，网状职业生涯通道认为在某岗位上所获得的技能在其他的岗位上也会起作用。首先进行工作分析来确定各岗位对员工的素质和技能的要求，然后将同等要求的工作岗位归为一类，进行职业生涯设计，包括职位序列、横向发展机会及核心方向，交错呈网状，如图11-7所示。

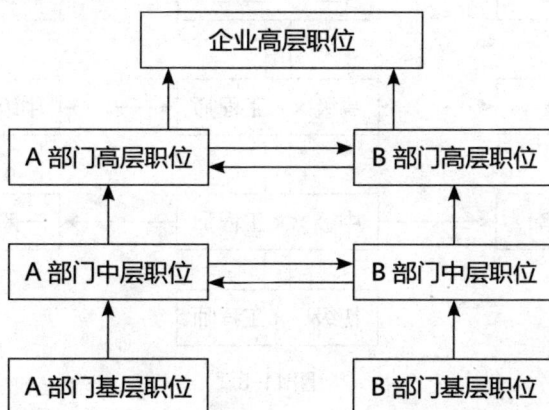

图 11-7

11.2.3 通道转换关系的建立

企业要想能够充满活力，就应要求内部员工永远充满动力，拥有更多选择的机会，而不是都在拼命往管理层发展，这样的企业就存在缺乏职业通道多样性的问题。

正确的结构应当是，当员工能力发展到一定程度，可以根据员工自己的选择，进行职业发展通道的选择和转换，拥有更多的发展可能。

要想实现职业通道的转换，需要依据各职业发展通道所要求专业技能之间的相关性，设计职业发展通道的转换关系。比如，在某公司内部，销售管理通道内的员工可向营销管理通道转换，生产管理通道内的员工可向工艺工程师通道转换。图 11-8 所示为职业生涯通道转换示意图。

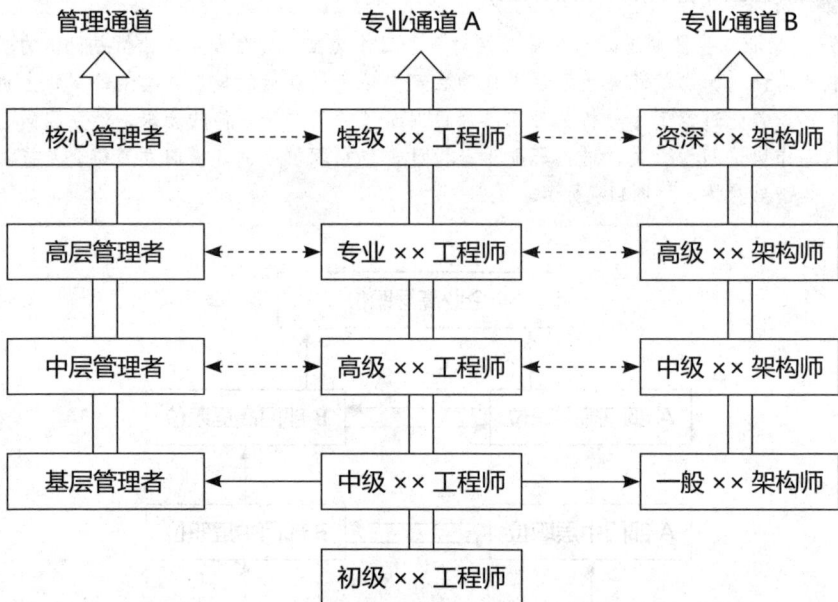

图 11-8

当员工刚进入到企业，处于初级状态，此时员工需要在工作中积累经验不断发展，经过几年的提升后达到中级，即可继续进行职业通道分流，可以进行职业通道转换。在这个阶段，企业需要为员工提供跨专业通道的相关培训，帮助员工实现转型。

在设计通道转换关系时，应注意两个关键点。

◆ 一是所有专业发展通道均可向管理通道转换，因此，对于企业内任意一名员工来说，至少包括两条职业发展通道，即岗位所处的专业序列和管理序列。如图 1-7 所示，专业通道 A 和专业通道 B 中的岗位应当都能够向管理通道中发展。

◆ 二是依据专业技能水平要求的高低，明确两条通道内不同层级的对应关系，一般可分为能够直接对应和不能直接对应两种情况。例如，两个岗位难以确定对应关系，实施通道转换时，应以转换人的实际技能水平为准。

除了以上介绍的两个职业通道转换注意点外，在设计职业通道转换的过程中还需要考虑表 11-2 所示的内容。

表 11-2　设计职业通道转换需要考虑的内容

项目	具体介绍
重点关注核心人员发展通道	企业进行职业通道的设置根本目的是取得良好的业绩，促进发展目标的实现。在设计职业发展通道时，应重点关注是否为核心人员搭建了良好的职业发展平台，以在管理上获得较高的投入产出比。 在组织调整的过程中，企业的核心竞争力是相对稳定的，通常是指企业的核心人员，所以员工职业发展通道的设计应抓住重点、关注核心人员
重点考虑企业核心业务	企业内的非核心业务或职能，通常只涉及相对较少的员工，对于这些员工来说，由于内部竞争并不是很激烈，获得晋升的机会相对较多，职业发展的问题并不突出。因此，没有必要对企业内每一业务或职能领域均建立独立的职业发展通道
职业通道划分要适宜	职业发展通道划分过细的话，可能导致每条通道所涉及的专业知识面相对较窄，当员工在某条职业发展通道内晋升到较高级别时，难以体现对其知识广度的要求。因此，在划分职业发展通道时，对于技能要求相近的业务应尽量划入一条职业发展通道中
应考虑后期的可操作性	建立员工职业发展通道后，就需要确定每条通道内的任职资格标准，实施后还要定期对员工进行认证。企业在任职资格标准开发和员工层级认证的过程中，都需要成立精通该通道业务的专家小组，负责相应的工作。对于一个企业来说，不可能在每一业务和职能领域都找到符合条件的"专家"，但如果没有专家小组，则后期的任职资格标准开发和员工层级认证工作就难以正常开展。因此，在设计通道时，要考虑后期工作能否顺利开展

下面具体来看某企业的专业与管理转换通道。

┃ 范例解析 ┃　某公司专业与管理通道转换规则介绍

　　某公司是一家从事工程施工的企业，专业与管理通道转换规则如表11-3所示。

表11-3　专业与管理通道转换规则

管理等级	管理幅度	专业等级	管理职衔
资深管理	一级部门	首席工程师	总监
		总工程师	
		副总工程师	
高级管理	二级部门	三级资深工程师	资深经理
		二级资深工程师	
		一级资深工程师	
中级管理	三级部门	三级主管工程师	经理
		二级主管工程师	
		一级主管工程师	
初级管理	四级部门	二级助理工程师	主管
		一级助理工程师	

　　从上表中可以发现，该公司的职衔等级主要依据为管理幅度和专业等级，根据不同的管理等级确定不同的管理职衔。如果员工想要转换管理职衔，则需要达到规定的管理等级才行。

11.3
岗位任职资格标准设置

　　任职资格是指为了保证工作目标的实现，任职者必须具备的知识、技能、能力和个性等方面的要求。任职资格通常以胜任职位所需要的学历、专业、工作经验、工作技能、能力加以表达。

11.3.1 任职资格标准设计的基本原则

任职资格标准的设计与建立作用于企业的人力资源管理，使企业的人力资源管理更具有规范性、系统性和科学性。企业在设计与建立任职资格管理过程中需遵循任职资格标准设计原则，如图 11-9 所示。

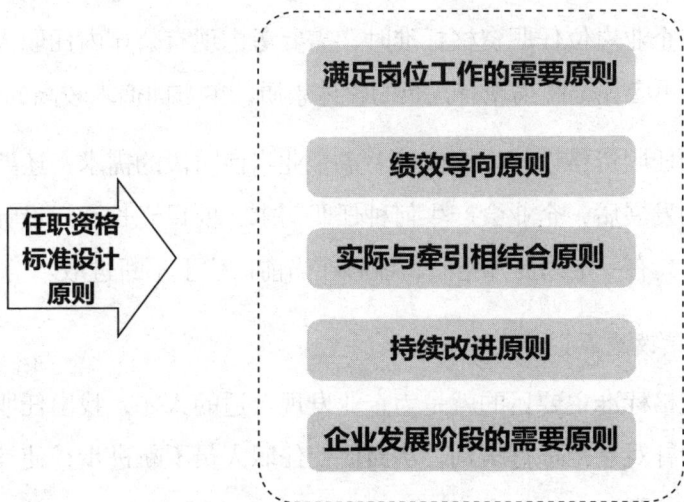

图 11-9

◆ 满足岗位工作的需要原则

许多企业在指定任职资格标准时都容易出现错误的认识，认为任职资格标准设计得越全面越好。其实不然，在设计一个岗位时，要进行岗位分析，对完成岗位工作需要的任职人员的要求进行分析与明确，只要能达到完成其工作的学历、知识水平及资历即可，不用盲目地追求高学历、高文凭。

例如，某企业在招聘企业前台人员时，对于学历的最低要求为硕士，这明显是没有根据该岗位的实际需要来进行设计。

◆ 绩效导向原则

岗位任职资格需要根据该岗位职责，以及从事该岗位工作所需要的能力、专业以及学历等来设计。此外，并不是说达到了任职资格就能够完全符合该岗位，还需要能够达到岗位的业绩标准，这是岗位任职资格设置的重点。

如果企业要参考内部岗位任职者设置岗位的任职资格标准，则需要以业绩优异的人员的任职资格素养为基准，这样能够提升员工质量。

◆ 实际与牵引相结合原则

在设计企业岗位任职资格标准时，需要考虑现有公司内任职人员资历的实际情况，不应完全脱离现有人员的整体素质，单方面追求较高的任职要求。

岗位的任职资格设计不能仅仅考虑企业当前阶段的需求，还要考虑经过一段时间的发展后，企业会产生何种任职需求，要目光长远。设计的岗位任职资格应当具有一定的提升空间，能够在当前岗位上不断进取。

◆ 持续改进原则

任职资格标准主要目的就是为企业发现合适的人才，找出任职人员的能力差距，并针对差距进行培训，从而促使任职人员不断进步，使其达到企业不断发展的需要。

此外，任职资格管理系统要保证适度的稳定性，但更要与时俱进，随着公司的发展、业务需求及管理环境的变化而不断调整优化。

◆ 企业发展阶段的需要原则

前面介绍了企业发展会经历不同的阶段，企业在发展过程中，对人才的吸纳与采用应根据企业发展的特点而进行灵活变动，每个阶段对人员任职标准要求是不一样的。

要想在企业人力资源管理中更科学规范，则需要遵循一定的原则，企业内部岗位任职资格的设计是必做的一项工作。

11.3.2　任职资格标准设计的常用方法

进行任职资格标准设计时需要进行系统考察，尽可能多地收集相关信息，并进行整理，为后面的工作提供一定的数据支撑和验证作用，确保制定的任职资格客观公正。

任职资格标准设计的常用方法有图 11-10 所示的 5 种，下面继续进行具体介绍。

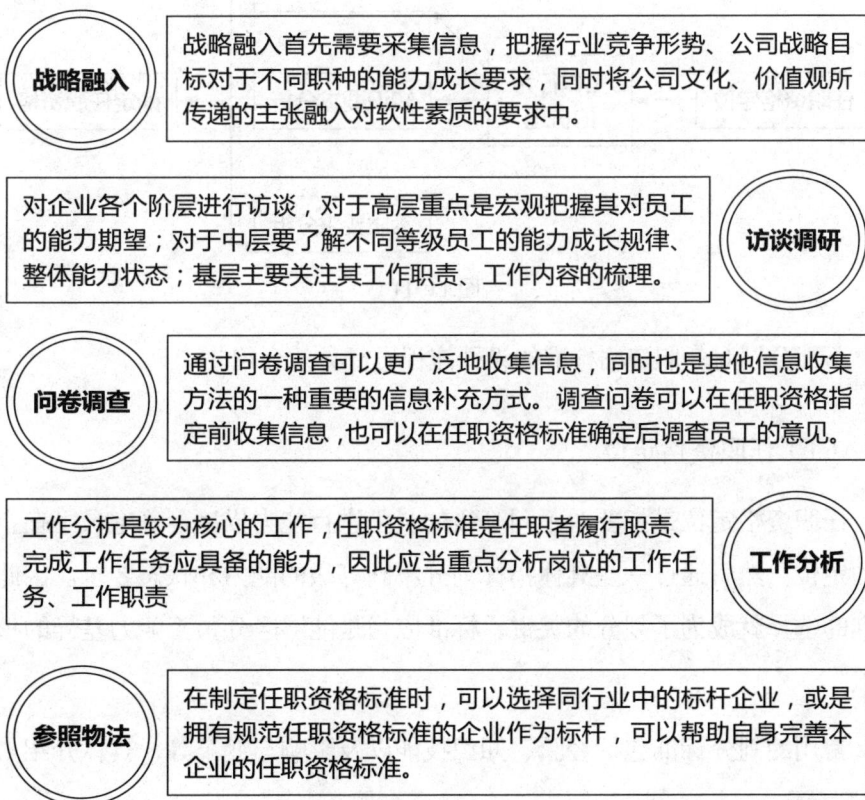

战略融入　战略融入首先需要采集信息，把握行业竞争形势、公司战略目标对于不同职种的能力成长要求，同时将公司文化、价值观所传递的主张融入对软性素质的要求中。

对企业各个阶层进行访谈，对于高层重点是宏观把握其对员工的能力期望；对于中层要了解不同等级员工的能力成长规律、整体能力状态；基层主要关注其工作职责、工作内容的梳理。　**访谈调研**

问卷调查　通过问卷调查可以更广泛地收集信息，同时也是其他信息收集方法的一种重要的信息补充方式。调查问卷可以在任职资格指定前收集信息，也可以在任职资格标准确定后调查员工的意见。

工作分析是较为核心的工作，任职资格标准是任职者履行职责、完成工作任务应具备的能力，因此应当重点分析岗位的工作任务、工作职责　**工作分析**

参照物法　在制定任职资格标准时，可以选择同行业中的标杆企业，或是拥有规范任职资格标准的企业作为标杆，可以帮助自身完善本企业的任职资格标准。

图 11-10

以上介绍的方法不仅可以单一使用，还可以多种方法结合使用，对结果起到验证作用，提高合理性。

11.3.3　任职资格标准的设计流程

任职资格标准设计的核心原则，就是要弄清岗位任职者"应该做什么事，要承担什么责任，要为企业创造什么价值"。因此，任职资格标准设计应当具有一定的规范性，按照一定流程进行设计。

任职资格标准的设计流程如图 11-11 所示。

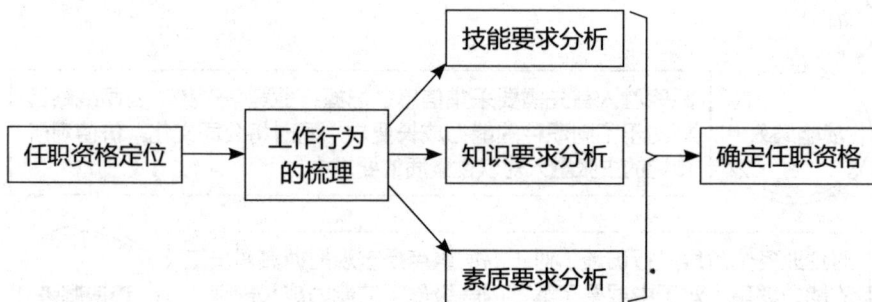

图 11-11

下面分别对任职资格标准的设计流程进行具体介绍。

（1）任职资格定位

任职资格定位是指要对不同等级的员工进行能力描述，确定员工在企业中的定位。然后通过一些具体指标划分不同等级的能力和状态要求。因此，标准的选择就成为了划分的关键，标准应当是能够区分员工能力差异的核心要点。

常用的划分标准包括经验、知识技能以及影响与变革等，具体介绍如表 11-4 所示。

表 11-4　常用划分标准

划分标准	具体介绍
经验	员工对所从事的业务领域需要具备的工作经验的情况

划分标准	具体介绍
知识技能	员工对所从事的业务领域需要具备的关键知识和主要技能的掌握程度
影响和变革	主要是指员工在从事岗位工作的过程中，对本岗位工作产生的影响，例如因为自身工作技能的提升导致工作流程发生变化
独立工作与指导	主要指员工在本专业领域能够解决问题的最大难度，以及能够给部门人员或是整个部门专业工作提供的指导有多少
体系与流程	主要是指员工对所处业务领域的体系、流程了解多少，以及把控程度有多少

（2）工作行为梳理

在进行工作行为梳理时，要尽可能完全分析出该岗位的全部工作内容，在分析过程中可以借助鱼骨图或是思维导图进行分析。

此外，工作行为梳理并不是完全按照现有工作岗位进行梳理，而是需要遵循一定的原则，主要包括以下 4 个方面。

◆ 由工作职责确定要履行工作职责应当付出的工作行为，即要履行工作职责，就要付出相应的行动。

◆ 由战略确定要实现战略目标应当实施的行为，即要实现战略目标，就要实施相应的行动。

◆ 由流程确定要执行某个流程需要开展相应的行为，即要执行某个流程，就要开展相应的行动。

◆ 通过过往的经验总结和专家确定的职业化行为和日常行为。

经过以上 4 个原则梳理出的内容可能存在重叠的地方，需要进行统一整合，从而判断不同的员工应当履行的责任类别，如协助、参与、主导以及权责等。

例如，销售经理的主要职责是统率下属各个销售专员完成既定的销售目标，那么销售经理的主要职责就是统率销售专员和完成既定销售目标，负主要责任。同样的，其他的责任也可以进行分析。

（3）技能要求分析

通常情况下，技能和行为方式是相关联的，行为标准是对每一项技能进行概括和行为化的描述，形为要求又能够确定不同等级员工的等级要求。技能要求通常包括以下 5 种。

◆ 没有具体要求。

◆ 在他人的帮助、指导下，具有一定的运作能力。

◆ 无需他人协助，可以运用该能力完成大多数任务。

◆ 具备独立的运作能力，可以运用该能力带领和指导他人有效运作。

◆ 可以给出专家级的意见，能领导其他人成功运作，被其他人当作权威。具有正确的判断能力，能够总结出有用的改进意见。

下面具体来看某些岗位的技术能力要求。

| 范例解析 |　不同等级的设计师的技术能力要求

某企业是较为出名的软件类公司，该公司对软件工程师进行了分类，表11-5所示为不同等级的设计师的认知技能要求。

表11-5　不同等级的设计师技术能力要求

等级	代码能力	设计能力
初级设计师	任务情况：能依据产品开发文档满足简单的需求；在有明确指导的条件下能协助他人满足一些复杂的需求。 质量要求：按照既定时间完成，逻辑通顺，能够满足产品需求	任务情况：产品功能简单，多为改进型需求与简单数据提交处理类需求。 质量要求：满足业务需求，设计逻辑简洁

续上表

等级	代码能力	设计能力
中级设计师	任务情况：能够按时、保质地完成常规的中型产品代码；具备对常见问题、边缘条件的测试能力。 质量要求：按照既定时间完成，测试结果质量高，整体性能优化、稳定，逻辑通顺	任务情况：能够独立完成满足常规产品功能需求的设计；能够将复杂的产品逻辑转化为程序逻辑。对数据存储结构、功能逻辑、程序结构都有清晰地描述。 质量要求：满足业务需求，设计逻辑简洁、合理
高级设计师	任务情况：能够完成大型项目的开发、调试工作。最终的实现结果具备良好的性能、扩展性与较高的安全性。 质量要求：按照既定时间完成，产品需求还原度高，性能稳定、优化，逻辑通顺，代码简练	任务情况：能够独立完成大型项目的技术，方案设计（选型、技术拆解、实现路径）、通用组件控件设计、基础功能重构设计。 质量要求：满足业务需求，设计逻辑合理，可扩展性强，功能耦合度低，运行高效

从上边表格中可以发现，随着设计师等级的提升，对应的技术能力要求也在改变（逐渐提升）。

（4）知识要求分析

知识标准主要分析成功履行岗位职责应当具备的知识和知识等级要求，并通过行为进行表述。常见的知识包括专业知识、行业知识以及其他相关的知识。

与技能要求相似，知识要求也可以分为 5 种。

◆ 不做具体要求。

◆ 对具体的概念、知识、常识以及作用等有一定的了解。

◆ 熟悉某一类知识，并能进行运用，主要是能够运用，并不强调结果。

◆ 熟练掌握某些知识，并且曾经成功使用过该知识（不止一次），强调的是成功使用，需要有结果作为支撑。

◆ 精通某一些知识，指对某些知识十分熟悉，能够运用自如，把控知识的细节。

下面来看具体岗位的知识要求。

| 范例解析 │ 某企业不同等级软件工程师知识要求

表11-6所示为某企业不同等级软件工程师的知识要求。

表 11-6　不同等级的软件工程师的技术能力要求

等级	具体介绍
软件工程师 SE	①精通并熟练运用两种以上的开发工具，至少一种数据库知识，至少一种操作系统知识。 ②能够很快完成新项目的技术调查工作，能够完成复杂算法的设计，能够设计可重用的和柔韧的软件结构。 ③具有系统设计能力及系统提案能力，对系统或项目的技术框架有深入的认识和较丰富的经验。 ④具有某一领域的行业知识，具有项目领导能力。 ⑤英语达到4级并相当于4级水平，熟练会话和编写英语技术文档
资深软件工程师 SSE	①精通并熟练运用两种以上的开发工具，至少一种数据库知识，至少一种操作系统知识。 ②具有整体系统设计能力及系统提案能力。 ③具有较强的技术筹划能力、技术指导能力和处理疑难问题的能力。 ④深入了解某一领域的行业知识。 ⑤具有大型项目领导能力。 ⑥英语达到6级并相当于6级水平，熟练会话和编写英语技术文档。 ⑦熟练掌握质量管理体系和项目管理知识，能够推进软件开发过程改进
主任软件工程师 CSE	①精通至少一种主流编程语言,掌握至少一种数据库或至少一种操作系统。 ②熟练掌握软件需求分析、大型项目的策划。 ③熟练掌握软件的系统设计。 ④熟悉软件的高级项目管理和质量控制，具有分析和规避重大质量问题的能力。 ⑤精通至少一种部门项目相关的业务知识。 ⑥英语达到6级水平或相当于6级的水平，熟练会话和编写英语技术文档

从表中可以发现软件工程师等级越高，所对应的知识能力要求就越高，呈不断升高状态。

（5）素质要求分析

素质是一种后天形成的习惯，员工素质的高低在一定程度上会影响其发展。在设置任职资格时，同样需要考虑员工素质。企业内部的素质通常包含两种。

①一种是基于企业文化产生出来的，全体员工都应当具备的基本素质。

②另一种是不同职业、不同岗位以及不同工作内容从而产生的要求，包括员工的思维、对待工作的态度以及行为方式等多个方面。

要确定素质标准，通常需要通过以下 3 个步骤，如图 11-12 所示。

第一步：了解内因

要确定一个岗位的素质标准，首先需要确定一个标杆人物，并对其进行访谈，了解绩效良好的内在因素。

第二步：分析内因

根据第一步的结果，对其所有的内在因素进行分析、判断，了解其中主要的内在驱动因素。

第三步：确定标准

最终对确定的主要内在因素进行整理，并与专业的人员进行讨论、分析，最终确定素质标准。

图 11-12

例如，企业销售专员具有较好的交流、沟通能力；有热情，有高度集中力；有信心，有良好的心理素质；能吃苦耐劳，反应较快等。

对于销售经理，应当具备的素质主要包括能够自如应对变化，获取下属的信任；能够给予反馈，激发销售人员热情；能够持续改进，帮助销售人员成长。

（6）其他标准确定

其他标准主要是一些硬性标准，主要用来限制员工的最低素质，通常包括学历、年龄、经验、专业贡献以及绩效考核等。

表 11-7 所示为某企业建筑设计师硬性标准。

表 11-7　某企业建筑设计师硬性标准

等级	标准配备
初级建筑设计师	建筑学或相关专业本科以上学历，至少两年工作经验并有丰富的中国项目经验，有独立完成完整设计项目的经验为佳
中级建筑设计师	建筑学或相关专业本科以上学历，至少三年工作经验并有丰富的中国项目经验，有两次独立完成完整设计项目的经验
高级建筑设计师	建筑学或相关专业硕士以上学历，至少三年工作经验并有丰富的中国项目经验，有三次次独立完成完整设计项目的经验

11.4
任职资格认证管理

前面已经介绍了任职资格标准的确定，任职资格认证工作只需要参考任职资格标准进行考核即可。任职资格认证能够帮助员工了解近期成长目标，还能够帮助企业挖掘有潜力、积极进取的优秀员工。

11.4.1　了解任职资格认证的原则和认证流程

任职资格认证原则和认证流程是任职资格管理的基础性知识，也是进行任职资格管理必须要了解的知识，下面将分别进行介绍。

（1）任职资格认证的原则

任职资格原则是指进行任职资格认证工作需要遵循的一些原则，避免认证工作重点不明确，导致认证结果出现偏差。任职资格认证的原则主要包含以下 4 个原则。

客观公正原则。员工认证的过程要保证认证标准统一，严格按照任职资格标准进行，不出现偏私。要对员工的技术、能力、素质等进行全面评价，整个评价过程要公平公开，评价结果要使员工满意。此外，在整个评价过程中人力资源部门要加强监督。

促进改进原则。认证工作不仅要评判员工的认证资格是否达标，更为重要的是，在认证的过程中促进员工进行改进，帮助员工提高自己，形成规范化工作的习惯。

有序可行原则。这主要是指整个认证流程应当清晰，认证工作要配合原有的工作秩序，减少对正常工作的影响。此外，还要形成规范化的工作习惯，允许员工提出建议。

认证与辅导相结合原则。任职资格认证工作在实施的过程中，既要进行评估，又要进行指导，任职资格认证的相关小组人员应当以指导员的形式出现，对员工进行认证和辅导。

（2）任职资格认证的基本流程

整个任职资格认证流程应当清晰明了，不能让员工因为流程不明而无法完成认证。任职资格认证的基本流程包含两个阶段，分别是人力资源部门准备阶段和任职资格认证阶段。

在进行任职资格认证之前，人力资源部门首先需要协同相关部门，做好准备，这一阶段的具体流程如图 11-13 所示。

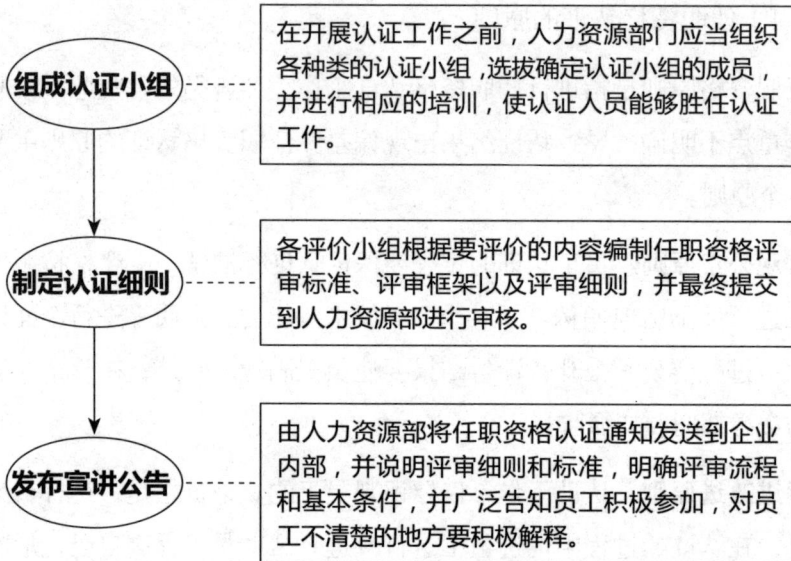

组成认证小组	在开展认证工作之前，人力资源部门应当组织各种类的认证小组，选拔确定认证小组的成员，并进行相应的培训，使认证人员能够胜任认证工作。
制定认证细则	各评价小组根据要评价的内容编制任职资格评审标准、评审框架以及评审细则，并最终提交到人力资源部进行审核。
发布宣讲公告	由人力资源部将任职资格认证通知发送到企业内部，并说明评审细则和标准，明确评审流程和基本条件，并广泛告知员工积极参加，对员工不清楚的地方要积极解释。

图 11-13

做好了如图 11-13 所示的 3 个步骤后，就可以进入到任职资格认证阶段，该阶段的基本流程如图 11-14 所示。

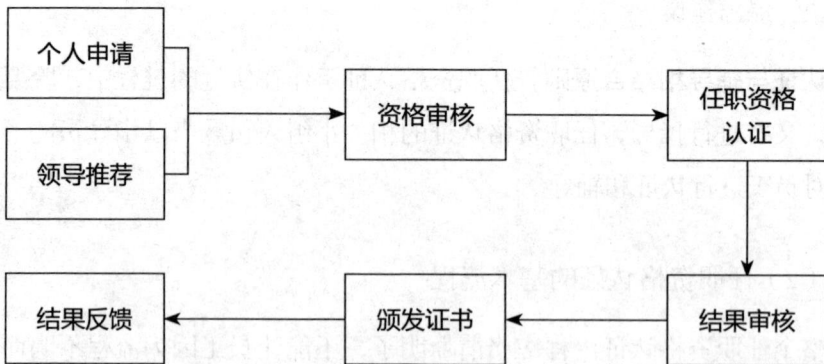

图 11-14

从图中可以看到，认证流程通常包括个人申请（领导推荐）、资格审查、任职资格认证、结果审核、颁发证书以及结果反馈等环节，下面分别对各个流程进行具体介绍。

◆ **个人申请**：任职资格认证工作虽然是由企业组织的，但实际上是员工个人的事情。符合条件的员工应当积极申请，填写《任职资格认证申请表》，了解需要准备哪些材料，需要做好哪些工作。

◆ **领导推荐**：领导推荐主要是针对一些特殊的情况，例如对于业绩突出或有特殊贡献的员工，员工主管可以直接推荐，公司内也要允许特殊申请，保证公平性。

◆ **资格审查**：资格审查相当于初审，主要是对申报登记的硬性标准进行审查，考察其工作年限、工作经验等是否达标。

◆ **任职资格认证**：这个流程主要是评审小组按照评审要求和规范进行资格审核，并进行标准对比评分，将评分结果填写在《任职资格认证评价表》中。

◆ **结果审核**：认证工作完成后，人力资源部首先需要对认证结果进行初步汇总和审核，然后报相关领导进行审核。

◆ **颁发证书**：领导审核通过后，即可将认证结果进行公示，然后即可向认证通过的员工颁发证书。

◆ **结果反馈**：认证工作结束后，认证小组和人力资源相关人员需要与申请人进行交流讨论，给员工提出认证过程中存在的问题，帮助员工进行改进。

通过任职资格认证流程可以发现，在该流程中涉及两张表，分别是《任职资格认证申请表》和《任职资格认证评价表》，这是人力资源部门在发布任职资格认证公告之前应当准备的，分别如表11-8和11-9所示。

表11-8　《任职资格认证申请表》

1. 申请人基本信息							
姓名		部门		职位		入职时间	
学历		专业		毕业时间		任现职时间	

续上表

2.. 认证申请情况		
现职情况（初次认证不填）	资格类别（通道）	
	现属等级	□培养期 □初级 □中级 □专责级 □高级专责
		□预备等 □基础等 □普通等 □职业等
申请情况	申请认证类别（通道）	
	申请认证级别、级等	□一级 □二级 □三级 □四级 □五级
		□预备等 □基础等 □普通等 □职业等

3. 相关工作经历（倒序填写）			
起止时间	单位 / 部门	职务	主要工作职责

4. 主要项目经历（倒序填写）				
项目时间	项目名称	项目角色	工作任务	工作成果和贡献

5. 对公司的专业贡献（技术攻关、专业设计等）			
时间	角色	贡献描述	效果评估

6. 个人自评

续上表

7. 申请人领导审核意见
（是否同意员工申请的等级，如果不同意，推荐员工申请的等级）   　　　　　　　　　部门领导签字：＿＿＿＿＿＿　日期：＿＿＿＿＿
8. 人力资源部审核意见
    　　　　　　　人力资源部相关人员签字：＿＿＿＿＿＿　日期：＿＿＿＿＿

表 11-9　《任职资格认证评价表》

1. 认证者基本信息					
被评人		认证类别		认证级别	
当前岗位		当前类别		当前级别	
2. 各项目评分					
学历评分		工作经验评分		项目经历评分	
综合素质评分		掌握知识评分		专业贡献评分	
3. 认证过程记录					
      　　　　　　　　　认证人员：＿＿＿＿＿＿＿＿ 　　　　　人力资源部审核人员：＿＿＿＿＿＿＿					

在表 11-7 中并未说明各项评分项目所占的分值比重，那么应当如何设置呢？

◆ 首先评分标准的前三项作为硬性标准，是申请任职资格认证的基础，因此评分占比较低，三项通常占比 20% ~ 25%。

◆ 综合素质作为员工的能力，决定员工的发展高度，应当占一定的比例，通常为 20% ~ 25%。

◆ 员工掌握的知识对其工作有较大的影响，因此需要进行考评，应当占一小部分比例，通常为 15% ~ 20%。

◆ 员工的专业贡献通常是指其职能水平，能够为企业作出的贡献，是输出工作结果的直接因素，占比较高，通常为 30% ~ 45%。

11.4.2　任职资格认证的具体方法

在前面介绍职业资格认证评分标准时介绍到，任职资格认证评价要素主要可以分为 4 类，分别是硬性标准、综合素质、掌握的知识以及专业技能。下面具体介绍这 4 类标准的认证方法。

（1）硬性标准的认证方式

硬性指标通常是认证标准中最容易进行认证的。通常情况下，员工在申请任职资格认证时填写的申请表会详细注明自己的硬性素质，主要包括工作经验、绩效考核以及培训情况等，相关审核人员只需要进行核实即可。

（2）综合素质的认证方式

综合素质认证主要是考察员工的综合素质与任职资格标准是否相符合，认证方式主要有两种，分别是半结构化面谈以及情景模拟，下面分别进行介绍。

◆ 半结构化面谈认证综合素质

半结构化面谈是在结构化面试的基础上，就被评价者答题中涉及的有关问题或有疑问的问题进一步追问，提问的数量由面谈总时间决定，形式更加灵活，有利于比较全面深入地考察被评价者的素质状况。

半结构化面谈在实施过程中要遵循 STAR 原则，即 Situation（情景）、Task（任务）、Action（行动）和 Result（结果）。半结构化面谈的实施步骤如表 11-10 所示。

表 11-10 半结构化面谈的实施步骤

步骤	具体介绍
面谈前的准备	在进行面谈前首先需要确定进行面谈的人员，并且各人员之间分工以及打分权重明确。此外，还需要准备好进行面谈的问题和相关评审资料。在问题设计上，应当开放式问题和封闭式问题并存，并且要制定相应的评分细则
培训评审人员	评审人员的素质和能力决定了半结构化面谈能否成功，因此需要对面谈人员进行培训，确保面谈人员的整体素质
进行评价	按照事先指定好的评价流程和方法进行评价，整个评价过程要井然有序，评价问题不得中途修改，影响评分结果
得出评价结果	经过评价后，按照事先确定的评分标准进行客观公正的评分，评分过程中要做到客观，不受其他因素干扰

◆ 情景模拟认证综合素质

情景模拟认证综合素质主要是通过模拟工作中的特殊场景，由认证人员向被认证人员进行提问或互动，了解被认证者在特定的场景中如何解决问题，从而了解被认证者的综合素质。

这种方式的重点在于，如何找到现实工作中的典型问题，如果情景模拟过于简单或复杂，得出的结论可能会存在偏差。因此这类场景和题目的设置要具有针对性。

（3）掌握知识的认证方式

对员工掌握的认识进行认证，主要设计为确定员工具备的知识是否达到了其申请等级的最低要求。知识的认证主要有 3 种方法，分别是知识测试、培训积分认证以及专家面谈认证。

◆ 知识测试认证

知识测试认证就是通过考试的形式，获取员工的知识掌握情况。主要通过设置考试题目，由被认证人员参加考试，通过得分来确定被认证人员知识掌握情况，较为客观。

知识测试认证需要的成本较低，有利于进行大规模人员的知识测试，也容易被接受。知识测试认证主要分为 4 个步骤，分别是确定考核范围、确定考试题目、安排考试以及考试结果统计，如图 11-15 所示。

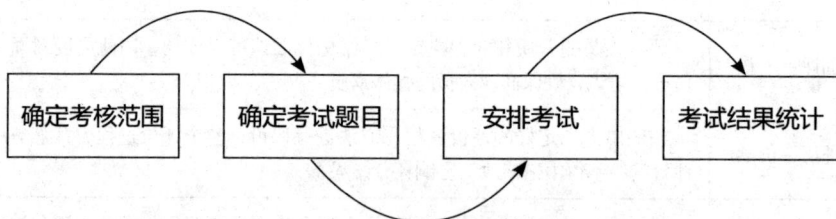

图 11-15

◆ 培训积分认证

培训积分认证主要是指企业内部存在等级对应的知识培训，员工如果通过培训获得相应的培训积分，可以视作知识认证合格，不用再进行其他知识认证。

◆ 专家面谈认证

专家面谈认证是指通过相关专业的专家在认证现场与被认证员工进行交流、提问以及互动等方式，来了解员工的知识掌握情况。同样的在进行专家面谈之前，需要准备相关问题，避免专家临场发挥，造成评价结果的不确定性，影响认证结果。

（4）专业技能的认证方式

专业技能的认证主要是要考察员工掌握的专业技能是否与申请的等级所匹配。专业技能认证最常用的方式是列举法，即由员工对过往经历过的事件，通过技能解决过的问题等进行列举，然后由评审团队进行审核、评分，从而起到审核专业技能的作用。

这种方法要求员工列举的事件有较高的真实性，这样才能保证专业技能认证的准确性，下面具体介绍列举法的实操步骤，如图11-16所示。

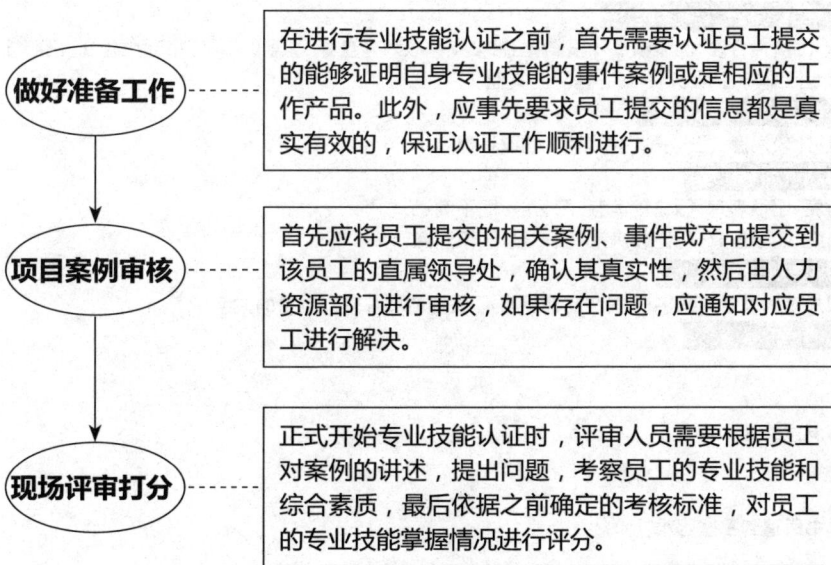

做好准备工作	在进行专业技能认证之前，首先需要认证员工提交的能够证明自身专业技能的事件案例或是相应的工作产品。此外，应事先要求员工提交的信息都是真实有效的，保证认证工作顺利进行。
项目案例审核	首先应将员工提交的相关案例、事件或产品提交到该员工的直属领导处，确认其真实性，然后由人力资源部门进行审核，如果存在问题，应通知对应员工进行解决。
现场评审打分	正式开始专业技能认证时，评审人员需要根据员工对案例的讲述，提出问题，考察员工的专业技能和综合素质，最后依据之前确定的考核标准，对员工的专业技能掌握情况进行评分。

图 11-16

读 者 意 见 反 馈 表

亲爱的读者：

感谢您对中国铁道出版社有限公司的支持，您的建议是我们不断改进工作的信息来源，您的需求是我们不断开拓创新的基础。为了更好地服务读者，出版更多的精品图书，希望您能在百忙之中抽出时间填写这份意见反馈表发给我们。随书纸制表格请在填好后剪下寄到：北京市西城区右安门西街8号中国铁道出版社有限公司大众出版中心 王佩 收（邮编：100054）。此外，读者也可以直接通过电子邮件把意见反馈给我们，E-mail地址是：505733396@qq.com。我们将选出意见中肯的热心读者，赠送本社的其他图书作为奖励。同时，我们将充分考虑您的意见和建议，并尽可能地给您满意的答复。谢谢！

-- -- -- -- -- -- -- -- -- -- -- -- -- -- -- -- -- -- -- --

所购书名：_____

个人资料：

姓名：_____ 性别：_____ 年龄：_____ 文化程度：_____

职业：_____ 电话：_____ E-mail：_____

通信地址：_____ 邮编：_____

-- -- -- -- -- -- -- -- -- -- -- -- -- -- -- -- -- -- -- --

您是如何得知本书的：

□书店宣传 □网络宣传 □展会促销 □出版社图书目录 □老师指定 □杂志、报纸等的介绍 □别人推荐
□其他（请指明）_____

您从何处得到本书的：

□书店 □邮购 □商场、超市等卖场 □图书销售的网站 □培训学校 □其他

影响您购买本书的因素（可多选）：

□内容实用 □价格合理 □装帧设计精美 □带多媒体教学光盘 □优惠促销 □书评广告 □出版社知名度
□作者名气 □工作、生活和学习的需要 □其他

您对本书封面设计的满意程度：

□很满意 □比较满意 □一般 □不满意 □改进建议

您对本书的总体满意程度：

从文字的角度 □很满意 □比较满意 □一般 □不满意
从技术的角度 □很满意 □比较满意 □一般 □不满意

您希望书中图的比例是多少：

□少量的图片辅以大量的文字 □图文比例相当 □大量的图片辅以少量的文字

您希望本书的定价是多少：

本书最令您满意的是：

1.

2.

您在使用本书时遇到哪些困难：

1.

2.

您希望本书在哪些方面进行改进：

1.

2.

您需要购买哪些方面的图书？对我社现有图书有什么好的建议？

您更喜欢阅读哪些类型和层次的书籍（可多选）？

□入门类 □精通类 □综合类 □问答类 □图解类 □查询手册类

您在学习计算机的过程中有什么困难？

您的其他要求：